*E*nglische Frauen
der Frühen Neuzeit

Englische Frauen der Frühen Neuzeit

Dichterinnen, Malerinnen, Mäzeninnen

Herausgegeben von
Gesa Stedman

PRIMUS
VERLAG

Die Deutsche Bibliothek – CIP-Einheitsaufnahme
Ein Titeldatensatz für diese Publikation ist bei
Der Deutschen Bibliothek erhältlich.

© 2001 by Wissenschaftliche Buchgesellschaft, Darmstadt
Gedruckt auf säurefreiem und alterungsbeständigem Papier
Printed in Germany

www.primusverlag.de

ISBN 3-89678-416-1

Inhalt

Anhang

Gesa Stedman

Zur *Einführung:*
Shakespeares Schwestern

In ihrem Essay „Ein Zimmer für sich allein" (1929) beklagt Virginia Woolf ihr lückenhaftes Wissen über Frauen der Frühen Neuzeit: „Hier stehe ich und frage mich, warum Frauen im elisabethanischen Zeitalter keine Gedichte schrieben; ich weiß nicht genau, welche Bildung sie erhielten; ob sie eigene Wohnzimmer besaßen; wie viele Frauen im Alter von einundzwanzig Jahren bereits Kinder hatten; was sie, kurz gesagt, von morgens bis abends taten (…)".[1] Wir wissen zwar immer noch nicht, was englische Frauen in den Jahrhunderten zwischen ca. 1500 bis 1750 „von morgens bis abends taten" – aber wir wissen, daß es im elisabethanischen Zeitalter und den nachfolgenden Epochen Frauen gegeben hat, die Gedichte verfaßt, Bilder gemalt und Künstler gefördert haben. Wir müssen nicht mehr wie Virginia Woolf eine Schwester Shakespeares – Judith – erfinden, um Modelle weiblicher Gelehrsamkeit zu entwerfen, und wir sind in der glücklichen Lage, nicht nur die wenigen herausragenden Gestalten zu kennen, die bereits Virginia Woolf nennt. Dank der unermüdlichen Sucharbeit, die vor allem Literaturwissenschaftlerinnen und Historikerinnen des ausgehenden 20. Jahrhunderts in Archiven und Bibliotheken unternommen haben, können heutige Leserinnen und Leser die ganze Bandbreite weiblichen Kulturschaffens im England der Frühen Neuzeit kennenlernen, die dieser Band in einigen repräsentativen Beispielen vorstellt.

Die Frühe Neuzeit ist in England von religiösen und politischen Auseinandersetzungen bis hin zu den Bürgerkriegen in den 40er Jahren des 17. Jahrhunderts, der Republik unter Cromwell, der Restauration der Monarchie und der 'Glorreichen Revolution' im Jahr 1688 und dem darauf folgenden Parteienstreit zwischen *Whigs* und *Tories* geprägt. Eine wesentliche Voraussetzung dafür, daß sich Frauen im kulturellen Feld dieser Epoche bis zu einem gewissen Grade behaupten können, ist ihr Zugang zur Bildung. Im Zuge von Humanismus und Reformation ändert sich der Rahmen, in dem Frauen Bildung erlangen konnten, denn unter dem Einfluß von Juan Luis Vives, Erasmus oder Thomas More wird weibliche Gelehrsamkeit, wenn sie mit Tugendhaftigkeit und Bescheidenheit verbunden war, auch in England ein begehrtes Attribut junger Adliger, die in der Lage sein sollen, mit ihren Ehemännern kluge Konversation zu betreiben. So wünscht More seinen humanistisch gebildeten Zeitgenossen in höfischen und bürgerlichen Kreisen: „Mögest Du eine Ehefrau bekommen, die nicht immer nur dumm schweigt, noch ständig Unsinn plappert! Möge sie gelehrt sein oder doch jedenfalls so klug, daß sie dazu gemacht werden kann!

(…) Du wirst in ihr eine ausgeglichene, fröhliche und gutgestimmte Freundin finden und eine angenehme Lebenspartnerin."[2] Im humanistischen Geist erzogen und für ihre Gelehrtheit berühmt waren beispielsweise Mores Tochter Margaret More Roper, die gelehrte Katherine Parr, sechste Frau Heinrichs VIII., Lady Jane Grey, die sechzehnjährig für kurze Zeit Königin war und dann geköpft wurde, oder die Cooke-Schwestern, deren Ruhm ihre eigene Lebenszeit überdauerte.

Obwohl der Einfluß der Reformation auf das allgemeine Bildungsniveau und die Lesefähigkeit umstritten und daher auch für Frauen nicht definitiv zu klären ist,[3] so ist die Hinwendung zur individuellen Bibellektüre trotz der Einschränkungen, die Luther und andere Reformatoren ihr auferlegen, ohne Zweifel eine Voraussetzung für die Zunahme der Lesefähigkeit und der Bildung von Frauen. Allerdings beschränkt sich diese Fähigkeit zunächst weitgehend auf adlige Frauen, die zumeist von Hauslehrern unterrichtet wurden, und auf Frauen der *upper middle classes*, die im Verlauf des 17. Jahrhunderts vermehrt in Internaten eine wenn auch eingeschränkte Bildung erhielten. Diese orientierte sich nun nicht mehr am humanistischen Bildungskanon, sondern sah moderne Sprachen, Tanzen, Fechten, Musik und Handarbeiten als geeignete Fächer für junge Mädchen vor. Im Zuge der Reformation haftete dann auch klassischer Bildung und Latein immer mehr der Ruch des 'Papistentums' an, so daß der Typus der humanistischen Gelehrten in England nach dem Ende der Tudor-Ära verschwand. Katholische Klosterschulen gab es nach der Reformation nur noch auf dem Kontinent, wohin beispielsweise die weiblichen Nachfahren der katholischen Familie More und Roper auswanderten.[4] Für *weibliches* Kulturschaffen war die in dieser Epoche selbstverständliche religiöse Orientierung insofern besonders wichtig, als es gerade jungen Frauen häufig zur Aufgabe gestellt wurde, Übersetzungen religiöser Werke zu Übungszwecken anzufertigen, um ihre Sprachfertigkeit zu fördern. Religiöse Schriften galten als 'ungefährlich', haben es Frauen aber ermöglicht, in Glaubensfragen mitzureden und auf diese Weise Zugang zur literarischen Öffentlichkeit ihrer Zeit zu finden, obwohl von ihnen eigentlich *chastity, silence and obedience* gefordert wurde.[5] Nicht in jedem Fall war das öffentliche religiöse Bekenntnis jedoch ungefährlich – die protestantische Märtyrerin Anne Askewe (1520–46) legt davon ebenso beredtes Zeugnis ab wie die Quäkerin Margaret Fell Fox (1614–1702), die 1664 ins Gefängnis kam; ebenso geriet die Dramenautorin Elizabeth Cary (ca. 1585–1639) aufgrund ihrer Konversion zum Katholizismus in große wirtschaftliche und soziale Schwierigkeiten.

Es steht außer Frage, daß Frauen der Frühen Neuzeit auf männliche Einflüsse reagierten, die in dieser Epoche prägend waren – und daß Literatur- und Kulturgeschichte also immer eine „Geschichte der Geschlechterbeziehungen" (I. Schabert) sein muß.[6] Jedoch orientierten sich Autorinnen, Mäzeninnen und

Malerinnen auffällig häufig an heimischen oder kontinentalen *weiblichen* Vorbildern. Weibliche genealogische Verbindungen finden sich beispielsweise in der Familie der Mores und Ropers. So gab Margaret More Roper ihre Gelehrsamkeit und ihr übersetzerisches Talent an ihre Tochter Mary Clarke Basset weiter, die selbst eine bedeutende Übersetzerin wurde. Königin Elisabeth wiederum, deren Gelehrsamkeit Teil ihres Mythos war, hatte auf Anregung ihrer Stiefmutter Katherine Parr als junges Mädchen den „Spiegel der sündigen Seele" der Margarete von Navarra übersetzt, der großen Herrscherin und Schutzpatronin der Reformatoren, und ebenso scheint sich Anne Clifford in ihrer Tätigkeit als Patronin an dem Vorbild ihrer Mutter Margaret und ihrer Schwiegermutter, Mary Sidney Herbert, orientiert zu haben. Unzweifelhaft hat dabei die Tatsache eine Rolle gespielt, daß zwischen 1553 und 1603 zwei Herrscherinnen das politische Geschehen (mit)bestimmten. Obwohl Elisabeth I. ihren durch die Übernahme der Macht verursachten Verstoß gegen Weiblichkeitsnormen dadurch kompensierte, daß sie sich zur unerreichbaren androgynen *virgin queen* stilisierte, so war es doch eine *Frau*, die für Jahrzehnte das England der Frühen Neuzeit regierte. Sie folgte ihrer Halbschwester Mary Tudor (*Bloody Mary*), die nur für kurze Zeit und glückloser regiert hatte (1553–1558). Auch in den turbulenten Jahren des 17. Jahrhunderts spielten Frauen eine bedeutende Rolle. Während der Bürgerkriege waren es häufig adlige Frauen, die die Güter ihrer Männer verteidigen mußten, und es gibt zahlreiche Beispiele für die politische oder religiöse Intervention von Frauen, wie man den Lebensläufen der royalistisch gesonnenen Margaret Cavendish, Herzogin von Newcastle, und von Katherine Philips, der „unvergleichlichen Orinda", ebenso entnehmen kann wie dem Einfluß von Königin Henrietta Maria, der Ehefrau des später geköpften Königs Karls I. oder, in der zweiten Hälfte des 17. Jahrhunderts, der politischen Parteinahme Delarivier Manleys oder Mary Astells. Interessanterweise war es auch die Zeit der Bürgerkriege und des Interregnums in den 40er und 50er Jahren des 17. Jahrhunderts, in der die Textproduktion von Frauen deutlich zunahm, während die Restauration der Monarchie im Jahre 1660 zunächst zu einem Rückgang führte.[7] Zu Beginn des 18. Jahrhunderts war es wieder eine Frau, die der nun parlamentarischen Monarchie vorstand: Königin Anne (1702–1714).

Doch weibliche Herrschaft, deren Bild sich die Mäzeninnen und Autorinnen der Frühen Neuzeit zuweilen zum Vorbild für ihre Selbststilisierung nahmen, beschränkte sich auf die oberen gesellschaftlichen Schichten. Frauen der niederen Stände führten ein Leben, das sich von dem der adligen und besser situierten bürgerlichen Frauen wesentlich unterschied. Gemeinsam war den meisten Frauen, daß sie als junge Mädchen in einem anderen Haushalt Erfahrungen sammelten – als Kammerzofen und Hofdamen die einen, als Dienstmägde die anderen –, und ihr Leben von den biologisch und kulturell bedingten Zyklen der Pubertät, der Ehe und der Kinder, bis hin zur Witwenschaft und dem Alter geprägt war. Aber ein Blick in historische Quellen, die uns über das Alltagsleben frühneuzeitlicher Frauen aus niederen Ständen informieren, läßt die Unterschiede in der Lebensform deutlich zum Vorschein treten. So heirateten adlige Frauen wesentlich früher, zogen ihre Kinder nicht selbst auf und waren mit anderen Tätigkeiten befaßt als ihre Schwestern der *lower classes*.[8] Trotz dieser wichtigen Unterschiede in materieller Hinsicht bewegten sich aber alle Frauen im gleichen Diskurskontext, nämlich dem, der von der *Querelle des Femmes*, dem Streit um Geschlechterrollen und -bilder, der ganz Europa erfaßte, geprägt war.[9] Frauen aller Schichten sahen sich mit strengen und präskriptiven Anforderungen konfrontiert. Ihnen wurde unter Berufung auf die Bibel in allen Belangen der zweite Platz zugewiesen, da sie als Töchter Evas an deren Sündhaftigkeit teilhätten und dem Mann körperlich und geistig unterlegen seien.[10] Allerdings gaben sich Frauen keineswegs mit dieser Ordnung zufrieden, sondern versuchten, die sich ihnen bietenden Spielräume zu nutzen, die sich beispielsweise durch die Witwenschaft (Mary Sidney Herbert, Mary Wroth) oder durch den früh erlittenen Verlust der Ehre (Aphra Behn, Delarivier Manley) ergaben. Mit unterschiedlicher Schärfe forderten Frauen das Recht auf Bildung ein (Margaret Cavendish, Bathusa Makin, Mary Astell, Lady Mary Chudleigh), stritten gegen die angebliche geistige Unterlegenheit ihres Geschlechts und verurteilten die misogynen Ausfälle der Männer. Eine der Protagonistinnen der englischen *woman debate*, die Londoner Pfarrerstocher Rachel Speght – die einzige Verfasserin von Pamphleten, deren weibliche Identität zweifelsfrei feststeht – nutzte ihre religiöse Bildung, um ihrem Antagonisten Joseph Swetnam, Autor eines besonders üblen misogynen Pamphlets, einen diskursiven „Maulkorb" umzuhängen und ihn auf diese Weise zum Schweigen zu bringen. Die Gefahr, durch die Drucklegung der eigenen Schriften und Pamphlete mit kommerziellen Interessen und dem damit verbundenen Ansehensverlust in Zusammenhang gebracht zu werden, nahm sie dabei, wenn auch unwillig, in Kauf. Sie schreibt 1617 in ihrem Pamphlet „A Mouzell for Melastomus" (Ein Maulkorb für Melastomus), Frauen sollten die Ausfälle des *woman bayters*, des Frauen-Quälers, mit Geduld und Klugheit parieren, und argumentiert mit Bibelzitaten gegen die angebliche Unterlegenheit und Schlechtigkeit der Frau. Sie kommt zu dem Schluß, der Mann müsse sich an seine Pflicht erinnern, der führende Kopf des ansonsten vor Gott gleichwertigen Paars zu sein, andernfalls trage *er* die größere Schuld. Weitere Texte, die in diese *Querelle* eingreifen, schlagen einen weniger gemäßigten Ton an oder aber nehmen die Forderung nach Gleichwertigkeit bei gleichzeitiger Unterwerfung unter Gottes Gebot zum Ausgangspunkt, wie beispielsweise das Traktat über die Freundschaft der Malerin Mary Beale.[11] Im gleichen Kontext ist auch die beschriebene und gelebte Freundschaft zwischen Frauen zu verorten (Katherine Philips, Mary Astell) sowie besonders in der Zeit der Restauration eine Tendenz zur Abkehr vom weltlich-ausschweifenden höfischen Leben (Anne Finch, Anne Killigrew), da dieses vor allem den Ruf und die Ehre der Frauen gefährden konnte. Schließlich ist noch die gelebte oder in Schriften verbreitete Misogamie zu nennen, mit der sich Frauen gegen herrschende Ehe- und Weiblichkeitsdefinitionen und die damit verbundenen Verhaltenserwartungen zur Wehr setzten.

Die diskursive Kontinuität, die die literarischen und künstlerischen Aktivitäten der Frauen von der Reformation bis zu Lady Mary Wortley Montagu im 18. Jahrhundert begleitet, erlaubt es, eine so heterogene Epoche wie die Frühe Neuzeit in einem einzigen Band vorzustellen: Immer wieder sorgen sich Autorinnen, Mäzeninnen und Malerinnen um den eigenen Ruf, wenn ihre Texte erlaubt oder unerlaubt im Druck erscheinen, rechtfertigen zum Teil mit sehr einfallsreichen Argumenten die Übertretung des Gebots der weiblichen Zurückhaltung und beklagen ihre unzureichenden Bildungschancen.[12] An diesen Debatten konnten sich überwiegend nur diejenigen Frauen beteiligen, die über die notwendigen Ressourcen verfügten: Bildung, materielles Auskommen, Kenntnis des kulturellen Feldes und Zugang zu den jeweiligen Medien der Zeit. Der Zugang zur Öffentlichkeit und zur Macht hat es diesen Frauen ermöglicht, nicht nur sporadisch, sondern nachhaltig das kulturelle Geschehen ihrer Zeit zu beeinflussen. Oft konnten englische Frauen sich an kontinentalen Vorbildern orientieren, die sie im Exil während der Bürgerkriegsjahre kennengelernt hatten, als königstreue adlige Familien nach Frankreich oder in die Niederlande flohen. So nahm der ohnehin schon stark ausgeprägte italienische und französische Einfluß auf die englische Kultur der führenden Gesellschaftsschichten zu, und nicht selten waren es Frauen, die als Kulturvermittlerinnen agierten.

Kehren wir noch einmal zu Virginia Woolf zurück. Sie beklagt in „Ein Zimmer für sich allein" nicht nur ihr geringes Wissen über frühneuzeitliche Frauen, sondern auch die Dominanz männlicher Stimmen, die sich über „die Frau" geäußert haben. In diesem Punkt trifft ihre Diagnose in gewisser Hinsicht auch heute noch zu: Wären gelehrte Frauen, wären Mäzeninnen und Malerinnen nicht von Männern wie George Ballard in seinen „Memoirs of Several Ladies" vor dem Vergessen bewahrt worden, wüßten wir heute noch weniger über die Frauen, deren Fehlen im kulturellen Gedächtnis Woolf so eloquent beklagt. Denn ebenso, wie die Autoren von Literaturgeschichten und Anthologien für das *Fehlen* von Frauen im kulturellen Gedächtnis verantwortlich sind, so sind paradoxerweise auch sie es, deren Lob einige Frauen vor dem Vergessen bewahrt hat. Hätte der Ehemann der Malerin Mary Beale, Charles Beale, keine detaillierten Notizen über ihre Arbeit gemacht, oder hätte Dryden keine vielzitierte und häufig wieder abgedruckte Ode an Anne Killigrew verfaßt, vielleicht wären unsere heutigen Kenntnisse nur geringfügig besser als die Virginia Woolfs. Häufig ist das Lob der Männer über die Frauen natürlich zweifelhafter

Natur, wie ein Blick in die einschlägigen Handbücher und Anthologien des
18. und 19. Jahrhunderts zeigt. Urteile über Aussehen und Charakter einiger
Frauen, die sich bei Ballard oder in Aubreys „Brief Lives" finden, werden jahr-
hundertelang tradiert, ebenso wie die Einschätzung ihres literarischen oder
künstlerischen Werts. Ballard überrascht in seiner Sammlung von biographischen Skizzen mit der Sympathie, die er Frauen in seinen Porträts entgegen-
bringt. Über die Frauen, deren Fehlen er in seinem Handbuch selbst beklagt
– Aemilia Lanyer und Mary Wroth –, schreiben auch seine Nachfolger lange
Zeit nur wenig. Die Situation scheint sich im 19. Jahrhundert zu ändern, die
Zahl der Anthologien und biographischen Handbücher schnellt in die Höhe
und zuweilen sind letztere auch nachweislich von Frauen verfaßt. Aber die zunehmende „Polarisierung der Geschlechtscharaktere" (K. Hausen) in diesem
Jahrhundert bringt es mit sich, daß auch das Schreiben von Frauen in diesem
Kontext bewertet wird. Zwar finden sich im Zuge dieser geschlechtertrennen-
den Perspektive nun häufiger Anthologien, die nur Werke von Frauen enthalten und in dem einen oder anderen Vorwort aus männlicher Feder wird ihr
allzu langes Fehlen in der Literaturgeschichte beklagt. Aber kaum hat man eine
Seite weiter geblättert, so trifft man auf die typischen abwertenden Urteile über
Frauen, die den Männern moralisch überlegen, aber doch eher zum Kinderge-
bären und für die Häuslichkeit geschaffen seien. Sie können über diese Themen
ebenso wie über die Angelegenheiten des Herzens schreiben, jedoch erreichen
sie niemals den Standard der Männer, so der Tenor der männlichen Kritiker.
Folglich enthalten die Anthologien vor allem Texte, die dieses Urteil stützen,
und es bleibt zu fragen, ob diese Art der Erinnerungskultur dem Ansehen von
Autorinnen eher geschadet oder genützt hat. Nicht viel besser stellt sich die Situation dar, wenn man die Literaturgeschichten des 19. und frühen 20. Jahrhunderts zur Hand nimmt, in denen Frauen der Frühen Neuzeit nur dann
Platz eingeräumt wird, wenn die Publikation so viele Bände umfaßt, daß auch
die „zweitrangigen Dichter und Dichterinnen" enthalten sind.[13] Nicht immer
urteilen weibliche Verfasser dieser Handbücher und Literaturgeschichten über
„Shakespeares Schwestern" freundlicher – auch sie assoziieren weibliches
Schreiben oder Malen mit den „spezifisch weiblichen *affections*" und dem
häuslichen Lebensstil der Frauen oder verurteilen moralisch 'zweifelhafte'
Autorinnen wie Aphra Behn oder Delarivier Manley.[14]

    Zwar knüpft der vorliegende Band an die Frage des viktorianischen Heraus-
gebers einer Frauen-Anthologie an – „Wo bleibt das Gedenken an die geistigen
Gaben der Frauen?" –, gibt jedoch, so ist zu hoffen, eine umfassendere Antwort, als dessen biologistisch-verengte Perspektive es vermag.[15] Aber die geo-
graphische Beschränkung auf England hat zur Folge, daß berühmte Malerinnen, deren Blütezeit mit englischen Höfen oder der *Royal Academy* verknüpft
ist, wie zum Beispiel die niederländische Miniaturmalerin Levina Teerling

(1520–1576), deren Tätigkeit sie angeblich mehr als Nicholas Hilliard und Hans Holbein zusammen verdienen ließ, oder auch Angelika Kauffmann (1741–1807), die im 18. Jahrhundert in London reüssierte[16], keinen Platz in diesem Band gefunden haben. Und auch die Stimmen anderer wichtiger Autorinnen, wie zum Beispiel die der aus England stammenden Dichterin Anne Bradstreet (1612–1672), die 1630 als *nonconformist* nach Amerika auswanderte, sind diesem Prinzip zum Opfer gefallen. So kann auch der vorliegende Band bei weitem nicht alle wichtigen Frauen der Frühen Neuzeit in England zu Wort kommen lassen, denen es gelungen ist, ihr Stimme öffentlich zu erheben, aber vielleicht regt er dazu an, ihre Spuren weiterzuverfolgen.

Ich danke den Autorinnen und dem Autor für die konstruktive Zusammenarbeit und dem Lektor der Wissenschaftlichen Buchgesellschaft, Daniel Zimmermann, der mir mit fachlicher Kompetenz, mit unerschöpflicher Geduld und subtilem Humor zur Seite stand. Corinna Radkes hilfreiche Korrekturen haben zum Gelingen dieses Bandes wesentlich beigetragen, der jedoch ohne das Engagement Margarete Zimmermanns nicht zustande gekommen wäre. Ihr danke ich daher an dieser Stelle ganz besonders.

Berlin, im März 2001

Marion Müller

Margaret More Roper
(1505–1544)

Thomas More und seine Familie (Ausschnitt). Rechts im Bild Margaret More Roper.
Gemälde von Rowland Lockey nach Hans Holbein.
National Portrait Gallery, London.

Nicht weniger die Tochter seines Geistes als seines Körpers hatte er sie mit seiner Zunge geformt und ihr mit seinem Stift den letzten Schliff gegeben. Er hatte ihr nach und nach und in verschiedenen Formen die Blüte seiner Gelehrsamkeit und den spirituellen Teil seiner Seele aufgedruckt (...) Und wenn es eine bekannte Redensart ist, daß Bücher die Kinder ihrer Autoren sind, kann man mit Fug und Recht sagen, daß diese Tochter das gelehrteste und exzellenteste Buch war, das dem Geist Thomas Mores entsprungen ist. Seine *Utopia* und die anderen Werke, die noch am Leben sind, sind nur in einer Sprache geschrieben und behandeln nur ein Thema; dieses andere Buch hingegen war beides Griechisch und Latein, Prosa und Dichtung, voll von Philosophie und Geschichte.[1]

So beschreibt Pierre le Moyne 1649 Margaret More Roper. Moderne Kritiker hingegen, so scheint es, hätten lieber das Buch ohne den Autor. Ihr Interesse gilt oft mehr der Humanistin Margaret More Roper denn der Tochter des ge-feierten Staatsmannes, Autors und Märtyrers und sprechen vom Schatten des prominenten Vaters, der auf der Biographie dieser außergewöhnlichen Frau la-stet.[2] Doch eine solche Würdigung von Margaret More Roper als einer gebilde-ten Frau, die aufgrund patriarchalischer Strukturen an der vollen Entfaltung ihres geistigen Potentials gehindert wurde, erscheint angesichts des vorhande-nen Textmaterials als unzutreffende anachronistische Projektion moderner feministischer Denkmuster, die zudem das Faszinierende an dieser frühneu-zeitlichen 'power-lady' auf ihren Verstand reduziert. Und letztlich täte man da-durch *e silentio* auch ihrem Denkvermögen Abbruch – denn man würde ihr so eine Befreiung aus Abhängigkeiten gar nicht zutrauen.

Margaret More Ropers Größe ist als Produkt aus der Synergie ihres fami-liären Hintergrunds und ihrer intellektuellen Brillanz zu sehen. Keimzelle des befruchtenden Wechselspiels von Vater und Verstand ist eine tiefe Freundschaft zwischen Vater und Tochter, die in Geschichte und Literatur ihresgleichen sucht. Thomas More ist keineswegs der Schatten, der Margarets Persönlichkeit verdunkelt, sondern im Gegenteil das Licht, das sie zum Vorschein und in ihrer Eigenständigkeit zur Geltung bringt. Umgekehrt nimmt Thomas Margaret als Person ernst, und sie ist ihm wie niemand anders Vertraute und Freundin. Mores Bekanntheit verdanken wir es, daß wichtige Aspekte von Margarets an sich öffentlichkeitsfernem Leben verhältnismäßig gut dokumentiert sind. An-hand der erhaltenen Briefe von Thomas und Margaret (ca. 1517–1535), Marga-rets Übersetzung von Erasmus' *Precatio Dominica* sowie weiterer zeitgenössi-scher Textzeugnisse aus dem Umkreis der Mores lassen sich Genese und Wesen von Margarets emotionaler Intelligenz im kulturspezifischen Kontext des frühen 16. Jahrhunderts verstehen.

Die Eckdaten in Margarets Biographie spiegeln die Herausforderungen wider, die das Leben an die junge Frau stellte und angesichts derer ihre Leistung um so erstaunlicher erscheint. 1505 als ältestes von vier Kindern aus der Ehe von Thomas More und Jane Colt geboren, verliert sie im Alter von sechs Jahren die Mutter, erlebt im selben Jahr die Wiederverheiratung des Vaters, die ihr neben der Stiefmutter auch eine Stiefschwester beschert. Als sie zwölf Jahre alt ist, wird der Vater Mitglied des königlichen Rates und ist aus beruflichen Gründen oft von der Familie getrennt. Mit ihren Geschwistern, der Stiefschwester und anderen Kindern, die More in seine Familie aufgenommen hat, wird sie dann von Hauslehrern unterrichtet. Noch nicht ganz sechzehnjährig heiratet Margaret 1521 den zehn Jahre älteren protestantischen Juristen William Roper[3] und lebt mit ihm im Haus ihres Vaters. 1523 wird ihr erstes von fünf Kindern geboren. Die Jahre 1534/1535 sind geprägt von der Inhaftierung und Hinrichtung des Vaters am 6. Juli 1535. 1544 stirbt Margaret einige Monate nach ihrem neununddreißigsten Geburtstag.

William Roper schreibt in seiner More-Biographie, daß More seine Kinder oft dazu aufgefordert habe, „Tugend und Lernen als Fleisch und Spielen als Sauce"[4] zu betrachten; und der Fleischanteil in der Diät, die More für seine Kinder konzipiert hatte, war nicht gering. Sobald sie alt genug waren, um mit der Ausbildung zu beginnen, unterrichtete er sie entweder selbst oder engagierte einen Hauslehrer. Dabei beschritt More in der Tat pädagogisches Neuland, denn in einer Zeit, in der Bildung für Mädchen und Frauen entweder als Skandalon oder wie im Fall der Königinnen Maria I., Elisabeth I. oder Maria von Schottland als seltenes Privileg des Hochadels galt, war für More die Bildung aller seiner Kinder und Zöglinge geschlechtsunabhängig ein zentrales Anliegen. In einem Brief an den Tutor William Gonell erörtert er seine pädagogischen Ziele und Methoden und setzt sich insbesondere auch mit der Frage der 'Frauenförderung' auseinander:

Da Frauenbildung eine neue Sache ist (…) werden viele diese Idee bereitwillig angreifen (…). Ich brauche dir wohl nicht zu sagen, daß ebensogut der Mann als auch die Frau in den Wissenschaften erfolgreich sein kann. Sie beide sprechen ja die Sprache der Menschen; beiden gab die Natur den Verstand, der sie von den Tieren unterscheidet; mit gleichem Recht können also Mann und Frau studieren, da ihnen die Möglichkeit dazu durch den Verstand gegeben wird.[5]

Seine Töchter Margaret, Elisabeth und Cecily genossen dieselben Lehrer und dasselbe anspruchsvolle humanistische Unterrichtsprogramm wie ihr Bruder John; neben Latein und Griechisch lernten sie Philosophie, Mathematik, Logik, Theologie, Medizin und Astronomie. Durch Übersetzungen aus und Rück-

übersetzungen in die klassischen Sprachen entwickelten die Kinder zudem ein
Gefühl für Sprache, Stil und Grammatik. Mores Schule zeichnete sich nicht nur
durch akademische Erstklassigkeit, sondern auch durch eine tief in Mores ka-
tholischem Glauben verwurzelte Frömmigkeit aus, die im täglichen Gebet und
Leben nach dem liturgischen Kalender ihren Ausdruck fand. Erasmus, selbst
des öfteren Gast bei den Mores, beschreibt die Atmosphäre im Haus als ein
christliches Pendant zur platonischen Akademie. Wie Vives[6] und Hyrde[7] würdigt er Mores Bemühungen um die Bildung seiner Töchter als wegweisendes
Novum und gesteht, daß ihr Zeugnis ihn tief beeindruckt und dazu bewo-
gen habe, seine Einstellung zum Thema Mädchenerziehung grundlegend zu
ändern.[8]

Erasmus korrespondiert mit Margaret, nennt sie voller Bewunderung
„Schmuck deines britischen Landes und Zeitalters"[9] und widmet ihr seinen
Kommentar zu einer Hymne des Prudentius.[10]

Gonells Hinweis, die „außerordentliche hohe Begabung" Margarets dürfe auf
keinen Fall vernachlässigt werden, nimmt More zum Anlaß, sein Bildungsideal
zu entfalten: „Eine hohe Begabung werde in falsche Bahnen geleitet, wenn man
sie nur Niedriges und Unbedeutendes bewundern lehrt,"[11] statt sie auf das Wesentliche zu lenken. Bildung bezieht für More ihren Wert ausschließlich aus der
Junktur mit Tugend, dem Guten und der Wahrheit. Bildung als Selbstzweck birgt
die unweigerlichen Gefahren der Abhängigkeit von Umständen und Meinungen,
des „Eintagsruhms" und des falschen Stolzes. Davor will More seine Kinder von
klein auf schützen und erklärt als ultimatives Ziel allen Lernens „Treue gegen
Gott, Liebe zum Nächsten, Bescheidenheit und christliche Demut gegen sich
selbst."[12] Nur in diesem Bezugsrahmen kann die Betätigung der Vernunft ihre
tatsächliche und langfristige Erfüllung erlangen und der Mensch zu sich selbst
finden.[13] Vernunft- und Glaubenserkenntnis sowie die intellektuelle und moralische Entwicklung des Menschen stehen für More in einem untrennbaren Zusammenhang. Fundament seines Bildungskonzepts ist eine Emotion, nämlich
die Liebe in der Form des *amor Dei*, aber auch der Elternliebe und der konkreten
pädagogischen Methodik. Sein Anliegen ist ihre Verfaßtheit als menschliche Personen, und deshalb macht er weder geschlechtsspezifische Unterschiede noch definiert er den Nutzen der Ausbildung von Mädchen explizit zweckgebunden. Er
sieht das Streben nach der Erkenntnis des Guten und der Wahrheit als einen
fortlaufenden Prozeß, und so ermutigt er Margaret, auch nach ihrer Heirat als
Ehefrau und Mutter Zeit zu finden, ihren Studien nachzugehen.[14]

Margarets außerordentliche Begabung ist für More nicht nur Grund elterli-
cher Freude, sondern auch eine ernstzunehmende intellektuelle Herausforde-
rung. Er ermuntert Margaret in spielerischer Konkurrenz mit ihm dasselbe
Thema, nämlich „Remember the Last Four Thynges" zu behandeln und gibt
unumwunden zu, daß die Qualität ihrer Arbeit seiner eigenen in nichts nach-

steht.[15] Von Stapleton wissen wir, daß Margaret durch ihren Emendationsvor-schlag von *nisi vos* statt *nervos* zum Verständnis einer bislang undurchsichtigen Passage in einem von Cyprians Briefen beigetragen hat.[16] In einem Brief an Margaret aus dem Jahr 1523 erwähnt More, „daß wir keinen Lehrer mehr in unserem Hause beherbergen, noch einen anderen Menschen, der dir im Schrei-ben beistehen könne, da sie alle eher deiner Hilfe bedürfen als du der ihren."[17]

More erstrebt für seine Kinder einen Lerneifer, der autonom ist von der öf-fentlichen Meinung und der getragen wird von der Liebe zu Gott; nichts-destotrotz bedauert er offensichtlich die geschlechtsbedingte Unbekanntheit seiner intelligenten Tochter.

Das Geschick verfährt schlecht mit dir; denn die durch saure Arbeit erworbenen Erfolge wirst du nie genießen können; nie wird man deine Schriften wirklich als deine Werke betrachten: jeder wird dahinter irgendwelche Hilfe vermuten, vielleicht werden sie sogar glauben, du hättest alles irgendwo abgeschrieben.[18]

Diese unabänderliche Situation der Ruferin in der Wüste läßt Margarets reine Motivation noch stärker zu Tage treten. Ihr selbstloser Einsatz für die Wissenschaft ist für More eine Rückbesinnung auf seine eigenen Bildungsidea-le. Und so ist er voll des Lobes für ihre Bescheidenheit, mit der sie, ungeachtet des rechtlichen oder gesellschaftlichen *status quo*, der ihr die öffentliche Teil-nahme am wissenschaftlichen Diskurs versagt, einzig der Sache verpflichtet, ihre Studien vorantreibt: „Meine liebste Margaret, du weißt genau, daß dein Name nie sehr berühmt werden kann, und doch fährst du fort, deine Bildung und auch deine Tugend zu pflegen; gerade deswegen verdienst du allergrößtes Lob."[19]

Das einzig erhaltene Zeugnis von Margarets akademischen Aktivitäten, *A Devout Treatise Upon the Pater Noster*, ihre Übersetzung von Erasmus' Me-ditation *Precatio Dominica*, manifestiert dieselbe Mischung aus Bescheidenheit und intellektueller Größe. Auf der Titelseite und in Hyrdes Widmungsbrief an Frances Staverton sucht man Margarets Namen vergeblich; über einem Holz-schnitt, der eine in einem Buch blätternde Frau an einem Schreibpult mit weite-ren Büchern um sie herum zeigt, finden sich lediglich die Worte: „A devout trea-tise upon the Pater Noster / made fyrst in latyn by the moost famous doctour mayster Erasmus Roterodamus / and tourned into englishe by a yong vertuous and well lerned gentylwoman of XIX yere of age." Dennoch ist Margarets Autorschaft erwiesen.[20] In der bereits zitierten Einleitung zu Margarets Übersetz-zung beschreibt Hyrde Margarets Bescheidenheit.[21] Etwas später erwähnt er die Schwierigkeiten, die er mit dem Druck des Werkes hatte. Ob diese darin bestan-den, daß Margaret einer Veröffentlichung ihrer Übersetzung nicht zustimmen wollte und letzlich nur unter der Bedingung der Anonymität eingewilligt hat, bleibt Spekulation. Denkbar wäre es; Stapleton zumindest schreibt, daß

sie Werke produziert hatte, die es verdienten veröffentlicht und von allen gelesen zu werden, obwohl die Schüchternheit ihres Geschlechts, oder ihre Bescheidenheit, oder aber
(wie More andeutet) die unglaubliche Neuheit dieses Phänomens ihr niemals erlaubten,
der Publikation zuzustimmen.[22]

Die Umstände und Gründe für die Veröffentlichung von Margarets Übersetzung genau jener Erasmus-Schrift lassen viele Fragen offen. Außer Frage hingegen steht die exzellente Qualität von Margarets Übertragung. „Was die Übersetzung betrifft", sagt Hyrde,

so wage ich zu behaupten, daß, wer auch immer das Original und die Übersetzung ge-
genüberstellen und vergleichen kann, nicht nur zweifellos unschwer feststellen wird, daß
sie in beiden Sprachen gebildet war und sich elegant auszudrücken verstand, sondern
auch, daß sie in der Übertragung aus dem Lateinischen eine solche Weisheit und ein
solch diskretes und überzeugendes Urteilsvermögen benutzte, wie man sie in vielen, von
weisen und gebildeten Männern angefertigten Übersetzungen oft vermißt.[23]

A *Devout Treatise* genoß eine große Popularität; Anfang der 1530er Jahre erschien es bereits in der dritten Auflage. Es war eines der allerersten gedruckten
Bücher einer Frau – und noch dazu einer so jungen – und vermittelt neben
dem Beweis für Margarets ausgezeichnete Lateinkenntnisse einen anschau-
lichen Eindruck englischer Prosa in der frühen Tudor-Zeit. Margarets Version
der sieben Meditationen zu den einzelnen Teilen des *Vater Unser* ist länger als
der lateinische Text und zeichnet sich durch eine gelungene Balance zwischen
wörtlicher und freier Übersetzung aus. Der natürliche Rhythmus ihres Stils
und die klare Wortwahl zeugen von ihrem Gespür für Sprache und Texte.[24] Die
parallele Lektüre des lateinischen und englischen Texts läßt erkennen, daß der
letztere Margarets persönliche Handschrift trägt. Am auffälligsten ist zweifellos
ihre – im Trend der Zeit liegende – Vorliebe für die Stilfigur der *amplificatio*;
wo Erasmus ein Wort benutzt, finden wir bei Margaret häufig Doppelungen:
z. B. „Herr und Meister" für „dominus" oder „wir beten und ersehen" für „pe-
timus". Prägnanter als Erasmus hebt Margaret die Gotteskindschaft des Menschen hervor und läßt durch eine häufigere Verwendung von Personalprono-
mina die Beziehung zwischen Mensch und Gott persönlicher erscheinen
(„Haec videntes filii tui" – „dann wir, deine spirituellen Kinder all dies se-
hend"; „Abba pater" – „Abba pater was so viel heißt wie 'O Vater, Vater'.") Margarets Übersetzung betont bisweilen stärker als das erasmische Original die ge-
fallene Natur des Menschen: Erasmus' „humanae cupiditates" z. B. gibt Margaret als „verdorbene und unreine Emotionen" wider. Während im letzten
Kapitel der erasmischen Meditation Gott als der gute Hirte dargestellt wird
(„ovem erraticam reportas ad ovile"), ist in Margarets Text das Schaf auch
noch „vom Wege abgekommen und umherirrend." Umgekehrt hingegen fügt
Margaret dann, wenn von Gott, Jesus und Erlösung die Rede ist, nicht selten

ein positives Attribut hinzu: „hunc diem a filio tuo Iesum promissum" – „diesen uns von deinem Sohn verheißenen glücklichen und schönen Tag."

Margarets Übersetzung von Erasmus' Meditation ist somit zugleich Zeugnis ihrer eigenen Gottesbeziehung; und eben dieses bewußte Glaubensverständnis, die Anerkennung von *amor Dei* als Basis und Telos menschlichen Seins vereinigt Margaret und Thomas und macht die Einzigartigkeit ihrer Beziehung aus. Und so weiß nur Margaret von den Bußakten, die der Vater sich auferlegt, und sie ist es, die heimlich sein Fellhemd wäscht.[25]

Nirgendwo jedoch wird die Liebe, die Thomas und Margaret verbindet, härter getestet und beweist zugleich eindrucksvoller ihre unzerstörbare Realität als in den Jahren 1534/35, als More wegen seiner Weigerung, den Eid auf den *Act of Supremacy* zu leisten, im Tower gefangengehalten wird. Die Korrespondenz von Margaret und Thomas dokumentiert die große innere Nähe zwischen Vater und Tochter. In einem Schreiben an seine Freunde erklärt More seine „geliebte Tochter" zu seiner persönlichen Stellvertreterin und bittet sie, alles worum sie in seinem Namen fragt, so zu betrachten „als ob es von ihm persönlich käme."[26] Ihr vertraut er seine Gedanken und Sorgen, aber auch Details seiner Verhöre und Gespräche an. Sie bestärkt ihn im Glauben, wenn sie ihm mitteilt, daß sie seine Gefangenschaft als Situation der besonderen Gottesnähe sieht.[27] Sie kann ihm Trost sein und Kraft geben, weil sie ihn besser versteht als alle anderen. Sie ist es auch, die als erste und für lange Zeit einzige eine Besuchserlaubnis erwirkt – ein Hinweis auf ihr kluges Auftreten im öffentlich-politischen Bereich. Sie ist bei ihm, als er vom Fenster seiner Zelle die Hinrichtungsvorbereitungen für die vier Priester verfolgt, die wegen ihrer Verweigerung des Eids zum Tode verurteilt wurden. Und was für den modernen Leser erstaunlich, vielleicht sogar unverständlich erscheint, unterstreicht noch einmal das Band, das Vater und Tochter eint: Bei jedem von Margarets Besuchen im Tower beten Thomas und sie gemeinsam die sieben Psalmen und die Litanei, bevor sie die aktuellen Geschehnisse oder die politische Situation diskutieren.[28]

Das heißt jedoch nicht, daß sie in deren Beurteilung immer übereinstimmten. Aus Mores Antwort auf einen Brief von Margaret geht hervor, daß Margaret ihn darum gebeten haben muß, den Eid zu leisten. Es ist sehr gut vorstellbar, daß Margaret aus Angst um das Leben des Vaters ihn zur Akzeptanz des *Act of Supremacy* bewegen wollte.[29]

Doch die Meinungsverschiedenheit in dieser Frage von Leben und Tod beeinträchtigt die tiefe Freundschaft zwischen Thomas und Margaret in keinerlei Hinsicht, sondern kristallisiert das transzendentale Fundament ihrer Liebe erst unmißverständlich heraus. Die Extremsituation der Tower-Jahre ist der stärkste Beweis für Margarets emotionale Intelligenz und ihre innere Freiheit. Dies scheint zunächst im Widerspruch dazu zu stehen, daß Margaret sich in ihren Briefen immer wieder als „gehorsame Tochter" bezeichnet, denn „Gehorsam" trägt oft die negative Konnotation von Autoritätsfiguren, die anderen ihren Willen aufzwingen. Doch wahre Freiheit ist, wie die Interaktion zwischen Vater und Tochter zeigt, eine Freiheit, die aus Gehorsam erwächst, und zwar Gehorsam im Sinn der eigentlichen Etymologie des Wortes „Hören", des furchtlosen einander Zu- und aufeinander Hinhörens.

Der kunstvoll im platonischen Dialogstil verfaßte berühmte Brief, in dem Margaret ihrer Stiefschwester Alice Alington von ihrem letzten Besuch beim Vater erzählt, manifestiert die unterschiedlichen Haltungen von Vater und Tochter in der Frage des Eides. Aber More geht es nicht darum, Margaret seine Einstellung argumentativ plausibel zu machen oder gar sie dazu zu bringen, ihre Haltung zum Eid zu ändern. Ihm geht es allein um sein Gewissen, das ihm wichtiger ist als das eigene Leben.[30] Das Gewissen ist für ihn nicht ein spontanes Gefühl, sondern eine Sache zwischen Individuum und Gott, ein Wissen, das Vernunft und Verstand übersteigt, mit Liebe, Gnade und Offenbarung zu tun hat, den Kern seines Seins betrifft und heilsrelevant ist;[31] es kann daher weder Diskussionsgegenstand noch Manipulationsobjekt sein: „niemand kann rechtmäßig einem anderen Menschen befehlen oder ihn dazu zwingen, seine Meinung zu ändern und einen Seitenwechsel seines Gewissens vorzunehmen."[32] More will nicht Margarets blinden Gehorsam als Vater, sondern ein in *amor Dei* verankertes Hören auf das eigene Gewissen, das allein echte Identitätsfindung erlaubt, die ganze Freiheit der Person garantiert und wahre zwischenmenschliche Liebe ermöglicht. Margarets Briefe demonstrieren, daß sie dieses Anliegen des Vaters versteht und seine Weisheit auch die ihre ist. So schreibt sie: „Ich bete zu Gott, daß ich mein Leben im gehorsamen Dienst an ihm verbringe und beende, gemäß dem heilsamen Rat und fruchtbaren Beispiel, das ich durch dein Leben, guter Vater, hatte, und dem zu folgen ich Gott um seine Gnade bitte."[33]

In seinem letzten, mit einem Stück Kohle geschriebenen Brief, den er zusammen mit seinem Büßerhemd an Margaret schickt, kommentiert More ihre öffentliche Geste der letzten Umarmung und des letzten Kusses[34] und lobt ihre Unabhängigkeit von öffentlichen Reaktionen: „Niemals hat mir dein Verhalten mir gegenüber besser gefallen als in dem Moment, in dem du mich zum letzten Mal geküßt hast, weil ich es mag, wenn kindliche Liebe und Nächstenliebe keine Gelegenheit dazu haben, sich nach weltlichen Verhaltensnormen zu richten."[35] Für More bestätigt sich hier zum letzten Mal, daß in Margaret seine Wunschvorstellung Wirklichkeit geworden ist, nämlich „wenn eine Frau (…) außer herausragender Tugend auch noch eine wie auch immer bescheidene Bildung hat, denke ich, daß sie darin einen viel realeren Gewinn hat, als wenn sie die Reichtümer des Krösus und die Schönheit Helenas erlangt hätte."[36] Auch in den verbleibenden neun Jahren bis zu ihrem Tod bleibt dieser Gewinn, das unauslöschbare Vermächtnis des Vaters in Margarets Leben sichtbar.

Zusammen mit Margaret Clement beerdigt sie den Leichnam des Vaters in der Kapelle St. Peter ad Vincula im Tower; sie besticht den Henker, der den am Traitors' Gate an der London Bridge aufgespießten Kopf Mores in die Themse werfen sollte und nimmt ihn als Reliquie mit nach Hause.[37] In der Erziehung ihrer eigenen fünf Kinder spiegelt sich Margarets tiefes Verständnis für Mores Philosophie wider. Die Bildung aller ihrer Kinder (drei Mädchen, zwei Jungen) ist ihr ein wichtiges Anliegen.[38] Harpsfield schreibt, daß sie ihnen „eine Mutter im doppelten Sinn [war], denn es reichte ihr nicht, sie in die Welt zu bringen, sondern sie unterrichtete sie selbst in Tugend und Gelehrsamkeit."[39] Wie More sieht Margaret Bildung in untrennbarem Zusammenhang mit Tugend, und sie ist ihren Kindern Lehrerin und konkretes Vorbild. Als nach einer Verhaftung ihres Mannes Soldaten des Königs plötzlich ihr Haus durchsuchten,

fanden sie eine Frau vor, die weder jammerte noch klagte, sondern eifrig ihre Kinder unterrichtete und ihre Nachricht als nichts Aufsehenerregendes aufnahm. Außerdem waren sie sehr erstaunt über ihre Unwandelbarkeit und über die Würde und Weisheit, die sie in ihren Worten fanden und die sie nicht erwartet hatten; und sie waren voller Bewunderung für sie und keiner konnte danach genug Gutes über sie sagen.[40]

Die Faszination, die von Margaret More Roper ausgeht, liegt in ihrer Emanzipation, d.h. in der Befreiung aus Abhängigkeiten begründet. Wie der kurze Blick auf ihre Biographie gezeigt hat, ist sie letztendlich weder an die Person des Vaters noch an gesellschaftliche Strukturen gebunden, sondern allein an das, was beides übersteigt und unveränderlich ist. Aus dieser Quelle stammt ihre emotionale Intelligenz, die sie nicht nur reicher als Krösus und schöner als Helena, sondern als Tochter, Gelehrte, Ehefrau, Mutter zu einer „woman for all seasons" werden läßt.

Jutta Schwarzkopf

*E*lisabeth I.
(1533–1603)

Marcus Geeraerts: Sog. 'Armada-Porträt' von Elisabeth I. (1588).
Bedfordshire, Woburn Abbey. Foto: AKG.

Im Sommer des Jahres 1554 ergriff Elizabeth Tudor einen Diamanten und ritzte folgende Worte in die Fensterscheibe ihrer Kammer im baufälligen Palast von Woodstock in Oxfordshire:

> Viel Verdacht umgibt mich,
> Nichts kann bewiesen werden,
> Sprach Elisabeth, die Gefangene.[1]

Diese Zeilen fassen prägnant zusammen, wie es Elisabeth bislang durch Umsicht in ihrem Verhalten und durch Bedachtsamkeit in ihren Äußerungen gelungen war, ihren politischen Gegnern keine Angriffsfläche zu bieten. Noch ein weiteres Gedicht von ihr stammt aus der Zeit in Woodstock. Es handelt vom blinden Walten des Schicksals in ihrem Leben, das nach vielerlei Wechselfällen zu ihrer Gefangensetzung geführt hatte, während die wahren Schuldigen sich der Freiheit erfreuten. Die Schicksalsergebenheit, die in diesem Gedicht zum Ausdruck kommt, erhält jedoch in der letzten Zeile eine Wendung ins Widerständige, wenn die in Gefangenschaft gehaltene Prinzessin ihren Glauben daran äußert, daß Gott die schändlichen Pläne ihrer Feinde an diesen heimsuchen werde.[2]

Tatsächlich war das Leben Elisabeths bis zu diesem Zeitpunkt durch eine Abfolge von Höhen und Tiefen gekennzeichnet gewesen. Am 7. September 1533 als Tochter Heinrichs VIII. und seiner zweiten Frau Anne Boleyn geboren, verlebt sie die ersten Jahre so, wie es einer Prinzessin angemessen ist. Dann jedoch ändern sich ihre Lebensumstände von Grund auf. Ihre Mutter wird im Jahre 1536 wegen Hochverrats hingerichtet, und Heinrich VIII. heiratet in dritter Ehe Jane Seymour. Dieser Verbindung entspringt im folgenden Jahr der vom König heiß ersehnte männliche Thronfolger, der spätere Eduard VI. Daraufhin wird Elisabeth zum Bastard erklärt, ihr wird der Titel 'Prinzessin' aberkannt, und sie erhält nur einen äußerst knapp bemessenen Unterhalt. Ihre materiellen Umstände ändern sich erst wieder, als sie nach dem Tode ihres Vaters im Jahre 1547 von dessen sechster Frau, Catherine Parr, in deren königlichen Haushalt aufgenommen wird. Als jedoch nach dem Tode Eduards im Jahre 1553 Elisabeths ältere Schwester Maria den Thron besteigt, wird die Lage der Prinzessin zunehmend prekär. Da die katholische Königin alles daransetzt, die von ihrem Vater eingeleitete Reformation auf den Stand zurückzuschrauben, den sie zum Zeitpunkt seines Todes erreicht hatte, wird die im protestantischen Glauben erzogene Elisabeth zur Hoffnungsträgerin ihrer Glaubensbrüder und dadurch zu einer ernst zu nehmenden Rivalin Marias. Deswegen läßt die Königin sie wegen des Verdachts der Verschwörung in den Tower werfen, wo Elisabeth um ihr Leben fürchtet. Nach zwei Monaten darf sie den Tower verlassen, und der verfallene Palast in Woodstock wird ihr neues Gefängnis. Zwar ist sie mit dem Leben davongekommen, doch solange Maria die Herrschaft inne hat, muß sie ständig gewärtigen, erneut in Ungnade zu fallen. Zudem eröffnet die Heirat ihrer Schwester mit Philipp von Spanien, dem Kernland der Gegenreformation, die Möglichkeit, daß die Geburt eines Kindes Elisabeth als unmittelbare Nachfolgerin Marias verdrängt.

In der inneren Stärke, mit der Elisabeth diese für sie so schweren Jahre erträgt, sowie in ihrem klugen Schweigen, durch das es ihr gelingt, sich in den vielfältigen Intrigen bei Hofe nicht zu kompromittieren, zeigen sich die Früchte ihrer humanistischen Erziehung, die aufgrund ihres Rangs weit über das für Frauen ihrer Zeit übliche Maß hinausgeht. Insgesamt wurde sie zwar nur vier Jahre lang systematisch von einem Tutor unterrichtet – auch dies eine Folge ihres Status als Bastard –, doch die Qualität ihrer Lehrer stand jener ihres Bruders Eduard in nichts nach.

Durch das Studium klassischer Autoren sollte sie nicht nur Kenntnisse des Lateinischen und des Griechischen erwerben, sondern die Texte wurden von ihren Lehrern gezielt im Hinblick auf die Schulung der intellektuellen Fähigkeiten sowie auf die Bildung der Persönlichkeit ihrer Schülerin ausgewählt. Die Lektüre sollte sie lehren, die Wechselfälle des Schicksal mit Würde und Gelassenheit zu ertragen.

Die Vertrautheit mit den Autoren der Antike blieb nicht ohne Wirkung auf Elisabeths eigene dichterischen Versuche. So ist das zweite Woodstock-Gedicht durch das fünfte Gedicht des ersten Buchs von Boethius' „Trost der Philosophie" inspiriert.[3] Dabei bezieht sich die Analogie nicht nur auf die Aussage des Gedichts, sondern auch auf die Umstände seiner Entstehung, denn wie Elisabeth befand sich Boethius in Gefangenschaft, als er sein Werk verfaßte.

Insgesamt sind sechs Gedichte überliefert, als deren Verfasserin Elisabeth ohne jeden Zweifel gelten kann. Alle haben Ereignisse in ihrem Leben zum Anlaß. Neben den beiden während der Gefangenschaft in Woodstock entstandenen gehört dazu ein Vierzeiler, den sie als Kind in ihr französisches Psalmenbuch schrieb, sowie ein Zweizeiler, in dem sie die Kraft der Tugend beschwört, die dem blinden Walten des Schicksals überlegen ist.[4] Dazu gehören aber auch zwei längere und daher aussagekräftigere Gedichte. Das eine, „Über die Abreise von Monsieur" („On Monsieur's Departure"), ist Gegenstand einer literaturgeschichtlichen Kontroverse. Der Annahme, es beziehe sich auf die Abreise des Herzogs von Alençon, Elisabeths letztem Freier, dem sie den Spitznamen „Monsieur" gegeben hatte, steht die Ansicht entgegen, gemeint sei der Earl of

Essex, einer der Favoriten der Königin. Das Gedicht ist die Klage über eine
Liebe, vor der es kein Entrinnen gibt, die aber auch nicht offen gezeigt werden
kann. In der letzten Strophe fleht die Liebende um eine Auflösung dieses Di-
lemmas durch Erfüllung der Leidenschaft oder durch den Tod.[5] Sollte sich das
Gedicht tatsächlich auf den Herzog von Alençon bezogen haben, so wäre zu
fragen, ob es persönliche Gefühle zum Ausdruck brachte oder aber, was wahrscheinlicher ist, der politischen Wirkung wegen verfaßt worden war.[6]

Das Gedicht „Die Furcht vor künftigen Feinden" („The Doubt of Future
Foes") bezog sich vermutlich auf Maria Stuart, die katholische Cousine Elisabeths, die nach ihrer Absetzung als Königin von Schottland nach England floh,
wo sie wegen der Ansprüche, die sie auf den englischen Thron geltend machte,
von Elisabeth unter Hausarrest gestellt wurde. Dieses Gedicht gilt als Elisabeths
bestes. Seine Bilder, die Zeugnis ablegen von ihrer Vorliebe für den Aufenthalt
im Freien, zu Fuß oder zu Pferde, beziehen sich fast alle auf das Wirken der Na-
turkräfte.[7] In ihrem Stil, der als kraftvoll und moralistisch, nicht aber als sonderlich verfeinert charakterisiert wird,[8] entsprechen die Gedichte Elisabeths der
Vorliebe ihrer Zeit.

Daneben gehören zu ihrem schmalen literarischen Werk zehn Gedichte,
deren Urheberschaft allerdings umstritten ist, sowie eine Reihe von Übersetzungen. Sprachstudien hatten einen Schwerpunkt ihrer Erziehung gebildet.
Elisabeth lernte Französisch und Italienisch, sollte aber vor allem durch die
Lektüre klassischer Texte auf Latein und Griechisch ihr eigenes Sprachvermögen am vorbildlichen Sprachgebrauch der antiken Autoren schulen. Unter Anleitung ihrer Lehrer hatte die junge Prinzessin viele dieser Texte ins Englische
übertragen und sodann in die Originalsprache zurückübersetzt.

Neben einer Übersetzung des 13. Psalms, die sie als Kind anfertigte, sowie
einer Reihe von Übertragungen, die nicht eindeutig datierbar sind, fertigte sie
im Jahre 1593 eine Übersetzung aller fünf Bücher von Boethius' „Trost der Philosophie" an. Mit diesem Werk war sie, wie nicht zuletzt das zweite Woodstock-
Gedicht zeigt, von Jugend an vertraut. Vermutlich war sie daher imstande, die
Übersetzung anzufertigen, ohne ein Lexikon zu Hilfe zu nehmen. Dies würde
auch die erstaunlich kurze Zeit erklären, die sie für diese Arbeit benötigte und
die sie auf der eigenhändigen Fassung der Übersetzung vermerkte.

Die Übertragungen klassischer Texte, die Elisabeth während ihrer Herrschaft
anfertigte,[9] waren eindrucksvoller Ausweis ihres umfangreichen Wissens, das sie
sich im Rahmen ihrer Erziehung angeeignet hatte. Gezielt wurden sie von der
Königin zum Nachweis eingesetzt, daß sie damit über einen wesentlichen Teil-
aspekt der *sapientia*, der vom Souverän zu ihrer Zeit erwarteten Weisheit, und
daher über eine der Grundvoraussetzungen für eine weise Herrschaft verfügte.

Bereits als Elfjährige hatte Elisabeth einen Beweis ihrer Sprachfertigkeit und
ihrer Religiosität gegeben, als sie Marguerite de Navarre's Gedicht „Spiegel der

sündigen Seele" (Miroir de l'Âme Pècheresse) in englische Prosa übersetzte und diese Arbeit ihrer Stiefmutter Catherine Parr widmete. Den Einband der Übersetzung hatte sie selber bestickt, und so war dieses Geschenk Ausweis ihrer Gelehrigkeit wie ihres Nadelfleißes. In diesem Gedicht lotet die Verfasserin die Implikationen der traditionellen Allegorien der christlichen Seele als Mutter, Tochter, Schwester und Ehefrau Gottes aus. Die Bedeutsamkeit der Übersetzung durch die junge Prinzessin liegt damit weniger in ihrer nicht sehr ausgeprägten literarischen Qualität als vielmehr in der Wahl des Gegenstands. Das ganze Gedicht legt Zeugnis von der Liebe Gottes für den sündigen Menschen ab, durchgängig ausgedrückt als die Beziehung zwischen einem männlichen, patriarchalischen, wohltätigen Gott und einer demütigen, reuigen Sünderin. Wenn Frauen nach der idealen Tugendhaftigkeit der Jungfrau strebten, so die Kernaussage, mußten sie das Gefühl der in ihrer Weiblichkeit begründeten besonderen Sündhaftigkeit überwinden und aufgrund ihrer zusätzlichen Schuld außerordentliche Dankbarkeit für die Gnade, Liebe und Vergebung Gottes empfinden.

Mit dieser frühen Arbeit reiht sich Elisabeth in die lange Reihe von Autorinnen der Renaissance ein, die religiöse Werke verfaßten. Im Mittelpunkt dieser Schriften steht jeweils die Gestalt der demütigen und reuigen Sünderin, die alles Weltliche, Fleischliche und Teuflische verachtet und allein auf die Gnade Gottes vertraut. Mit dieser Aussage leisteten die Schriften einen nützlichen Beitrag zur Verbreitung protestantischen Gedankenguts im Zuge der Reformation, und darin ist auch der Grund für den zeitgenössischen Zuspruch zu suchen, den Elisabeths Werk fand.[10]

Das Jahr 1558 markierte den entscheidenden Wendepunkt in Elisabeths Leben. Da Maria in jenem Jahr kinderlos verstarb, stand einer Thronbesteigung durch ihre jüngere Schwester nun nichts mehr entgegen. Während ihrer Herrschaft, die bis zu ihrem Tode im Jahre 1603 andauerte, entwickelte sich eine breit gefächerte künstlerische Produktion, die auf die Huldigung der Herrscherin ausgerichtet war und einen wahren Elisabeth-Kult hervorbrachte. Innerhalb des Kunstschaffens ihrer Zeit lag die herausragende Bedeutung Elisabeths darin, daß sie eine Vielzahl von Kunstwerken inspirierte. Dagegen war ihre Rolle als Mäzenin zu vernachlässigen. Zum Zeitpunkt ihrer Thronbesteigung hatte sie die Kronfinanzen in einem überaus zerrütteten Zustand vorgefunden und setzte daher die Prioritäten ihrer Ausgaben mit höchster Sorgfalt. Der Unterhalt eines Hofdichters oder eines Hofmalers gehörte nicht dazu.

Das künstlerische Schaffen jener Zeit war in das System der Patronage eingebunden und, unbeschadet seiner ästhetischen Qualität, darauf ausgerichtet, das Fortkommen des Künstlers wie seines Auftraggebers zu fördern. In den verschiedenen Kunstformen, in denen der Königin gehuldigt und zugleich versucht wurde, sie für die Unterstützung bestimmter politischer Ziele zu gewin-

nen, manifestierte sich die Rivalität der Höflinge um Macht und Einfluß, deren
Quelle die Königin war. Sie selber war von diesem Machtkampf nicht ausgenommen, denn ihre Vormachtstellung unter den Adeligen ihres Landes beruhte
wesentlich auf dem System der Patronage, durch das sie diese als politische Rivalen schwächte, indem sie sie als Höflinge an sich band. Patronage bezeichnete
eine Beziehung der Gegenseitigkeit, in der materielle Gunstbezeugungen der
Königin die Ergebenheit des Höflings belohnten und zugleich aufs neue einfor-
derten. Kunst war also nicht von Politik getrennt, denn die Produkte künstlerischen Schaffens bildeten die Waffen, mit denen der politische Machtkampf
ausgetragen wurde.

Wer bei Hofe verkehrte und dort Einfluß gewinnen oder behalten wollte,
huldigte der Königin in literarischer Form. Eine besondere Bedeutung kam
dabei dramatischen Dichtungen zu, die entweder in London selbst oder bei
den regelmäßigen sommerlichen Rundreisen des gesamten Hofstaats auf dem
Landsitz eines Adeligen von diesem selber oder in seinem Auftrag speziell für
die Königin verfaßt und in Szene gesetzt wurden. Von einem höfischen Publikum konnte mit Sicherheit erwartet werden, daß es die vielfältigen Anspielungen in den oftmals hochgradig allegorischen Texten aufgrund seiner Vertrautheit mit der humanistischen Tradition entschlüsseln konnte. Zu den bekanntesten Werken dieser Art zählen Edmund Spensers „Faerie Queene“, Philip
Sidneys „The Lady of May“, Ben Jonsons „Cynthia's Revels“ oder William
Shakespeares „Midsummer Night's Dream“.

Doch der Elisabeth-Kult war nicht auf die Welt bei Hofe beschränkt, sondern
griff weit über die Elite hinaus, da sich die Königin ihren Untertanen häufig als
nahbare Monarchin präsentierte, nicht zuletzt, um die Stimmung im Volke zu
erkunden. Die verbalen und visuellen Bilder, die von der Königin im – nicht
notwendig immer harmonischen – Zusammenspiel der Interessen des Hofes
mit jenen der Untertanen entstanden, erwiesen sich als wirksame Mittel, das in
religiöser und ökonomischer Hinsicht mehrfach gespaltene Volk loyal an die
Krone zu binden. Sie verdeutlichen daher ebenfalls die politische Wirkung des
elisabethanischen Kunstschaffens.

Eine besondere Bedeutung kam in diesem Zusammenhang bildlichen Darstellungen der Königin zu. Anders als die literarischen Huldigungen erreichten
diese nicht zuletzt aufgrund ihrer Vielzahl und ihrer weiten Verbreitung die
Masse der Bevölkerung, zumal ihre Botschaft auf verschiedenen Ebenen gelesen werden konnte. Zwar wurden die Macht und die Herrlichkeit der Königin
häufig künstlerisch hochgradig verschlüsselt, doch in ihrer Darstellung in aller
Pracht und in allem Reichtum ihres Schmucks und ihrer Gewänder offenbar-
ten sie sich auch Leseunkundigen ohne klassische Bildung unmittelbar. Die
Malerei erreichte also eine ganz andere Wirksamkeit in der Bevölkerung als
jene literarischen Werke, in deren Mittelpunkt Elisabeth stand.

Die riesige Nachfrage nach dem Bild der Königin wurde von Werkstätten befriedigt, die ihre Porträts nach den Vorbildern zeitgenössischer Meister und unter Zuhilfenahme von Musterbüchern für Gewänder und Schmuck gleichsam in Massenproduktion fertigten. Damit war die Gefahr der Herstellung von Bildnissen minderer Qualität ständig gegeben. Die Spannbreite der Bildnisse Elisabeths reichte vom Porträt, das ein königstreuer Adeliger bei einem Meister zum Ausdruck seiner Loyalität in Auftrag gab, bis zu den für wenig Geld erhältlichen Münzen mit dem aufgeprägten Abbild der Königin, das loyale Untertanen, einem Talisman nicht unähnlich, an einem Band um den Hals tragen konnten. Durch die Verbreitung ihrer Bilder war die Königin im ganzen Land auch bei jenen bekannt, die keine Gelegenheit besaßen, die Herrscherin leibhaftig zu erleben. Als besonders wirksam dürfte sich das Titelblatt der zeitgenössischen Bibel erwiesen haben, das die Königin, umrahmt von den Tugenden, zeigte. Dieses Abbild dürfte fast jeder ihrer Untertanen gesehen haben.

Eine spezifisch elisabethanische Entwicklung war darüber hinaus das Tragen des königlichen Bildes in Form einer Kamee. Auch die Vorliebe für die Kamee verdankte sich dem Einfluß der Antike auf die Renaissance. Als Inspiration diente Plinius, der beschreibt, wie römische Kaiser Kameen mit ihrem eigenen Porträt als Teil ihrer persönlichen Insignien trugen.[11]

Die große Nachfrage nach Darstellungen der Königin verweist auf die hohe Bedeutung, die Bildern in jener Zeit quer durch alle Schichten zugemessen wurde. Der in der Bevölkerung verwurzelte Glauben an die magische Kraft von Bildern war in christianisierter Form durch den Stellenwert, der Bildern und Statuen von Heiligen in der Katholischen Kirche zukam, überlagert worden. Allerdings hatte sich dies durch die Reformation grundlegend geändert. Nun galten die vielfältigen Abbildungen, welche die Kirchen geschmückt hatten, als Ausweis des verhaßten Papismus und als Satanswerk, darauf angelegt, die Gläubigen von innerer Einkehr und Gewissenserforschung abzulenken, und mußten entfernt werden. Auf diese Weise der Jungfrau Maria und der Heiligen als Fürsprecher beraubt, suchte die Bevölkerung in Zeiten der Not und der Bedrängnis Zuflucht bei Talismanen sowie bei den magischen Kräften weiser Männer und Frauen. Das durch protestantische Bilderstürmerei entstandene Vakuum wurde durch das Abbild der jungfräulichen Königin gefüllt, das sich gegen Ende des 16. Jahrhunderts in seiner Darstellungsform häufig kaum von Abbildungen der Jungfrau Maria unterschied, wie sie in tiefkatholischen Ländern kursierten, und dem ähnliche Kräfte zugeschrieben wurden. Die Bedeutung des Bildes der Königin wurde von der höchst zwiespältigen Position der Anglikanischen Kirche in der Bilderfrage noch unterstützt, denn bei aller Verurteilung des Gebrauchs religiöser Bilder als papistischen Aberglauben hielt sie am heiligen Charakter des königlichen Porträts fest.

Neben der Verehrung Elisabeths gleichsam als einer Heiligen konnte ihr Abbild jedoch auch dem genau entgegengesetzten Zweck dienen. Wer der Königin schaden wollte, brauchte nur den Überzeugungen der Zeit zu folgen und Nadeln oder andere spitze Gegenstände in ihr Bild zu treiben, es zu verbrennen oder in anderer Weise zu beschädigen.

Auch Elisabeth war von der großen Bedeutung ihrer Bilder überzeugt und daher bestrebt sicherzustellen, daß nur solche Porträts von ihr in Umlauf kamen, die keinen Schatten auf die Figur der Herrscherin warfen. Per Dekret versuchte sie, die Orientierung an autorisierten Bildvorlagen verbindlich zu machen. Damit diese autorisierten Vorlagen hergestellt werden konnten, saß Elisabeth mit großer Regelmäßigkeit Modell. Allerdings bleibt fraglich, ob und in welchem Maße dieses Dekret befolgt wurde.

Die elisabethanische Porträtkunst war in allererster Linie emblematisch. Embleme, die, in Büchern zusammengestellt, damals fast überall in Europa kursierten, waren darauf angelegt, ein möglichst einprägsames Bild von der Beschaffenheit der Tugenden zu schaffen. Geschah dies anfangs mittels einer kurzen Definition, so wurde diese mit der Zeit durch ein Symbol ersetzt. Emblematische Porträts stellten weniger ein Abbild der äußeren Erscheinung der porträtierten Person dar als deren Innenleben. Formal drückte sich dies im geringen Gewicht des Gesichts im Vergleich zum beredten, komplexen Symbolismus von Kleidung und Schmuck aus. In seiner Wirkung beruhte das elisabethanische Porträt darauf, daß die Embleme des dargestellten Schmucks, der Kleidung, der Tiere, des Mobiliars oder der in der Hand gehaltenen Gegenstände im Sinne einer Entschlüsselung gelesen wurden. Auf diese Weise entstand kein Abbild, sondern eine Biographie. Damit nimmt England in der Malerei der Renaissance eine Sonderstellung ein. Dies zeigte sich auch an der sehr kurzen Aufenthaltsdauer großer Porträtkünstler vom Kontinent, die schnell feststellten, daß ihre Kunst des Illusionismus nicht gefragt war.

Die Kennzeichen der elisabethanischen Porträtmalerei lassen sich alle in den Darstellungen der Königin wiederfinden. Dem Maler ging es um die Schaffung eines Bildes voller Herrlichkeit, einer Ikone, welche die Betrachtenden an jene Prinzipien gemahnen sollte, für welche die Königin und ihre Regierung standen. Dabei weisen einige der allegorischen Porträts einen solchen Grad an Komplexität auf, daß von einer engen Zusammenarbeit des Malers mit einem Dichter ausgegangen werden muß, der das dem Bild zugrundeliegende ikonographische Konzept entworfen hatte.

Die Maler konzentrierten sich in ihrer Darstellung häufig auf eine bestimmte Eigenschaft der Königin, die ihre herausragende Bedeutung unterstrich. Die prominenteste Eigenschaft Elisabeths war ihre Jungfräulichkeit. Bis ins hohe Alter wurde die Königin mit offenem, über die Schultern herabfallendem Haar abgebildet, wie es Jungfrauen trugen. Ebenfalls auf ihre Jungfräulichkeit spielt die Serie der sogenannten Sieb-Porträts an, auf denen die

Königin mit einem Sieb in der Hand abgebildet wurde. Für die klassisch gebildete elisabethanische Elite war die Aussage dieser Bilder offenkundig. Sie
spielten auf jene vestalische Priesterin an, die zum Beweis ihrer Jungfräulichkeit Wasser in einem Sieb über eine längere Strecke transportierte, ohne auch
nur einen einzigen Tropfen zu verlieren. Ähnlich symbolisierte ein weißer
Hermelin jungfräuliche Reinheit.

In der zweiten Hälfte ihrer Regierungszeit setzte sich die Darstellung der Königin mit der sogenannten Maske der Jugend durch, die sie als alterslos und
unvergänglich erscheinen ließ. Diese Darstellungsweise war durch einen Regie-
rungsbeschluß aus dem Jahre 1594 verbindlich gemacht worden. Auf diese
Weise sollten Gefahren vermieden werden, die in Anbetracht der ungeklärten
Thronfolge der Zurschaustellung der Sterblichkeit Elisabeths innegewohnt hätten. Dieser Beschluß enthielt die Aufforderung zur Umsetzung der Theorie von
den zwei Körpern des Souveräns in der Malerei. Dieser Theorie zufolge besitzt
der Souverän zwei Körper, einen natürlichen und einen politischen. Sein
natürlicher Körper ist für sich betrachtet ein sterblicher, sein politischer Körper
dagegen ist der sinnlichen Erfahrbarkeit entzogen. Er besteht aus Politik und
Regierung und dient der Lenkung des Volkes und der Herstellung des öffentlichen Wohls. Dieser Körper ist völlig frei von allen Mängeln und Schwächen,
die dem natürlichen Körper eignen.[12] Nicht also der Mensch Elizabeth Tudor
wird auf den im Stil der Maske der Jugend gehaltenen Porträts vom Prozeß des
Alterns ausgenommen, sondern es ist die ewige Jugend, die Unvergänglichkeit
der Institution der Monarchie, die in diesen Porträts dargestellt wird, allerdings
am Beispiel einer Herrscherin, welche die Langlebigkeit und vor allem auch die
Stabilität der Monarchie, die auf einer weitgehenden Interessenidentität zwischen Königin und den Führungsschichten des Landes beruhte, in ausgepräg-
ter Weise verkörperte.

Eine Reihe von Entwicklungen jedoch, die im dritten Jahrzehnt von Elisabeths Herrschaft einsetzten, führten zu einer Bedrohung der langjährigen Stabilität. Die Königin hatte nunmehr ein Alter erreicht, das eine Eheschließung
überaus unwahrscheinlich machte. Daher mußte für die Thronfolge eine andere als die biologische Lösung gefunden werden. Außerdem wird die Anwesenheit ihrer Cousine Maria Stuart zu einer wachsenden Belastung. Sie wird den
englischen Katholiken, die aufgrund der Überzeugung von ihrer Unehelichkeit
Elisabeth von Anfang an ablehnend gegenübergestanden haben und durch die
Exkommunizierung der Königin im Jahre 1570 von der Loyalität ihr gegenüber
entbunden worden sind, zum Kristallisationspunkt ihres Widerstands. Eine
Reihe von Komplotten führt zu einer Rebellion und einem Umsturzversuch.
Schließlich unterzeichnet die Königin im Jahre 1587 nach langem Zögern, in
dessen Verlauf sich ihre Einsicht in die Gefährdung, die von Maria Stuart für
sie ausgeht, gegenüber der speziellen Bindung an eine andere auserwählte

Monarchin durchsetzt, das vom Parlament gegen ihre Cousine wegen Verschwörung verhängte Todesurteil. Doch auch von protestantischer Seite gerät die Königin unter Druck, als ihr letzter Favorit, der Graf von Essex, einen Umsturzversuch unternimmt. Dessen Motiv ist in der Enttäuschung über ausbleibende Gunstbeweise der Königin zu suchen, die aufgrund der zunehmenden Finanzknappheit der Krone das im System der Patronage angelegte Prinzip der Gegenseitigkeit durchbricht und damit die Stabilität der eigenen Stellung gefährdet.

In der Bevölkerung wächst angesichts steigender Preise, schlechter Ernten und Epidemien, die das Land heimsuchen, der Widerstand gegen die steuerlichen Ansprüche der Krone. Auch greift Kriegsmüdigkeit um sich, denn außenpolitisch ist Elisabeth gezwungen, ihre Politik der Nichtintervention aufzugeben. Lange Zeit war es ihr gelungen, England aus kostspieligen Kriegszügen auf dem Kontinent herauszuhalten, obwohl sie vor allem von den glühenden Protestanten bei Hofe immer wieder unter Druck gesetzt worden war, den von der spanischen Herrschaft bedrängten Glaubensbrüdern in den Niederlanden zu Hilfe zu kommen. Im Jahre 1585 kann sie sich diesem Druck nicht länger entziehen und entsendet Truppen über den Kanal. Dadurch wird ein Krieg mit Spanien und seinem Verbündeten, der französischen Katholischen Liga, unvermeidlich. Nun sind englische Truppen in Frankreich, den Niederlanden, auf dem Atlantik und in Irland gebunden, was hohe Kosten und Verluste an Menschenleben nach sich zieht. Wiederholt steht England vor der Gefahr, von den überlegenen Kräften der Gegenreformation eingekreist zu werden. Diese sehen die Möglichkeit, die ketzerische Insel zu erobern und für den rechten Glauben zurückzugewinnen. Doch im Jahre 1588 gelingt es England, aufgrund seiner neuartigen und daher überlegenen Seekriegsführung die Armada, die von Spanien entsandte mächtige Eroberungsflotte, vernichtend zu schlagen. Damit ist nicht nur die Invasionsgefahr gebannt, sondern die überseeischen Territorien sind auch dem englischen Einfluß geöffnet. Das Ansehen Elisabeths erreicht seinen Höhepunkt.

Dies wird an dem vermutlich 1588 entstandenen sogenannten Armada-Porträt deutlich. In seiner horizontalen im Gegensatz zur üblichen vertikalen Form der lebensgroßen Darstellungen der Königin weist es eine völlige Neuheit auf, als ob die Größe des zu feiernden Ereignisses ein neues Format erfordert hätte. Im Zentrum steht die Königin. Um den Hals trägt sie eine mehrfache Perlenkette, und auch ihr Gewand ist mit Perlen verziert. Perlen waren Symbole der Reinheit und spielten auf die Jungfräulichkeit der Königin an. Ihr Gesicht, dem wie in allen Porträts jede Tiefenschärfe fehlt, ist jenes der Maske der Jugend. Die rechte Hand der Königin ruht in der Manier der römischen Kaiser auf einem Globus, nimmt diesen gewissermaßen in Besitz. Darüber liegt auf einem kleinen Tisch die englische Krone, die mittels zweier Bögen oben geschlossen ist, was Zeitgenossen ebenfalls als Zeichen imperialer Herrschaft galt. Links von der Köngin ist ihr Thron zu sehen. Hinter ihr gewähren zwei fensterähnliche Öffnungen Ausblick auf die Armada. Während man durch die linke die spanische Flotte heransegeln sieht, bietet die rechte einen Ausblick auf ihren Untergang. Den Malern des elisabethanischen Englands war Einheit von Zeit und Ort unbekannt, so daß die einzelnen Elemente ihrer Bilder, von denen jedes für sich eine Bedeutung hat, zueinander in Beziehung gesetzt, eine Geschichte erzählen. Dieses Bild erzählt davon, daß die Armada herangesegelt kommt und von der Monarchin zurückgeschlagen wird, deren Krone und deren Thron die Mächte des Bösen besiegt haben und deren imperiale Hand sich nun ausstreckt, die ganze Welt in Besitz zu nehmen.[13]

Hier wird die Allianz von Kunst und Macht augenfällig, die darauf ausgerichtet ist, die Aura der Monarchie zu steigern und die Macht der zunehmend absolutistisch regierenden Herrscherhäuser zu festigen. In einem Zeitalter völligen Umbruchs, in dem religiöse Spaltung an die Stelle der einen Kirche tritt und sich das Weltbild durch die Entdeckung der Neuen Welt und die Zerstörung der alten Kosmologie von Grund auf wandelt, vermittelt die auf die Figur des Herrschers zentrierte Monarchie den Eindruck von Halt und Festigkeit. In dieser Wahrnehmung kommt dem Herrscher eine geradezu heilsbringende Rolle zu.

In England zeigt sich dies in der glorifizierenden Darstellung Elisabeths als Astraea, die das Goldene Zeitalter einläutet, in dem sich England zu einer imperialen Macht entwickelt. Astraea war die gerechte Jungfrau aus dem vierten Hirtengedicht Vergils, mit deren Rückkehr zur Erde das Goldene Zeitalter anbricht, das Frieden und ewigen Frühling mit sich bringt. So wird sie auf einem Bild, auf dem sie einen Regenbogen in den Händen hält, mit der Sonne verglichen, ein Vergleich, den das lateinische Motto des Bildes, non sine sole iris, ohne Sonne kein Regenbogen, explizit macht. Die wachsende Bedeutung der Glorifizierung Elisabeths als Astraea, in der das nationale Expansionsstreben gefeiert wird, läßt sich als Betonung der erfolgreichen Außenpolitik gegenüber den Spannungen im Lande selbst deuten.

Die verschiedenen Glorifizierungen der Königin verweisen darauf, wie Elisabeth die drei Grundprobleme ihrer Herrschaft zu lösen suchte. Diese lagen in der Umstrittenheit ihrer Thronfolge, in der religiösen Spaltung des Landes sowie in ihrem Geschlecht begründet. Symbol ihrer Herrschaft ist die fünfblättrige schottische Zaunrose, deren Farbe Weiß an die Jungfräulichkeit der Königin erinnert. Häufig tritt sie in Verbindung mit der Tudor-Rose auf oder wird durch diese ersetzt. In der sogenannten Rose der Einheit mischen sich Weiß und Rot, die Farben der Häuser York und Lancaster, deren blutträchtige Fehde durch die Eheschließung Heinrichs VII. aus dem Hause Lancaster mit Elisabeth von York, aus der zugleich das Haus Tudor entstand, beigelegt worden war. Der symbolische Verweis auf die Zugehörigkeit der Königin zu diesem Geschlecht sollte sie als Trägerin einer historischen Mission legitimieren, die darin bestand, die von ihrem Großvater begonnene Befriedung des Landes weiterzuführen und zu vollenden.

Ebenso vollendete sie die Reformation, die ihr Vater eingeleitet, ihr Bruder Eduard fortgesetzt, ihre Schwester Maria allerdings rückgängig zu machen versucht hatte. Indem Elisabeth gleich zu Beginn ihrer Amtszeit die protestantische Ausrichtung der Anglikanischen Kirche festschrieb, schuf sie klare Verhältnisse, wenn sie in religiösen Fragen auch immer um Mäßigung bemüht war. Dadurch enttäuschte sie zwar die Hoffnungen der radikalen Protestanten im Lande, doch gelang es ihr auf diese Weise, loyale, wenn auch katholische Machtträger an sich zu binden. Eine Massenkonversion des katholischen Nordens konnte sie allerdings nicht bewirken. Der friedliche Verlauf der englischen Reformation, der ohne Massaker wie die Bartholomäusnacht in Frankreich oder einen Religionskrieg im Stile des Dreißigjährigen auskam, wurde weitestgehend der Königin zugeschrieben. In den Augen ihrer protestantischen Anhänger verband sich Elisabeths Thronfolge unauflöslich mit ihrer religiösen Mission als Vollenderin der Reformation. Ihre Thronbesteigung allen Fährnissen in ihrer Jugend zum Trotz galt ihnen als Manifestation des Willens Gottes, so daß sie Elisabeths Herrschaft, die mit der Festschreibung des Protestantismus als Staatskirche begann, als Zeichen von Gottes Vorsehung deuten konnten.

Elisabeths gesamte Regierungszeit war von dem Bemühen geprägt, den Widerspruch zu lösen, der in ihrem Status als Frau und als Souverän begründet lag. Während sich die Ausübung höchster Autorität durch die göttliche Auserwähltheit des Souveräns legitimierte, hatte ebenfalls Gottes Wille das Verhältnis der Geschlechter so geordnet, daß die Frau dem Mann, sei es dem Vater, sei es dem Ehemann, untertan war. Autoritätsausübung und Unterordnung rieben sich also ständig in der Figur des weiblichen Souveräns. Indem Elisabeth die göttliche Berufung zur Herrschaft zu einer außergewöhnlichen, besonderen Erwählung umgestaltete, gelang es ihr, die widersprüchlichen Anforderungen an sie als Souverän und als Frau miteinander zu versöhnen, ohne das Geschlechterverhältnis generell in Frage zu stellen, denn ihre spezifische Interpretation des Gottesgnadentums hob auf die Legitimierung des Herrschaftsanspruchs der außergewöhnlichen Frau ab. Mit dieser Interpretation bewegte sie sich im Rahmen der zeitgenössischen Herrschaftstheorien. Doch ergänzte sie diese durch eine Neuerung, indem sie auf ihre enge Beziehung zu ihren Untertanen verwies und sich damit einer spezifisch weiblichen Inszenierung der Legitimierung der Frau als Herrscherin bediente.

Mit dem Moment ihrer Thronfolge schloß sie für sich die Möglichkeit einer Eheschließung aus. Entsprechenden Pressionen durch das Parlament und durch ihre Ratgeber, die auf die Klärung der Thronfolge drängten, begegnete sie mit dem Hinweis, daß sie bereits eine Ehe mit ihrem Land eingegangen sei. Mit dieser Äußerung suggerierte sie ihre Entschlossenheit, ihre Hingabe an ihr Land nicht durch die Hingabe an einen Ehemann beeinträchtigen zu lassen. Zugleich präsentierte sie sich als die Mutter ihrer Untertanen, die diese nicht nur mit Vernunft, sondern auch mit Liebe regierte. Die Bestätigung durch die unwandelbare Zuneigung der Untertanen kompensierte in diesem Entwurf die geringer ausgeprägte weibliche Regierungsfähigkeit. Im Bild der Mutterschaft oder des eheähnlichen Verhältnisses zu ihren Untertanen löste Elisabeth zugleich das Problem der autonomen, unkontrollierten Macht einer Frau, indem sie in der Rolle der Ehefrau und Mutter in hierarchische Strukturen eingebunden schien, welche die Vorstellung von Abhängigkeit erweckten und ihre tatsächliche Selbständigkeit überdeckten.

Ihre Unwilligkeit zu heiraten hinderte sie allerdings nicht daran, ihre prinzipielle Heiratsfähigkeit höchst geschickt als politisches Mittel einzusetzen. Indem sie ihren jeweiligen Favoriten bei Hof im Glauben ließ, er könne die Hand der Königin gewinnen, sicherte sie sich seine Ergebenheit und Treue. Die Verhaltensweisen der typischen Geliebten, die sie dabei an den Tag legte – so zeigte sie sich unentschieden, hielt ihren jeweiligen Favoriten hin oder tat seine Huldigungen als belanglos ab – gaben ihr Raum für politische Manipulation und politische Manöver. Um sich als Frau unter Männern behaupten zu können, änderte sie die Regeln des Spiels der Werbung und schlug Kapital aus der Macht, die ihr aufgrund ihres Geschlechts zukam. Außenpolitisch setzte sie ihre Umworbenheit – immerhin galt sie als eine der besten Partien ihrer Zeit – in langwierigen, scheinbar von weiblichen Kapricen diktierten Heiratsverhandlungen mit einer Reihe von Kandidaten überaus geschickt als Mittel der Bündnispolitik ein. Auf diese Weise gelang es ihr lange Zeit, jede kriegerische Verwicklung Englands auf dem Kontinent zu vermeiden.

Die Bedeutung, die Elisabeth ihrer Jungfräulichkeit beimaß, schlug sich in der Dominanz dieser Eigenschaft in vielen ihrer Darstellungen nieder, ohne daß diese allerdings immer der Interpretation der Königin folgten. In der ersten Hälfte ihrer Regierungszeit wurde ihre Jungfräulichkeit als mädchenhafte Keuschheit dargestellt, die ein notwendiges Attribut ihres Anspruchs war, eine legitime und heiratsfähige Königin zu sein. Diese Eindeutigkeit der Darstellung unterscheidet sich von der geradezu esoterischen Ikonographie der jungfräulichen Göttin, die in den achtziger und neunziger Jahren des 16. Jahrhunderts dominierte. Die Huldigung der Königin als Mondgöttin, als ewig jugendlichem, doch unerreichbarem Objekt des Begehrens, war von Petrarca inspiriert und kann zugleich als Hinweis auf die partielle Aufkündigung der Gegenseitigkeit der Patronagebeziehung durch Elisabeth gedeutet werden. In ihrer Unerreichbarkeit zeigt sie sich blind und taub gegenüber den Huldigungen

ihrer Höflinge. Ihre protestantischen Anhänger schließlich feierten in der Jungfräulichkeit der Königin die Unabhängigkeit Englands von jedem katholischen
Einfluß und die Vermeidung aller Kompromisse, die eine Eheschließung mit
einem Katholiken unweigerlich mit sich gebracht hätte. So zeigt sich am Bild
der jungfräulichen Königin, wie sich hinter der Konzentration auf eine besondere Eigenschaft der Herrscherin ein ganzes Spektrum interessegeleiteter Auf-
fassungen verbirgt, die zum Teil in völligem Gegensatz zueinander stehen.

Befragt man Elisabeth I. auf ihre Bedeutung für das künstlerische Schaffen
jener Ära, der sie ihren Namen gab, so tritt die Dichterin und Mäzenin eindeutig hinter der Herrscherin als Gegenstand künstlerischer Repräsentation
zurück. Im politischen Wettstreit um Macht und Einfluß, deren Quelle die Königin war, dienten die Werke aus Literatur und Malerei als verdeckte Waffen,
mit denen der Kampf um die Gunst der Herrscherin ausgetragen werden
konnte. So läßt sich auch an der Vielzahl und der Art der künstlerischen Darstellungen Elisabeths ihre zentrale Bedeutung im Machtgefüge des Landes ablesen, an dessen Spitze sie stand.

Gesa Stedman

Mary Sidney *H*erbert, *Gräfin von Pembroke* *(1561–1621)*[1]

Mary Sidney, Gräfin von Pembroke.
Stich von Simon van de Passe, 1618. National Portrait Gallery, London.

„Sidneys Schwester, Pembrokes Mutter": mit diesen Worten wird Mary Sidney, verheiratete Herbert, Gräfin von Pembroke, in einem berühmten Epitaph charakterisiert.[2] Aber war sie wirklich nur die Schwester des gefeierten Dichters Philip Sidney und die Mutter zweier Höflinge? Weshalb ist in diesen Versen nicht auch von der Herausgeberin, der Autorin, Übersetzerin und Mäzenin Mary Sidney Herbert die Rede?

Eine andere Vorstellung dieser elisabethanischen Adligen vermittelt ein Stich von Simon van de Passe (1618). Hier blickt eine ältere, ihrem Stand entsprechend kostbar gekleidete Mary Sidney Herbert selbstbewußt und klug dem Betrachter entgegen. In der rechten Hand hält sie ein geöffnetes Buch, dessen Titel „Davids Psalmen" deutlich zu erkennen ist. Sie selbst läßt sich also als *woman of letters* abbilden, deren Übersetzung der Psalmen ihre Gelehrsamkeit wie ihre Tätigkeit als Übersetzerin und Autorin dokumentieren. Aus diesem Grund soll sie im folgenden weniger als Schwester, Muse oder Mutter, sondern vielmehr in ihrer Bedeutung als Autorin, Übersetzerin und Mäzenin vorgestellt werden.

Mary Sidney wurde am 27. Oktober 1561 in Tickenhall in Worcestershire in eine Familie hineingeboren, die mütterlicher- wie väterlicherseits zu den einflußreichsten Dynastien der Tudorzeit gehörte.[3]

Mary und ihre jüngere Schwester Ambrosia wurden von Hauslehrern unterrichtet, während der Schulbesuch ihre Brüder Philip, Robert und Thomas auf ein Universitätsstudium vorbereitete. Aber die Ausbildung der Mädchen, die in ausdrücklich protestantischem Geist erzogen wurden, war insofern doch bemerkenswert, als sie nicht nur konventionelle weibliche Fertigkeiten wie Handarbeit, Lautenspiel und Gesang umfaßte, sondern ihnen humanistischen Erziehungsidealen gemäß auch Zugang zu den Schriften der Kirchenväter und der antiken Autoren, zum Lateinischen, Französischen und Italienischen und möglicherweise auch zum Griechischen und Hebräischen ermöglichte.[4]

Nach Ambrosia Sidneys Tod im Jahr 1575 lud die Königin Mary an ihren Hof ein, damit diese dem walisischen Klima entkommen könne. Mary blieb dort jedoch nur knapp zwei Jahre, bis ihr Onkel, der Graf von Leicester, eine Ehe mit dem frisch verwitweten und erheblich älteren Grafen von Pembroke arrangierte. Mary war fünfzehn, als sie am 21. April 1577 heiratete. Sie lebte fortan auf dem Landsitz der Pembrokes in Wiltshire, Wilton House, sowie in

Ivychurch und Ramsbury, bzw. in der Londoner Residenz der Familie. Aber es war Wilton, das für Mary Sidney Herbert und den *Sidney Circle* von herausragender Bedeutung werden sollte.

Bevor sich Mary als Muse ihres Bruders und später als Editorin seiner Werke, als Übersetzerin, Autorin und als Mäzenin profilieren konnte, mußte sie zunächst ihrer Pflicht nachkommen und einen männlichen Stammhalter gebären – eine Pflicht, die sie mit der Geburt von William am 8. April 1580 zur großen Freude ihres Mannes erfüllte. Drei weitere Kinder kamen in den Jahren 1581, 1583 und 1584 zur Welt, von denen die beiden Töchter Katherine und Anne im Alter von drei Jahren bzw. mit Anfang zwanzig starben. Der Sohn Philip wurde von König Jakob im Jahr 1605 zum Grafen von Montgomery ernannt und folgte seinem Bruder William im Jahr 1630 als vierter Graf von Pembroke. Beide Brüder waren wie ihre Mutter bedeutende Mäzene.

Nachdem 1586 in kurzer Folge Marys Eltern gestorben und sie selbst von einer lebensbedrohlichen Krankheit genesen war, erlag im selben Jahr ihr Bruder Philip in den Niederlanden den Folgen einer Kriegsverletzung. Mary lebte während der nächsten zwei Jahre in großer Trauer zurückgezogen in Wilton in der Gesellschaft ihrer Schwägerin Barbara, der Ehefrau ihres Bruders Robert, und ihrer kleinen Nichte Mary, für deren eigene schriftstellerischen Aktivitäten die „tugendhafte und gelehrte Tante"[5] später ein großes Vorbild werden sollte. Im November 1588 ritt sie in Begleitung ihrer Kinder zur Feier des dreißigjährigen Thronjubiläums von Königin Elisabeth (*Accession Day*) nach London. Zwischen dieser triumphalen Rückkehr und dem Tod ihres Mannes im Jahr 1601 liegt jener Lebensabschnitt, in dem sie sich als Editorin, Übersetzerin und Mäzenin profiliert. In den Jahren nach 1601 war sie vor allem damit beschäftigt, die ausgedehnten Güter ihres Mannes zu verwalten und ihren Kindern günstige Positionen am Hof zu verschaffen, und aus ihren erhaltenen Briefen geht hervor, daß sie in politischer Hinsicht und in Verwaltungsangelegenheiten äußerst geschickt agierte. Gegen Ende ihres Lebens ließ sie in Bedfordshire ein aufwendiges und ausgesprochen modernes *country house* – Houghton House – errichten, darin dem innovativen Beispiel einer weiteren bedeutenden Mäzenin, Elisabeth, Gräfin von Shrewsbury, genannt „Bess of Hardwick" (1527–1608) folgend.[6] Von 1614 bis 1616 lebte sie auf dem europäischen Kontinent, unter anderem im niederländischen Spa. 1621 starb Mary Sidney Herbert in London an den Blattern. Nach einem standesgemäßen Trauergottesdienst in St. Paul's Cathedral wurde sie Seite an Seite mit ihrem Mann in der Kathedrale von Salisbury begraben.

Ihr Bruder Philip Sidney hielt sich ebenso gern wie häufig in Wilton auf, wo er vermutlich mit der Abfassung seiner Romanze „Arcadia" begann, niedergeschrieben „auf losen Blättern, überwiegend in Deiner Gegenwart", wie er in seiner Widmung an „seine liebe Lady und Schwester, die Gräfin von Pembroke"

vermerkt. Lange Zeit war der Text als „The Countess of Pembrokes Arcadia"
bekannt und trug nicht unwesentlich dazu bei, daß Mary Sidney Herberts
Name einen Platz im kulturellen Gedächtnis fand. Philip Sidneys berühmter
Sonnettzyklus „Astrophil and Stella" zirkulierte ebenfalls zunächst in Wilton,
und möglicherweise begann Sidney hier mit der Übersetzung der Psalmen, die
seine Schwester überarbeiten, fortsetzen und kunstvoll beenden sollte.

Doch wer gehörte in diesen Jahren außerdem noch zu dem berühmten Kreis
der Sidneys? John Aubrey, der in seinen „Brief Lives" Mary Sidney Herbert
auch einige zweifelhafte Verhaltensweisen unterstellt und dessen Anekdoten
daher mit Vorsicht zu genießen sind, beschreibt Wilton House als ein „College,
so viele gelehrte und talentierte Personen befanden sich dort."[7] Dazu zählten
Adrian Gilbert, der Halbbruder Sir Walter Raleighs, der naturwissenschaftliche
Studien betrieb, Hugh Sanford, der gelehrte Sekretär des Grafen von Pembroke, Thomas Moffet, Arzt der Familie und Autor naturwissenschaftlicher
Traktate, sowie die Freunde und Dichterkollegen Philip Sidneys – unter ihnen
Nicholas Drayton, Abraham Fraunce, Samuel Daniel sowie möglicherweise
auch Edmund Spenser. Der Mittelpunkt dieses intellektuellen Zirkels war Mary
Sidney Herbert, und ihre Interessen erstreckten sich nicht nur auf literarische
oder religiöse Themen, sondern auch auf 'naturwissenschaftliche' und arkane
Künste. Jedoch beschränkten sich die Tätigkeiten in diesem Kreis keineswegs
auf geistreiche Spielereien aristokratischer Amateure, die aus 'reiner' Freude
dichteten und forschten. Entgegen Philip Sidneys für einen Adligen dieser Zeit
naheliegendem Wunsch, seine Romanze „Arcadia" nicht zu veröffentlichen,
nahm sich seine Schwester nach seinem Tod des unvollendeten Werks an und
ließ es 1593 in einer Fassung drucken, mit der sie die vorangegangene „fehler-
hafte" Ausgabe von Sidneys Dichterkollegen Fulke Greville (1590) ersetzen wollte. Dies hat ihr in der Literaturgeschichtsschreibung den harschen Vorwurf eingetragen, sie habe den angeblich geäußerten letzten Willen ihres Bruders
mißachtet, den Text nicht der Öffentlichkeit preiszugeben. Bei genauerem Hin-
sehen wird jedoch deutlich, daß ein zentrales Werk des elisabethanischen Zeitalters vor allem deshalb erhalten geblieben ist, weil Mary Sidney Herbert es bei
dem Verleger William Ponsonby drucken ließ und eine spätere Edition der gesammelten Werke Sidneys veranlaßte. Auf diese Weise sicherte sie nicht nur den
Ruf ihres Bruders als Dichter, sondern trug auch dazu bei, der Drucklegung
eigener Werke für Angehörige des Adels mehr Akzeptanz zu verschaffen. Die
Genese der verschiedenen Versionen der „Arcadia" ist zwar bis heute umstritten[8]
– ohne Zweifel war jedoch diese schwesterliche Intervention maßgeblich für die
Zirkulation des Textes, der zu den meistgelesenen des 17. Jahrhunderts zählt.

Noch bemerkenswerter ist allerdings, daß Mary auch einige ihrer eigenen
Werke drucken ließ – dies ein für eine adlige Autorin ungewöhnlicher Vorgang,
da die mit dem Druck assoziierten kommerziellen Interessen sowie generell das

going public besonders für Frauen rufschädigend sein konnten. 1592 erschienen bei William Ponsonby und damit bei jenem Londoner Verleger, der später mit dem Druck der Werke ihres Bruders zu Erfolg und Ansehen kam, zwei ihrer Übersetzungen: „A Discourse of Life and Death" von Philippe Mornay, seigneur du Plessis-Marly und „Antonius, a Tragedie written also in French by Ro. Garnier, Both done in English by the Countesse of Pembroke." Selbstbewußt präsentierte sich die Gräfin auf dem Frontispiz als Übersetzerin, ohne daß ihr Ruf dadurch Schaden genommen hätte, wie wir aus einer deutschen Quelle des 18. Jahrhunderts erfahren: „Ihre Reimengedichte werden noch heut zu Tage wie die Blätter der Sibyllen in Ehren gehalten, und mit Erstaunung gelesen; ihr Antonius aber [...] wird von allen Kennern als ein Meisterstück theatralischer Dichtkunst angepriesen."[9]

Trotzdem wird Mary Sidney Herbert in den folgenden Jahrhunderten meist nur im Kontext der Werke ihres Bruder genannt. Möglicherweise trug Mary auch selbst dazu bei, lediglich als Schwester Philip Sidneys in die Literaturgeschichte einzugehen. Jedoch läßt sich anhand der von ihr ausgewählten Texte, vor allem aber anhand der Ausführung der Übertragungen die Behauptung widerlegen, Übersetzungen seien sekundäre schriftellerische Arbeiten, die Frauen nur deshalb wählten, weil ihnen andere Gattungen nicht offenstanden. Anders als mit Schriften, die oft nur einen kleinen familiären Leserkreis erreichten, konnten Autorinnen gerade durch ihre Übersetzungen kulturelle und religiöse Werte vermitteln und sich in aktuelle Debatten einmischen. Durch die Auswahl der Texte und die Zuspitzung der darin enthaltenen Aussagen setzten die Übersetzerinnen durchaus eigene Akzente.[10] Dies gilt auch für die Gräfin von Pembroke, die mit ihren Übertragungen Schlüsseltexte und -themen ihrer Epoche aufgriff.

Die siebzehn heute noch erhaltenen Handschriften der Psalmen zeugen von ihrer großen Verbreitung, denn Mary Sidney Herbert ließ diese Nachdichtung, wie in höfischen und adligen Kreisen üblich, nicht drucken, sondern in handschriftlichen Fassungen zirkulieren. Daß die Psalmen tatsächlich gelesen wurden, zeigt die religiöse Lyrik dieser Epoche, die deutliche Spuren des Sidneyschen Gemeinschaftswerks aufweist. Volkssprachliche Psalmendichtung und ihre liturgische Verwendung erlangte im Zuge der Reformation eine große Bedeutung, und so ist es nicht verwunderlich, daß Mary Sidney Herbert auf frühere Versionen wie die französischen Psalmen von Clément Marot und Théodore de Bèze (1562) ebenso zurückgriff wie auf die Genfer Bibelübersetzung und auf theologische Kommentare führender Protestanten. Eine bedeutende literarische Quelle für ihre Nachdichtungen, die eine Art Kompendium elisabethanischer Dichtkunst darstellen, waren auch die Werke ihres Bruders. Die Ambivalenz des lyrischen Ichs ermöglicht es der Autorin, sich der Stimmen Davids und ihres Bruders, der die ersten 43 Psalmen übersetzt hatte, zu bedie-

nen, um sich so selbst deutlich vernehmbar Gehör zu verschaffen, obwohl ihr
dies als tugendhafter, schweigsamer und gehorsamer Frau der Frühen Neuzeit
eigentlich nicht zustand. Sie gibt damit ihrem poetischen Talent, das ihre Zeitgenossen und -genossinnen rühmten, einen eigenen Ausdrucksort: „Meine
Zunge, die Feder, mit der ich sein [Gottes] Lob singen werde, / wird so schnell
schreiben wie der schnellste Autor es vermag."[11]

„Antonius, A Tragedie", eine Übersetzung von Robert Garniers Drama
„Marc Antoine" (1578), stellt die erste englische Fassung des Kleopatra und
Antonius-Stoffes in dramatischer Form dar, der bereits als mittelalterliches Ex-
emplum und aus Petrarcas „Trionfi"-Zyklus bekannt war. Wie auch die weite-
ren Übertragungen der Gräfin steht Garniers Lesedrama in der Tradition der
Tragödien Senecas, die die Einheiten von Zeit und Ort beachten, in fünf Akte
gegliedert sind und Handlungen beschreiben, statt diese zu zeigen, wobei der
Fokus auf der Diskussion moralischen Handelns liegt. Vermutlich entsprang
das Interesse Mary Sidney Herberts an diesem Text der zentralen Thematik des
Dramas – der Frage des richtigen Lebens und Sterbens, das in ihren anderen
Übersetzungen ebenfalls im Vordergrund steht – sowie dem Konflikt zwischen
Tugend und Laster, zwischen politischer Notwendigkeit und Leidenschaft.
Shakespeares „Antony and Cleopatra" (ca. 1606/07) weist ebenso Spuren der
Fassung von Mary Sidney Herbert auf wie Samuel Daniels „Cleopatra" (1594).
Eine der ersten bekannten englischen Dramenautorinnen, Elizabeth Cary
(1585–1639), hat sich möglicherweise von „Antonius" zu „Mariams Tragödie,
die schöne Königin der Juden" anregen lassen, dem ersten gedruckten Drama
einer Autorin, veröffentlicht 1613.[12] Es gilt inzwischen allerdings als widerlegt,
daß die Gräfin von Pembroke mit ihrer nachdichtenden Übertragung eine
neue Bühnentradition begründen wollte.

Mary Sidney Herberts zweite Übersetzung, die 1592 zusammen mit „Antonius" gedruckt wurde, war die Übertragung von Mornays „Excellent discours
de la vie et de la mort" (1576), der sich in Frankreich außerordentlicher Beliebtheit erfreut hatte und zwischen 1576 und 1600 zwölfmal neu aufgelegt
wurde. Mornay selbst war nicht nur bekennender Protestant und ein bedeutender Hugenotte, sondern auch ein Freund Philip Sidneys. Der englische Botschafter und spätere Schwiegervater Sidneys, Sir Francis Walsingham, hatte
beide vor dem Bartholomäus-Massaker in Frankreich gerettet, und beide waren
aus religiösen Gründen entschiedene Gegner der geplanten Ehe Elisabeths I.
mit dem katholischen Herzog von Anjou.[13] Vor seinem Tod hatte Sidney mit
der Übersetzung von Mornays „De la vérité de la religion chrétienne" begonnen, die 1587 von Arthur Golding beendet wurde. Seine Schwester verlieh mit
ihrer Übertragung der gemeinsamen protestantischen Überzeugung Ausdruck.
Zugleich nimmt sie sich mit dieser Schrift über die Kunst des Sterbens einer
Problematik an, die in der Frühen Neuzeit von großer Bedeutung war und ihr

selbst durch die zahlreichen und dicht aufeinanderfolgenden Todesfälle in ihrem familiären Umfeld besonders präsent gewesen sein muß. Auch diese Schrift steht in der Tradition Senecas und verbindet stoische Elemente, die für das 'richtige Sterben' ein gutes Leben voraussetzen, mit der christlichen Sicht auf das Leben nach dem Tod, ohne jedoch allzu deutlich protestantisch inspirierte Streitthemen wie die Frage der Auserwähltheit oder der Liturgie zu diskutieren. Der „Diskurs über Leben und Tod", dessen Originalfassung von Mornays Ehefrau in Auftrag gegeben worden war und damit auf die Bedeutung dieser Gattung für Frauen verweist, die in den politischen Wirren der Epoche und angesichts der allgegenwärtigen Todeserfahrung Trost suchten, endet mit der folgenden, in Form eines Chiasmus formulierten Ermahnung: „Stirb um zu leben, lebe um zu sterben". Die Übersetzung wurde insgesamt mit nur geringfügigen Veränderungen viermal neu aufgelegt und erschien 1592, 1600, 1606 und 1607. Sie zeichnet sich durch ihren idiomatischen Stil und ihre Genauigkeit und Metaphorik aus. Typisch für den Übersetzungsstil der Gräfin von Pembroke ist es, Passagen des Originals zu präzisieren, z. B. wenn sie einleitende französische Wendungen nicht übernimmt oder die gleiche Bedeutung eines Satzes in knappere syntaktische Verbindungen überträgt. Häufig übersetzt sie Dubletten mit einem einzigen Begriff, übernimmt aber Metaphern ihrer Vorlage und setzt diese im Verlauf des folgenden Satzes fort, um den Effekt eines Bildes zu verstärken.[14]

Ein der *ars moriendi*-Tradition verwandtes Thema greift sie auch mit ihrer Übertragung von Petrarcas „Trionfo della Morte" auf. In diesem Text geht es ebenfalls um die christliche Moralphilosophie, die aber, erneut senecistisch geprägt, das richtige Sterben und das Leben nach dem Tod zum Thema hat und den Kampf der Tugenden und Laster in den Mittelpunkt rückt. Ein zentrales Bild des Textes („ein schneeweißer Hermelin / farbig geschmückt mit Topasen, in feines Gold gefaßt")[15] läßt sich auch als Hommage an die Königin lesen, deren berühmtes „Hermelin-Porträt" von William Segar (1585) sie mit einem kostbaren goldverzierten Pelz zeigt und das damit die für sie typische Ikonographie der Jungfrau aus Petrarcas „Trionfi" umsetzt. Es mag für Mary Sidney Herbert ein zusätzlicher Anreiz gewesen sein, gerade diesen Text ins Englische zu übertragen. Die eloquente Laura, die im „Trionfo della Morte" selbst das Wort ergreift, präsentiert dem englischen Publikum eine weibliche Stimme, die keineswegs dem Ideal der schweigenden Frau entsprach und die von der Gräfin von Pembroke als kluge Frau beschrieben wird: „Die Damen sprachen: Und nun, was sollen wir tun?/Niemals wird unser Blick durch solche Anmut gesegnet werden; / Niemals werden wir von einer Frau ähnliche Klugheit und eine solche Stimme hören, voll des engelsgleichen Reizes."[16]

Allen Übersetzungen ist gemein, daß sie von Präzision und Können zeugen. Die Gedichte der Gräfin von Pembroke hingegen waren zu ihren Lebzeiten weniger verbreitet als die Übersetzungen, und ihr überliefertes lyrisches Werk ist – abgesehen von den Psalmen – vergleichsweise schmal. Da im Jahr 1647 die Bibliothek in Wilton House und 1666 Baynards Castle, ein weiterer Landsitz der Familie, durch Feuer weitgehend zerstört wurden, lassen sich weitere Werke nicht zweifelsfrei zuschreiben.[17]

Eines der erhaltenen und mit Sicherheit von ihr verfaßten Gedichte ist eine Totenklage für ihren Bruder, „An den engelsgleichen Geist Sir Phillip Sidneys" (To the Angell Spirit of Sir Phillip Sidney). Zusammen mit Aubreys anzüglichen Anekdoten bildet sie eine der wichtigsten Grundlagen für die auch heute noch andauernde Spekulation über die Art ihrer Gefühle für Philip Sidney. Ferner ist von ihr ein Lobgedicht auf Königin Elisabeth überliefert, der „Dialog zwischen zwei Schäfern, Thenot und Piers, zum Lob der Astrea" (A Dialogue betweene two shepeards), sowie ein Widmungsgedicht für Elisabeth I., das, wie die Totenklage für ihren Bruder, einer für die Königin bestimmten Präsentationshandschrift der Psalmen beigegeben ist. Möglicherweise stammt auch „Das traurige Lai Clorindas" (The Dolefull Lay of Clorinda) von Mary Sidney Herbert.

Die Gräfin von Pembroke wurde von ihren Zeitgenossen vor allem als bedeutende Mäzenin wahrgenommen, die die lange Tradition der Kunst- und Kulturförderung ihrer Familie fortsetzte. Leicht übertreibend verglich der Autor Nicholas Breton Mary Sidney Herbert und ihren Kreis sogar mit dem Hof Elisabetta Gonzagas, der Herzogin von Urbino, den Elisabethanern aus Castigliones „The Courtyer" (engl. 1561) bestens bekannt.[18] Weit mehr Werke als ihrem Ehemann sind ihr gewidmet, und sie wird an Einfluß allenfalls von Lucy, der Gräfin von Bedford (1583–1627) überschattet, der Mäzenin von John Donne, Ben Jonson, Samuel Daniel und von John Florio, dem Übersetzer Montaignes.[19] Allerdings sind diese Widmungen nicht mehr als ein erster Anhaltspunkt für ihre mäzenatische Bedeutung, denn nicht jeder Autor, der ihr ein Werk widmete, hat Mary Sidney Herbert tatsächlich gekannt oder wurde von ihr finanziell unterstützt. Ihr Fall ist aber gerade deshalb so interessant, weil sie nicht 'nur' Fokus zahlreicher Widmungen war, sondern in vielfältiger Weise ins literarische Geschehen ihrer Zeit eingriff. Natürlich war diese Rolle eng mit ihrem sozialen Status verbunden, der es ihr überhaupt erst ermöglichte, Autoren zu fördern. Das Ausmaß dieser Aktivitäten und die Qualität der von ihr angeregten Arbeiten ist in der Forschung bis heute umstritten, und das Verhältnis der Mäzenin zu den männlichen Autoren war nicht immer unproblematisch.[20] Ohne Zweifel stellte das Mäzenatentum jedoch eine der wenigen gesellschaftlich anerkannten Möglichkeiten für Frauen des Spätmittelalters und der Frühen Neuzeit dar, eine öffentliche Aufgabe zu erfüllen und zugleich den Ruf und Einfluß ihrer Familien zu fördern, an deren Memoria zu arbeiten sowie dem eigenen Geschmack und den eigenen Werten Ausdruck zu verleihen und ihren religiösen Überzeugungen Gehör zu verschaffen.[21] Daß Mary Sidney Herbert erst in einer späteren Lebensphase die Rolle einer weithin bekannten Mäzenin übernahm, nachdem sie zuvor zwar bereits intellektueller Mittelpunkt von Wilton gewesen, aber noch nicht in eigenem Namen aufgetreten war, ist typisch: Frauen, deren gesellschaftlicher Stand es ihnen erlaubte, in dieser Weise mäzenatisch zu wirken, wurden auf diesem Gebiet gewöhnlich erst nach der Erziehung ihrer Kinder oder als Witwen aktiv. Oft ist hierfür der familiäre Kontext ausschlaggebend – so auch bei Mary Sidney Herbert, die mit ihrer Förderung den Ruf und die Mäzenatentradition ihrer Familie mehrte und fortsetzte, wie auch ihre eigenen schriftstellerischen Aktivitäten im Kontext der 'Autorenfamilie' der Sidneys zu sehen sind.[22] Zugleich bot die Förderung bestimmter Autoren eine zusätzliche Möglichkeit, ihren protestantischen Glauben öffentlich zu bekennen. Natürlich ist die Auswahl der geförderten Autoren oder Künstler, sofern es sich nicht um 'ungebetene' Widmungen handelt, ebenfalls ein Zeichen selbstbewußten Handelns im kulturellen Feld und der Sorge um das eigene (Selbst-)Bild[23] sowie um die eigene Memoria. Dies wird nicht nur in den Widmungen, sondern häufig bereits im Titel der Werke dokumentiert, die den Namen der Gräfin tragen: „The Countess of Pembrokes Emmanuel" (Abraham Fraunce) oder „The Countess of Pembrokes Love" (Nicholas Breton).

Trotzdem ist Mary Sidney Herbert dem Wunsch der Dichterin Aemilia Lanyer nicht nachgekommen, sie als ihre Mäzenin zu fördern. Möglicherweise kam Lanyer mit ihrer Bitte zu spät, weil sich die Gräfin von Pembroke bereits aus diesem 'Geschäft' zurückziehen wollte oder mußte, da ihr Sohn William diesen Platz eingenommen hatte. Vielleicht fürchtete sie auch um den eigenen Ruf als Autorin und Übersetzerin, der durch die Konkurrenz einer anderen talentierten schreibenden Frau gefährdet gewesen wäre. Oder die soziale Herkunft der forschen Aemilia Lanyer schreckte die adlige Mäzenin, die durch ihre Kunstförderung ihr eigenes Renommee mehren und nicht mit der Tochter bzw. Ehefrau eines Musikers in Verbindung gebracht werden wollte.

Zumindest war sie ihrer Nichte Mary Wroth ein Vorbild und blieb der Nachwelt nicht nur durch die Verbreitung der „Countess of Pembrokes Arcadia", sondern auch durch die eigenen Übersetzungen und Dichtungen lange Zeit ein Begriff. Daß diese Erkenntnis sich durchzusetzen beginnt, verdanken wir in erster Linie der feministischen Literaturgeschichtsschreibung, die Mary Sidney Herbert nicht mehr lediglich als Schwester, als Muse oder allenfalls als Mäzenin versteht, sondern auch ihren Beitrag als Übersetzerin, als Autorin und als politisch geschickt agierende Witwe angemessen zu würdigen versteht. Mary Sidney Herberts Macht und Einfluß bedürfen heute keiner diskursiven Einschränkung mehr, wie es die von ihr geförderten männlichen Autoren in ihren Dar-

stellungen Mary Sidneys versuchten. Sie muß weder als tugendhaft-göttinnen-
gleiche Gestalt, noch als unliterarisch mit Seidenraupenzucht beschäftigte Lady
und schon gar nicht als übermächtig-destruktive *Pembrokiana* erscheinen[24]:
„Die Gräfin von Pembroke wurde in England zu einer Schlüsselfigur einer
weiblichen Schreibtradition" und fungierte für ihre Nichte Mary Wroth „als
eine literarische Mentorin wie sie keine englische Frau vor ihr je gehabt
hatte".[25]

Stefanie Brusberg-Kiermeier

Aemilia *Lanyer*
(1569–1645)

Bevor Aemilia Lanyer in den letzten beiden Jahrzehnten des 20. Jahrhunderts als eigenständige Dichterin entdeckt wurde, verdankte sie ihre Bekanntheit innerhalb der Renaissance-Forschung für einige Zeit ausschließlich der Tatsache, daß sie als Kandidatin für die „Dark Lady" der Sonette William Shakespeares in Frage kommt. Von den insgesamt 154 Sonetten, die der Verleger Thomas Thorpe im Jahre 1609 veröffentlichte, sind sechsundzwanzig (127–152) von der Figur des Dichters an die Geliebte gerichtet, die als dunkelhaarige und dunkeläugige Frau beschrieben wird und der Ehebruch und schließlich auch Verrat des Geliebten vorgeworfen werden. Als Kandidatinnen wurden Frauen aus ganz unterschiedlichen gesellschaftlichen Zusammenhängen vorgeschlagen, von einer Adligen bis zu einer Prostituierten. Am 29. Januar 1973 gab Alfred Leslie Rowse im „Times Literary Supplement" erstmals bekannt, er habe die wahre „Dark Lady" gefunden.[1] Seinen Fund verdankte er Eintragungen im Tagebuch von Simon Forman (1552–1611), einem Arzt und Astrologen, der auch ein begeisterter Theaterbesucher war und zahlreiche Anmerkungen über Aufführungen von Shakespeare-Dramen hinterließ. Offenbar suchte wirklich eine Aemilia, die sich als Ehefrau eines Hofmusikers namens Lanier vorstellte, Forman aus medizinischen Gründen auf, die mit einer Schwangerschaft in Verbindung standen.[2] Jedoch hat Rowse mitunter Eintragungen seinen Vermutungen entsprechend gelesen und dabei durchaus Stellen auf Lanyer bezogen, die von anderen Patientinnen handeln. Wunschgemäß deutete Rowse Eintragungen, die sich auf Formans sexuelles Begehren beziehen, als Beweise für den schlechten Charakter und die Promiskuität Aemilia Lanyers. Tatsächlich gibt es bisher keine Beweise dafür, daß Lanyer einen der beiden Männer, mit denen sie in ihrem Leben verbunden war, zu irgendeinem Zeitpunkt betrogen hätte.

Aemilia Lanyers Alter und Aussehen stehen der Annahme, sie sei die „Dark Lady" gewesen, nicht eindeutig entgegen. Sie wurde fünf Jahre nach Shakespeare geboren und könnte natürlich, z.B. aufgrund der italienischen Abstammung ihres Vaters, dunkles Haar und dunkle Augen gehabt haben. Da bisher jedoch kein Porträt gefunden worden ist, das nachweislich Aemilia Lanyer darstellt, können hinsichtlich ihres Aussehens nur Spekulationen angestellt werden.[3] Genausowenig ist gesichert, ob Aemilia Lanyer und Shakespeare sich persönlich kannten. Dennoch gibt es Verbindungslinien, die zwischen Shakespeare und Aemilia Lanyer gezogen werden können. Zum einen konnten beide in verschiedenen Lebensabschnitten Henry Carey, Lord Hunsdon, ihren Schutzherrn nennen. Der jahrelange Geliebte Aemilias, der „Lord Chamberlain", war schließlich Kammerherr von Königin Elisabeth I., und Shakespeare war Schauspieler u. a. bei den „Lord Chamberlain's Men". Aemilias Beziehungen zu Lord Hunsdon endeten jedoch wahrscheinlich mit ihrer Heirat im Jahre 1592, während Shakespeare vermutlich erst Weihnachten 1594 Zugang zum Hofe Elisabeths hatte.

Zum anderen könnten sich Shakespeare und Lanyer durch die gemeinsame Bekanntschaft mit Henry Wriothesley, dem Graf von Southampton, begegnet sein. Aemilias Mann Alfonso hat offenbar während einer militärischen Expedition 1597 Henry Wriothesley kennengelernt. Da Shakespeare seine Versdichtungen „Venus and Adonis" (1593) und „The Rape of Lucrece" (1594) dem Grafen von Southampton gewidmet hat, könnte das Ehepaar Lanyer durch Wriothesley auf Shakespeare aufmerksam gemacht worden sein. Doch auch hier sprechen die Jahreszahlen eher gegen eine Bekanntschaft zwischen Aemilia und Shakespeare. Alfonsos Kontakte mit dem Grafen von Southampton in England scheinen eher im Jahre 1598 stattgefunden zu haben, während sich der Graf als Mäzen Shakespeares nach 1594 nicht mehr eindeutig nachweisen läßt.

Wie die Untersuchung ihrer Gedichte zeigen wird, kann Lanyers Veröffentlichung ihres Werkes im Jahre 1611 wohl kaum als Reaktion einer enttäuschten Geliebten auf Shakespeares Darstellung von 1609 und damit als Vergeltungsakt verstanden werden, auch wenn die Erscheinungsdaten und Lanyers proto-feministische Aussagen Rowse zu dieser Interpretation veranlaßt haben. Dennoch ist die Lanyer-Forschung Rowse nach wie vor verbunden, da er schließlich auf die Gedichte Lanyers aufmerksam machte und die Texte als erster herausgab. 1978 veröffentlichte er sie unter dem Titel: „The Poems of Shakespeare's Dark Lady: Salve Deus Rex Judaeorum by Emilia Lanier."[4] Was Rowse mit Recht vorgeworfen wird, ist die Tatsache, daß er wegen seiner Wunschvorstellung, in Aemilia Lanyer die wahre „Dark Lady" gefunden zu haben, ihr Leben und ihre Persönlichkeit diffamiert und dadurch ihr Werk ebenfalls in ein falsches Licht setzt. Wie zahlreiche andere Shakespeare-Forscher liest Rowse Shakespeares Sonette als die biographische Schilderung eines bestimmten Lebensabschnitts. Nicht wenige der an Lanyer Interessierten laufen Gefahr, mit Lanyers Gedichten genauso zu verfahren und Andeutungen der Dichterin als zuverlässige biographische Auskünfte zu lesen.

Aufgrund von Urkunden und Briefen ganz unterschiedlicher Provenienz, die die Lanyer-Forschung in den letzten zwei Jahrzehnten des 20. Jahrhunderts aufspüren konnte, gelten eine ganze Reihe von Fakten über das Leben von Aemilia Lanyer als gesichert.[5] Aemilia wurde am 27. Januar 1569 auf den Namen „Emillia Baptist" in der St. Botolph Kirche in Bishopsgate getauft. Ihre Mutter war eine Margaret Johnson (1544?–1587), die wahrscheinlich aus der Familie stammte, zu der auch der Musiker Robert Johnson (1583?–1633) gehörte. Das

Kennenlernen von Aemilias Eltern ließe sich jedenfalls durch Freundschaften zwischen Musikerfamilien leicht erklären. Aemilia hatte eine Schwester, Angela, die vor 1587 starb und eventuell aus einer früheren Verbindung des Vaters stammte. Vor Aemilia hatte Margaret noch zwei Söhne geboren, Lewes und Phillip, die allerdings im Alter von einem bzw. zwei Jahren starben. Der Vater von Aemilia, Baptista Bassano, entstammte einer großen Musikerfamilie, die mehrere Generationen von Komponisten und Musikern, insbesondere Spieler von Blasinstrumenten, hervorbrachte. Der Familienname leitet sich von dem kleinen Städtchen Bassano del Grappa im Veneto her, von dem aus einige musikalisch begabte Familienmitglieder nach Venedig gingen. Selbst die Bassanos, die sich in England ansiedelten, besaßen noch über Generationen hinweg Ländereien in Venetien; einige kehrten sogar aus England nach Italien zurück. Sicher ist, daß ein Anthony Bassano vor 1538 nach England kam, da er von dem Jahr an als Instrumentenmacher am Tudor-Hofe bekannt war. Baptista und vier seiner Brüder wurden 1640 von Heinrich VIII. als Musiker in Dienst genommen. Er verdiente etwa dreißig Pfund jährlich und erhielt zusätzlich Livreen und Geschenke. Es wird vermutet, daß Baptista und Margaret beide radikale Protestanten waren, was einige ihrer freundschaftlichen Kontakte und auch mehrere von Aemilias Bekanntschaften erklären würde. Als Baptista 1576 starb, war Aemilia gerade sieben Jahre alt.

Über Aemilias Jugend und Ausbildung ist nichts Genaues bekannt. Es lassen sich allerdings vage Rückschlüsse aus ihren eigenen Angaben in den Gedichten ziehen, auf die weiter unten eingegangen wird. Nach dem Tod ihrer Mutter im Jahre 1587 begab sich Aemilia an den Hof von Elisabeth I. und war wahrscheinlich von 1588 an die Geliebte von Henry Carey, Lord Hunsdon (1524?–1596). Hunsdon war der Sohn der Schwester von Anne Boleyn und damit der Cousin von Elisabeth I.; falls er tatsächlich von Heinrich VIII. gezeugt worden war, sogar ihr Halbbruder. Er war fünfundvierzig Jahre älter als Aemilia und unterhielt sie mit vierzig Pfund im Jahr. Höchstwahrscheinlich setzte ihre erste Schwangerschaft dem Verhältnis ein Ende. Jedenfalls wurde Aemilia am 18. Oktober 1592 mit Alfonso Lanier (gest. 1613) verheiratet, der seinerseits aus einer französischen Musikerfamilie stammte. Die Brüder John und Nicholas Lanier siedelten sich 1561 in London an, wo sie Hofmusiker der Königin Elisabeth I. wurden. Nicholas hatte mindestens elf Kinder, fünf Töchter und sechs Söhne. Einer dieser Söhne war Alfonso, der Mitglied in dem von Aemilias Vater und seinen vier Brüdern gegründeten Flötenorchester wurde und als einer der neunundfünfzig Musiker aufgeführt ist, die bei der Beerdigung von Elisabeth I. spielten. Alfonso und weitere Mitglieder der Familie Lanier kamen durch Handelslizenzen zu Wohlstand.

In der Musikgeschichte wird Aemilias Sohn, Henry Lanier, als Sohn von Alfonso geführt, doch ist Henry mit Sicherheit Aemilias Sohn von Henry

Carey, Lord Hunsdon und damit mit großer Wahrscheinlichkeit ein Enkel von Heinrich VIII. Diese Annahme scheint auch durch die Weitergabe des Vornamens „Henry" bestätigt zu werden. Nach ihrer Heirat durchlitt Aemilia Lanyer wohl mehrere Schwangerschaften, die in Totgeburten endeten, weshalb sie die Praxis des berüchtigten Simon Forman am 17. Mai 1597 aufsuchte. Neben seinen medizinischen Kenntnissen nahm sie auch seine Dienste als Astrologe in Anspruch, da sie offenbar wissen wollte, ob ihr Ehemann beruflich weiter voran käme und durch sein Engagement in den Irlandfeldzügen eventuell sogar geadelt würde. Ihre Tochter Odillya kam im Dezember 1598 zur Welt, starb jedoch im Alter von zehn Monaten. Mit zweiundvierzig Jahren veröffentlichte Lanyer ihre Gedichtsammlung, mit deren Abfassung sie vermutlich längere Zeit beschäftigt gewesen war. Einige Gedichte wirken ausgefeilter als andere, doch lassen sich mit einer Ausnahme für keines genauere Entstehungsdaten angeben. Nach dem Tode ihres Mannes sorgte sie zeitweilig durch das Betreiben einer Schule für ihren Unterhalt. Da es bei der Zahlung der Miete für das Schulgebäude immer wieder zu Rückständen kam, wurde Lanyer sogar mehrmals in Gewahrsam genommen. Außerdem kämpfte sie vor Gericht um Profite aus den Handelslizenzen ihres Mannes, die dessen Brüder an sie zahlen sollten. Bei einer der Verhandlungen 1635 gab Lanyer an, sie müsse die beiden Kinder ihres Sohnes Henry versorgen. Zum Zeitpunkt ihres Todes scheint sie über ein regelmäßiges Einkommen verfügt zu haben. Sie wurde am 3. April 1645 auf dem Friedhof der St.-James-Kirche in Clerkenwell begraben.

Aufgrund der Verbindung Lanyers mit ganz unterschiedlichen gesellschaftlichen Kreisen ist es äußerst schwierig, ihre soziale Stellung eindeutig festzulegen. Sie gehört zu einer großen Gruppe von Menschen, die in der Frühen Neuzeit im Umkreis des englischen Hofes ihr Glück versuchten und aufgrund ihrer Fähigkeiten und Kenntnisse unterschiedliche Dienste anbieten konnten. Fanden sie einen besonders großzügigen adligen Gönner, konnten sie wohlhabend und sogar selbst ein Mitglied des niederen Adels werden. Falls sie aus irgendwelchen Gründen nicht mehr in der Lage waren, ihre Dienste gewinnbringend einzusetzen, drohte gesellschaftlicher Abstieg, der zu Armut und Elend führen konnte. Aemilia Lanyers Glaube an ihren möglichen erneuten gesellschaftlichen Aufstieg durch die Veröffentlichung ihrer Gedichte entbehrt durchaus nicht einer vernünftigen Grundlage. Aemilia konnte am Beispiel eines ihrer Neffen, des Musikers und Komponisten Nicholas Lanier (1588–1666), eine erstaunliche Karriere verfolgen, die dieser der Unterstützung von Robert Cecil, dem Grafen von Salisbury, zu verdanken hatte. Nicholas Lanier wurde 1625 schließlich sogar „Master of the King's Musicke" und gilt noch heute als einer der größten Liedkomponisten seiner Zeit.

Auf jeden Fall gibt es mehrere überzeugende Gründe, die Aemilia Lanyer dazu veranlaßt haben können, die Gedichte zu diesem Zeitpunkt ihres Lebens zu verfassen und zu veröffentlichen. Zum einen hatte Alfonso Lanier Kontakte zu einflußreichen Adligen geknüpft, z. B. durch die Irland-Feldzüge unter dem Grafen von Essex. Zum anderen hatte Aemilias Sohn Henry inzwischen das heiratsfähige Alter erreicht, so daß die Herausgabe der Gedichte als Wiederaufnahme alter Kontakte verstanden werden kann. Und schließlich hoffte Lanyer sicherlich auf eine Verbesserung der eigenen finanziellen Verhältnisse durch die Erneuerung alter Bekanntschaften in adligen Kreisen. Aemilias Selbstverständnis als Mutter eines Enkels von Heinrich VIII. und ihr Vertrauen in ihre eigenen literarischen Fähigkeiten sind Ausdruck ihres gesellschaftlichen Ehrgeizes, der sicherlich das stärkste Argument gegen die Annahme ist, sie sei jemals die Geliebte von William Shakespeare gewesen, eines Schauspielers und Theaterbesitzers, der zwar einige adlige Gönner hatte, eine Livree tragen durfte und ab und zu mit seiner Truppe am Hofe auftrat, jedoch keineswegs ein Mitglied des engeren königlichen Kreises war, zu dem Aemilia wahrscheinlich für einige Jahre ihres Lebens zählte und zu dem sie gern wieder gehören wollte.

Alfonso Lanier hat die Veröffentlichung der Gedichte offensichtlich unterstützt, denn er wird auf dem Titelblatt erwähnt und hat u. a. ein Exemplar an Thomas Jones, den Lordkanzler von Irland, weitergereicht. Lanyers Gedichtsammlung wurde am zweiten Oktober 1610 in das „Stationers' Register" eingetragen, ein Verzeichnis, das zu jener Zeit die in England verbreitete Form des Copyright darstellte. Richard Bonian war für die Herausgabe und den Vertrieb zuständig und hinsichtlich anderer Autoren offenbar recht erfolgreich. So hatte er 1609 ein Maskenspiel von Ben Jonson, „Masque of Queenes", und William Shakespeares Drama „Troilus and Cressida" herausgebracht. Die insgesamt neun erhaltenen Exemplare der Texte Lanyers sind in zwei verschiedenen Formaten und mehreren Schrifttypen gedruckt, was zeigt, daß die Gedichtsammlung mindestens zweimal herausgegeben wurde. Auch wurden aus verschiedenen Ausgaben Widmungen, z. T. aus politischen Gründen, entfernt. Es sind bisher jedoch keine Verweise auf Lanyers Gedichte von ihren Zeitgenossen bekannt geworden.

Bei Lanyers Werk handelt es sich um eine heterogene Sammlung, die nach dem längsten in ihr enthaltenen Gedicht „Salve Deus Rex Judaeorum" („Heil Dir, Gott, König der Juden") benannt ist. Die unterschiedlichen Druckexemplare enthalten bis zu zwölf Widmungen, von denen sich mehrere an potentielle Mäzeninnen wenden. Lanyer beginnt mit der Zueignung an die gesellschaftlich am Höchsten stehende ihrer Adressatinnen, Königin Anne, die Gattin von König Jakob I., und wendet sich anschließend an deren gemeinsame Tochter Prinzessin Elisabeth. Darauf läßt sie eine an alle Leserinnen gerichtete Widmung folgen – „Allen tugendhaften Damen im allgemeinen" – und schließt dann sieben Zueignungen an verschiedene adlige Damen an, deren Geburtsnamen z. T. im folgenden in Klammern angegeben sind, wenn sie mit diesen

Eingang in die Literaturgeschichte gefunden haben: Arabella Stuart, Susan
(Bertie) Grey, Mary (Sidney) Herbert, Lucy Russell, Margaret Clifford, Katherine (Knyvett) Howard und Anne (Clifford) Sackville, die Tochter von Margaret Clifford. Darauf folgt eine wiederum allgemein gehaltene Widmung „An
den tugendhaften Leser / die tugendhafte Leserin", der sich die beiden längsten
Texte anschließen, die Gedichte „Salve Deus Rex Judaeorum" und „Die Beschreibung von Cooke-ham". Den Abschluß der Sammlung bildet eine kurze
Zueignung „An den zweifelnden Leser / die zweifelnde Leserin". Die Widmungen an Margaret Clifford, an den tugendhaften Leser und den zweifelnden
Leser sind in Prosa verfaßt, alle anderen in Reimformen, die sich von der italienischen *ottava rima* herleiten. Diese achtzeilige Strophe wurde im 14. Jahrhundert von Boccaccio eingeführt. Lanyer reimt ausschließlich in jambischen Pen-
tametern (fünffüßigen steigenden Versen), verwendet jedoch nur in ihrem
Hauptgedicht und einer Widmung achtzeilige Strophen. „Salve Deus Rex Judaeorum" besteht aus zweihundertdreißig achtzeiligen Strophen. Ansonsten
kommen auch vier-, sechs- und siebenzeilige Strophen vor. So heterogen wie
die Versformen sind auch die Inhalte der Texte, die u. a. von den adligen Adressatinnen, der Passionsgeschichte Jesu, einem Landsitz und Träumen der Dichterin handeln. Da sich über die historische Person Aemilia Lanyers durch Angaben in den Texten kaum gesicherte Kenntnisse und Daten ableiten lassen,
werden in der folgenden Darstellung Lanyer als Autorin und Erzählerin in der
Figur der Dichterin Lanyer zusammengeführt.

Lanyers enormes Selbstvertrauen, das sich bereits in der Tatsache der Veröffentlichung zeigt, spiegelt sich auch in ihren Texten wider, zum einen in ihrer
Selbst-Inszenierung als Schriftstellerin, zum anderen in der thematischen Präsentation ihres Materials. Allein durch ihr einziges Werk kann Aemilia Lanyer
als wichtige Proto-Feministin des 17. Jahrhunderts gelten. Die Wahl eines religiösen Sujets für ihre Dichtung verweist auf die zentrale gesellschaftliche Funktion von Religion zu dieser Zeit. Zudem war das Schreiben religiöser Literatur
neben dem Übersetzen von religiösen und anderen literarischen Texten eines
der wenigen etablierten Betätigungsfelder für Schriftstellerinnen in der Frühen
Neuzeit. In ihren Gedichten vereinigt Lanyer immer wieder den Ausdruck von
selbstbewußter Autorinnenschaft mit dem ihrer Religiosität und sozialen Stellung angemessenen Topos der *humilitas*. Diese Ambivalenz zwischen dem Stolz
der Dichterin auf ihre Fähigkeiten und ihr Werk und der Unterwerfung unter
die Meinung der potentiellen Gönnerin findet sich an vielen Stellen: „Gewährt
zu schauen, was selten wird gesehen: Das Schreiben einer Frau von göttlichsten
Dingen".[6] Lanyer präsentiert ihre Dichtung als geeigneten Lesestoff für alle tugendhaften Damen im allgemeinen und für ihre potentiellen Förderinnen im
besonderen. Jesus Christus, seine Leidensgeschichte und seine Auferstehung
werden als passende Themen dargestellt, mit denen sich gerade die adlige För-

derin gern auseinandersetzen wird, da sie auch ihre eigenen christlichen Eigenschaften im Text wiederfinden kann: „Dann laßt in diesen Spiegel Eure schönen Augen sehen, / Zu schauen Eure Tugenden in diesem heiligen Buch."[7] Wie zahlreiche ihrer zeitgenössischen Dichterkollegen verwendet Lanyer häufig Metaphern des Spiegelns und des Schauens und entwirft mit deren Hilfe eine Kommunikationsbeziehung zwischen sich und ihren Leserinnen und Lesern. Lanyers Text spiegelt sich im Auge und im Geist der Lesenden und ermöglicht einen Austausch auf verschiedenen Ebenen und in unterschiedliche Richtungen. In der Hand der Dichterin liegt es, an der Ausbildung der inneren, christlichen Werte mitzuarbeiten und ihre Leserinnen und Leser mit einer Darstellung von Jesu Erlösung zu erfreuen:

> Und da seine [Gottes] Macht mir Macht zu schreiben gab,
> Über etwas, das Eurem Anblick würdig ist,
> Worin Eure Seele nicht wenig Freude finden mag,
> Wenn ihre strahlenden Augen den Heiligen erblicken.[8]

Der literarische Text funktioniert wie ein Spiegel, den die Autorin ihrer potentiellen Gönnerin vorhalten kann: „Ich biete hier meinen Spiegel ihrem Blick".[9] Die selbstbewußte Dichterin stellt ihre Fähigkeiten und Tugenden mit denen der adligen Frau auf eine Stufe, wenn sie die Meinung vertritt, diesen Austausch leisten zu können und als Vermittlerin christlicher Wertvorstellungen agieren zu dürfen. Gleichzeitig fürchtet sie jedoch den Vorwurf der Überheblichkeit und setzt sich und ihr Werk mit Bescheidenheitsformeln herab:

> So daß diese, meine rohen, unpolierten Zeilen
> Durch Euch geadelt himmlischer erscheinen mögen.
> Schaut in diesen Spiegel eines werten Geistes,
> Worin einige Eurer Tugenden erscheinen werden,
> Doch alle zu finden ist unmöglich,
> Es sei, mein Glas wäre Kristall oder klarer noch.[10]

An zahlreichen Stellen findet sich dieser innere Widerspruch in der Selbst-Inszenierung der Dichterin, der aber gerade den Reichtum an Verflechtungen möglich macht. So erhebt sich Lanyer zu einer Instanz, die über die Tugend Auskunft geben und durch ihren Text auf die Vorstellungswelt der Leserinnen und Leser Einfluß nehmen kann. Doch auch die Rezipienten wirken auf den Text ein: Insbesondere die gebildete, adlige Frau veredelt den Text mit ihrer Großmut, ihn zu lesen und über seine Schwächen hinwegzusehen. Dieser erwünschte Vorgang einer Veredelung des Textes durch die Lektüre und das Verständnis der Leserin ist zudem eine Metapher für Lanyers ultimatives Ziel, Mäzeninnen zu finden. In ihrer Widmung an Susan Bertie, die verwitwete Gräfin von Kent, gibt Lanyer an, einige Zeit ihrer Jugend in Susan Berties Haushalt verbracht zu haben: „Kommt Ihr, die Ihr die Herrin meiner Jugend wart / Die edle Führerin meiner unbewachten Tage".[11] Diese Behauptung könnte durchaus der Wahrheit entsprechen, besonders falls Aemilias Eltern tatsächlich radikale Protestanten waren, denn Susans Mutter Catherine Bertie erregte während der Regierungszeit der katholischen Königin Maria I. Aufsehen mit einer spektakulären Flucht auf den Kontinent. Vielleicht wurde Aemilia wirklich einige Zeit lang gemeinsam mit adligen Mädchen erzogen, denen sie z. B. durch musikalische Unterweisung gedient haben könnte. Besonders aufschlußreich ist, wie Lanyer durch ihre Verweise auf Anregung und Unterricht in einem als weiblich beschriebenen Haushalt die Vision einer Gemeinschaft der Frauen schafft und zugleich behauptet, daß diese Gemeinschaft einen prägenden Charakter für ihr Leben hat. An ihre potentielle Mäzenin Anne Clifford wendet sie sich mit einem Verweis auf deren Mutter, Margaret Clifford, die als Vorbild für Lanyer wie für Anne präsentiert wird: „die Samen der Tugend sind gesät worden / von Eurer höchst ehrenwerten Mutter".[12] Lanyer deutet an, daß sie als junge Erwachsene, etwa während ihres Verhältnisses mit Lord Hunsdon, einige Zeit mit Margaret und Anne Clifford verbracht hat. Es könnte sein, daß Lanyer Anne zeitweise Musikunterricht erteilte, ihr vielleicht sogar Italienisch beibrachte, doch ist außer über ihre englische Muttersprache nichts über ihre Sprachkenntnisse bekannt. Da sich der Dichter Samuel Daniel (1563–1619) zwischen 1599 und 1605 als Erzieher Annes im Haushalt der Cliffords aufhielt, ergäbe sich durch diese Vermutung eine weitere interessante Verbindung, denn Lanyers Dichtung weist weit größere Ähnlichkeiten mit dem Werk Daniels als mit dem Shakespeares auf. Die Verbindung zu Daniel könnte zudem erklären, warum Lanyer sich insbesondere so sehr um Mary Sidneys Anerkennung bemüht, denn Mary Sidney war u. a. Daniels Mäzenin, und ihr ist auch sein Sonettzyklus „Delia" (1592) gewidmet.

Die Qualität der Dichtung Mary Sidneys und des von ihr geförderten Kreises wird immer wieder zu Vergleichen mit Lanyers Texten herangezogen und stellt einen zusätzlichen Grund für ihre Bescheidenheitsformeln dar: „mein schwacher, unbegabter Verstand und matter Geist".[13] Auch wenn es sich bei ihren eigenen Gedichten nach Lanyers Darstellung nur um „die ersten Früchte eines Frauengeistes"[14] handelt, hält sie sie trotz fehlender Perfektion dennoch für wertvoll und für durchaus mit den Texten begabterer Schriftstellerinnen vergleichbar, da sie ihrer Meinung nach als „authentisches Naturprodukt" gelten können. In ihrer Widmung an Mary Sidney, die sie als einen Traum präsentiert, vergleicht Lanyer ihre Gedichte an mehreren Stellen mit denen Mary Sidneys und bittet um Respekt für ihr eigenes Schreiben:

> Zwar viele Bücher, die sie schreibt, die sind viel edler,
> Doch gibt es Honig in den kümmerlichsten Blumen;
> Der ist beides, gesund und erfreut den Geschmack,
> Wenn Zucker feiner sein soll, teurer noch,

Die leidende Biene wird doch keinen Funken herabgesetzt,
Noch ihr schönes Wachs oder Honig stärker verachtet.[15]

Die den potentiellen Förderinnen angebotene Textsammlung wird zu einem
dem Honig vergleichbaren Naturprodukt stilisiert, das aufgrund der christlichen Thematik eine für Frauen geeignete „Nahrung" darstellt. In Lanyers Metaphorik wird Jesus zur köstlichen Speise – er wird „himmlisches Manna"[16] –
und Lanyers Text damit zugleich zu einer Ware, die sie zum Verkauf anbietet.
Während die Dichterin mit Bescheidenheitsgesten Qualität und Wert des Textes herabzusetzen scheint, versucht sie mit dem Hinweis auf seine Natürlichkeit
und sein vollkommenes Sujet zugleich eine Aufwertung ihres Werkes vorzunehmen. Da Jesus ja die „makellose Frucht" der heiligen Jungfrau ist[17], vermag
er die Gedichtsammlung zu veredeln, so wie es die Lektüre der adligen Mäzeninnen tun könnte. Lanyer hofft mit dieser kunstvollen Strategie der Anprei-
sung zu erreichen, daß ihre Gedichte als geeignete Lektüre für Frauen gelten
können und das Wohlwollen einer der angesprochenen adligen Frauen finden
würden. Es gibt keinerlei Hinweis darauf, daß tatsächlich eine ihrer Hoffnungen wahr geworden ist.

Jesu Göttlichkeit ist ihrerseits das Produkt einer Fülle von Tugenden, von denen die meisten – wie etwa Gehorsam, Geduld, Keuschheit und Mildtätigkeit –
im christlichen Verständnis der Frühen Neuzeit als Tugenden der Frau galten
und in christlichen Ratgebern für Frauen, sogenannten „conduct books", eine
große Rolle spielten. Lanyers Jesus wird aber für noch weitere, als männlich
verstandene Tugenden wie Mut, Gerechtigkeit und Freigebigkeit gelobt. Jesus
vereint also männliche und weibliche Tugenden und kann dadurch zum Reprä-
sentanten der Frauen und gleichzeitig zum idealen Partner der Frau werden. Er
verfügt über alles, was eine Frau begehren kann: Schönheit, Weisheit, Tiefe,
Ehre und den Reichtum eines Königreichs. Besonders deutlich wird das weibliche Begehren in der Darstellung von Jesu Körper, der im Leiden noch an
Schönheit gewinnt. Interessant und aufschlußreich sind außerdem die Metaphern des Schmerzes, die die unterschiedlichsten Bedeutungsebenen miteinander verbinden. Der Geburtsschmerz, den die gebärende Frau ertragen muß,
wird mit Jesu grauenvollen Schmerzen bei der Kreuzigung in Beziehung gesetzt. Den Männern wird vorgeworfen, dieses Leid nicht angemessen zu würdigen: „Ihr [Männer] kamt nicht in die Welt ohne unseren Schmerz".[18] In Lanyers Darstellung werden Männer zu den Verursachern der Schmerzen, die
Frauen erleiden müssen, und der Schmerzen, die Jesus erleiden mußte. Wie
einige Apokryphen präsentiert Lanyer Pontius Pilatus als einen Mann, der
schuldig wird, weil er nicht auf die Warnungen seiner weisen Frau hört (S. 102,
SD). Kritisiert werden auch die Jünger, die Jesus im Stich ließen: „Obwohl sie
protestieren, sie wollen ihn niemals verlassen, / Sie machen es wie Männer,
wenn Gefahren sie überwältigen."[19] Durch diesen Ausschluß der Männer aus

der Gruppe der Verteidiger Christi wird das Motiv des Schmerzes zum Indiz der Gemeinschaft zwischen Jesus und den Frauen und stellt darüber hinaus eine ganz spezielle Verbindung zwischen dem Sujet des Textes und Lanyers potentiellen Leserinnen her. So bittet die Dichterin die „schmerzerfahrene" Leserin, sich der Lektüre ihres Werkes auszusetzen: „Darum, als Entschädigung für all seinen Schmerz / Schenkt Eure Schmerzen beim Lesen"[20]. Ähnlich wie bei der Bilderwelt der Nahrung führt Lanyer mit Hilfe von Metaphern die unterschiedlichsten Bedeutungsebenen zusammen und setzt Inhalt und Selbst-Inszenierung mit den Rezipienten und dem Rezeptionsvorgang in Beziehung.

Lanyer sieht es als ihre Aufgabe, auf die bemerkenswerte Stellung der Frau in Jesu Lebensgeschichte hinzuweisen, um der Verleumdung von Frauen entgegenzuwirken. Ihre rhetorischen Kenntnisse zeigen sich z. B. in ihrer Apologie der Frau, in der sie die Stilfiguren der Akkumulation, Amplifikation und des Parallelismus verwendet:

Auch sogar gefiel es unserem Herrn und Retter Jesus Christ, (…) von der Zeit seiner Empfängnis bis zur Stunde seines Todes, gezeugt zu werden von einer Frau, geboren von einer Frau, genährt von einer Frau, einer Frau gehorsam zu sein, und daß er Frauen heilte, Frauen vergab, Frauen tröstete; ja selbst als er seine größte Qual und blutigen Schweiß durchlitt, als er gekreuzigt werden sollte, und auch in der letzten Stunde seines Todes, kümmerte er sich darum, was mit einer Frau geschehen sollte. Nach seiner Auferstehung erschien er zuerst einer Frau, schickte eine Frau, um seine höchst glorreiche Auferstehung dem Rest seiner Jünger mitzuteilen.[21]

Diese Darstellung des Verhaltens Jesu gegenüber Frauen ermöglicht eine Aufwertung der Frau und zugleich eine Kritik an der männlichen Sicht vieler Christen. Doch beschränkt Lanyer ihre Kritik an der Beurteilung von Frauen nicht auf die Männer, sondern wirft auch den Frauen vor, ihr eigenes Geschlecht zu verleumden. Dieses argumentative Vorgehen verdeutlicht erneut Lanyers ambivalentes Verhältnis zu ihren potentiellen Mäzeninnen, denn sie muß ja damit rechnen, daß sich ihre Leserinnen zurechtgewiesen fühlen. Lanyer wendet sich an ihre Leserinnen in der Hoffnung, daß diese aufgrund ihrer christlichen Einstellung für ihre Apologie der Frau zugänglich sind, ihrer Darstellung von Jesu vorbildlichem Verhalten zustimmen und ihren implizierten Verhaltensmaßregeln folgen wollen. In der sich anschließenden Kritik am Verhalten einiger Männer gegenüber Frauen wird Lanyers Text schließlich zum proto-feministischen Manifest:

(…) bösartig veranlagte Männer, die, da sie vergessen, daß sie von Frauen geboren wurden, von Frauen genährt, und daß, wären nicht die Mittel der Frauen, sie ganz ausgestorben wären in der Welt und ein endgültiger Schluß mit ihnen allen, wie Vipern die Schöße verleumden, in denen sie entstanden sind (…).[22]

Lanyer scheint selbst zu erkennen, wie ungewöhnlich derartige Aussagen gerade in religiöser Dichtung sind, und sich Sorgen über die Wirkung zu machen, denn sie sucht Schutz bei ihren potentiellen Mäzeninnen, u. a. indem sie wiederholt den Anspruch erhebt, es handele sich bei ihrem Text um ein Auftragswerk. So wie Jesus sucht Lanyer nach „Jüngern", die bereit sind, sie in der ungerechten Welt zu verteidigen. Das christliche Heilsversprechen, nach dem die Gläubigen das ewige Leben erlangen können, hat bei Lanyer deutliche Anklänge an eine soziale Revolution, bei der die Schwachen für ihre Unterdrückung entschädigt werden sollen (S. 83, SD). Es könnte durchaus sein, daß Lanyers unmißverständliche Gesellschaftskritik ihren Versuch, sozial hochstehende Frauen als Mäzeninnen zu gewinnen, zum Scheitern brachte, denn es ist äußerst fragwürdig, ob ihre Darstellung, z. B. in der folgenden Passage, mit dem Selbstverständnis einer adligen Frau wie Anne Clifford vereinbar war:

Welch Unterschied war da als die Welt begann,
War es nicht Tugend, die alles auseinanderhielt?
Alles stammt doch von einer Frau und einem Mann,
wie kommt der Adel dann zu Aufstieg und zu Fall?
Oder wer ist er, der rechtens sagen kann
Von welcher Geburt er ist oder überhaupt
Von welch einfachem Stand seine Vorfahren gewesen sind,
Bevor jemand von Wert Ehre gewann?[23]

Gerade Anne Cliffords jahrelanger Kampf um das Erbe ihres Vaters verdeutlicht, in welch starkem Maße sie sich mit ihrem Geburtsrecht identifizierte. Selbst wenn es sich bei Lanyers Gedicht tatsächlich um ein Auftragswerk gehandelt haben sollte, könnte ihr gesellschaftskritisches und proto-feministisches Schreiben die Adressatinnen verschreckt haben. Auch in der „Beschreibung von Cooke-ham" verweist Lanyer noch einmal auf ihre Überzeugung, mit ihrem Dichten dem Wunsch von Margaret Clifford zu folgen. „The Description of Cooke-ham" steht in der klassischen Tradition, von einem geliebten Ort auf literarische Weise Abschied zu nehmen, um damit u. a. seine Schönheit zu preisen oder den Besitzern zu Gefallen zu sein. Virgils erste Ekloge ist das bekannteste Beispiel für diese Form der Dichtung, mit der Lanyers Text Ähnlichkeiten aufweist. Cookham war ein königliches Lehen an den Bruder von Margaret Clifford, die sich wahrscheinlich mehrmals dort aufhielt. Ob Lanyer selbst jemals auf dem Landgut Cookham war, ist nicht bekannt. „Die Beschreibung von Cooke-ham" umfaßt zweihundertzehn Zeilen in Paarreimen und hat in der Literaturkritik bisher von allen Gedichten Lanyers am meisten Aufmerksamkeit gefunden, da dieses Gedicht zu einer Verschiebung im literarischen Kanon geführt hat.

Bis zur Entdeckung der Gedichte Lanyers galt Ben Jonsons Gedicht „To Penshurst" als das erste Gedicht, das ein britisches Anwesen preist, und damit

als erstes „country-house poem". „Die Beschreibung von Cooke-ham" ist das
einzige Gedicht Lanyers, dessen Entstehung sich zeitlich einkreisen läßt, da die
Verwendung des Namen „Dorset" für Anne Clifford darauf hinweist, daß Anne
zum Zeitpunkt des Verfassens bereits mit dem Grafen von Dorset verheiratet
war. Demnach schrieb Lanyer das Gedicht zwischen dem 25. Februar 1609 und
dem 10. Oktober 1610, als die Eintragung in das Stationers' Verzeichnis vorge-
nommen wurde. Jonsons Gedicht entstand eventuell um die gleiche Zeit
herum, wurde aber erst 1616, fünf Jahre nach Lanyers, in der Gesamtausgabe
seiner Werke veröffentlicht. Mit Jonson hat Lanyer außerdem gemeinsam, daß
sich beide entschlossen, ihre sämtlichen Werke im Druck herauszubringen und
nicht auf die ausschließliche Zirkulation von Handschriften im Kreis von Höf-
lingen zu vertrauen. Für männliche Dichter wurde es zu Beginn des 17. Jahrhunderts immer verbreiteter, ihre Texte drucken zu lassen, für weibliche war es
dagegen noch unüblich. Die Zirkulation eines Manuskripts wurde zu dieser
Zeit als eine feminine Form der Veröffentlichung angesehen. Es könnte durchaus sein, daß einige der potentiellen Mäzeninnen nicht positiv auf Lanyers
Widmungen reagierten, weil sie die Drucklegung als unangemessen oder unschicklich empfanden.

Lanyer entwirft einen Aufenthalt mit Margaret und Anne Clifford auf dem
Gut als eine idyllische Gemeinschaft von Frauen in einer kultivierten Natur.
Gerade in ihrer Beschreibung der Landschaft und der Tiere, die in ihr leben,
zeigt sich Lanyers musikalische Begabung. Doch auch in weiteren Widmungen
und Gedichten ist Musikalität ein wichtiger thematischer Bestandteil der poetischen Sprache Lanyers. Sie präsentiert sich immer wieder als einen Vogel, dessen emotionale Stimmung vom Wohlwollen einer adligen Dame abhängig ist,
so z.B. wenn sie sich in ihrer Widmung an Königin Anne an diese und ihre
Tochter, Prinzessin Elisabeth, richtet:

> Dann werde ich meinen Spiegel für einen glorreichen Himmel halten,
> Wenn zwei solch glitzernde Sonnen auf einmal erscheinen,
> Die eine reichlich verziert mit höchster Majestät,
> Beide scheinen heller als das klarste Klar,
> Und beide senden Trost aus für meinen Geist,
> Der ihre Gnade weit über meinen Werken weiß,
> Deren unmelodische Stimme die klagenden Noten singt
> Von trauriger Bedrängnis in einem demütigen Klang
> Ganz ähnlich einem Vogel, dem ein Flügel fehlt
> Und der nicht fliegen kann, sondern seinen Schmerz klagt.[24]

In den Bildern des hilflosen Vogels, der auf der Suche nach Trost ist, wird
Lanyers Wunsch, Mäzeninnen zu gewinnen, besonders eindrücklich veran-
schaulicht. Vergleiche von Dichtung und Musik tauchen vor allem in der an
Mary Sidney gerichteten Widmung auf, in der Mary Sidneys Psalmen-Überset-

zung als „himmlischste Musik"[25] bezeichnet wird. Nach Lanyers Auffassung ist Mary Sidney etwas gelungen, das für sie das höchste Verdienst einer Dichterin zu sein scheint und sicherlich auch ihr eigenes Ziel darstellt: „Durch die Betrachtung von Gottes großer Macht / füllt sie die Augen, die Herzen, die Zungen, die Ohren der nachfolgenden Zeiten".[26] Erst mit fast vierhundertjähriger Verspätung wurde Lanyers Anspruch eingelöst, eine Leserschaft zu gewinnen, die sich durch ihr Werk ansprechen und beeindrucken läßt.

Irmgard Maassen

Lady Mary Wroth
(1587[?]–1651/53)

Mary Wroth' Prosaromanze „Urania" (1621) beginnt mit der eloquenten Klage einer Frau. Die schöne Schäferin Urania, die dem Werk den Titel verleiht, beweint in der pastoralen Einsamkeit der Natur ein eher ungewöhnliches Schicksal: Sie weiß nicht, wer sie ist. Aus dem Glauben gerissen, daß sie die Tochter der einfachen Schäfersleute sei, die sie aufzogen, ist sie sich nun weder ihres Ranges noch ihrer Herkunft sicher. Aus der Gewißheit der eigenen Identität zu fallen, sich 'nicht zu kennen', wird ihr zur Quelle innerer Unruhe und unstillbaren Verlangens; es entsteht ein Begehren, das Wroth mit dem in der höfischen Gesellschaft ihrer Zeit politisch besetzten Begriff *ambition*, 'Ehrgeiz', umschreibt.[1] Diesen 'Ehrgeiz' zu stillen, sich selbst zu erfinden, die eigene Identität immer wieder neu zu projektieren und aufzuführen, wird das vorherrschende Thema von Wroth' Romanze, in der eine Fülle von Figuren – und nicht zuletzt die Autorin selbst – in einem endlosen Spiel der Selbstentwürfe, des *self-fashioning*[2], verfangen sind.

Die Frage nach der eigenen Identität, mehr noch, nach der weiblichen Identität, die den Ausgangspunkt von Mary Wroth' Hauptwerk bildet, mutet den heutigen Leser modern an. Sie scheint einen Bruch mit unhinterfragten Gewißheiten – der Religion, der Autoritäten, des ererbten Platzes in der Ständeordnung – zu signalisieren und eine Haltung des Zweifels und der Introspektion einzuleiten, die uns als Kennzeichen einer sich durch die Opposition zum Mittelalter selbst definierenden Neuzeit gilt. Eine solche appropriierende, Wroth mit kühnem Griff in die Moderne heimholende Lesart stößt sich allerdings an den Antworten, die unsere Autorin für Uranias Frage anbietet – Antworten, die auf ein schon zu ihrer Zeit rückständiges Repertoire von Aktivitäten, Werten und Attitüden, auf einen Habitus zurückgreifen, der ihre Figuren in einer artifiziellen Welt voll ritterlicher Turniere und höfischer Liebesdienste fixiert. Zwischen neuen Fragen und alten Antworten zu oszillieren, für neue – weibliche – Bedürfnisse nur Lösungen aus einem Fundus traditioneller – männlicher – Konventionen finden zu können, das macht die Ambivalenz des Werkes und der Autorinnenpersona der Mary Wroth aus. Aber gerade in dieser Ambivalenz erkennen wir sie als Repräsentantin einer Übergangsepoche, die zwischen zunehmender sozialer und intellektueller Mobilität und verstärkter obrigkeitlicher Disziplinierung, zwischen ausgreifenden wissenschaftlichen und geographischen Horizonten und einer Konzentration absolutistischer Macht in London, zwischen ökonomischem Aufstieg der mittleren Stände und

politischem Abstieg des alten Hochadels neue Parameter für die Bestimmung
dessen, was wir Identität und Geschlechtscharakter nennen, aushandelte.

Wer war Lady Mary Wroth? Sie gilt heute als eine der brillantesten Schriftstellerinnen der englischen Renaissance, die gleich in drei zentralen literarischen Gattungen des frühen 17. Jahrhunderts weibliche Pionierarbeit leistete:
der – soweit wir wissen – erste Sonettzyklus, der von einer Frau verfaßt wurde,
die erste Prosaromanze, die von einer Frau nicht nur übersetzt, sondern selbst
geschrieben wurde, und wenn schon nicht das erste Drama überhaupt, so doch
die erste Komödie weiblicher Autorschaft entstammen ihrer Feder. Während
dieses Œuvre die Herzen heutiger Kritikerinnen höher schlagen läßt, weil es erlaubt nachzuvollziehen, innerhalb welcher Grenzen eine Frau der Frühen Neuzeit die etablierten Genres und Topoi weiterführen, ihnen aber zugleich eine
spezifisch weibliche Perspektive verleihen konnte, darf nicht übersehen werden, daß der tatsächliche Einfluß von Wroth auf die Literatur ihrer Zeitgenossen wie ihrer Nachfolgerinnen gering war. Denn die Geschlechterideologie der
Renaissance, die schon weibliches Schreiben im Regelfall entmutigte, stellte der
Publikation, und damit einer erweiterten Leserrezeption, besonders unüber-
windliche Hürden in den Weg. Der größte Teil von Mary Wroth' Texten blieb
bis ins späte 20. Jahrhundert unpubliziert.

Stand und Geburt, deren Unkenntnis Urania so schmerzlich beklagt, waren
für Wroth zeitlebens die entscheidenden Bezugspunkte ihres *self-fashioning* als
adlige Dame und Autorin. Sie wurde 1586 oder 1587 als älteste Tochter von
Robert Sidney, dem späteren Grafen von Leicester, geboren. Damit gehörte sie
zu einer der berühmtesten und kulturell einflußreichsten Familien des ausgehenden 16. und beginnenden 17. Jahrhunderts. Robert Sidneys älterer Bruder
war Sir Philip Sidney, der in geradezu archetypischer Weise die Tugenden des
Renaissancehöflings, wie sie in Castigliones klassischem Handbuch der höfischen Kultur „Il Cortegiano" (1528) idealisierend beschrieben worden waren,
in sich vereinte: ein Hofmann von vollendeter Bildung, politischem Verstand
und ritterlichem Kampfesmut, Favorit der Königin Elisabeth, Verfasser des bekanntesten Prosawerks der Zeit, „Arcadia", und von Sonetten, die ihn als eleganten Liebhaber in der petrarkistischen Konvention zeigen. Philip Sidneys
literarischer Nachlaß war nach seinem Tod 1586 von seiner hochgebildeten
Schwester Mary Sidney Herbert, Gräfin von Pembroke, bearbeitet und herausgegeben worden, die wiederum eigenen Ruhm als literarische Patronin, aber
auch als Nachdichterin der Psalmen und religiöse Lyrikerin von beachtlicher
formaler Kunstfertigkeit erlangte. Auch Mary Wroth' Vater Robert Sidney war
Zeitgenossen als Sonettdichter bekannt.

Mary Wroth' eigene literarische Aktivitäten als Autorin und Patronin sind als
bewußte Anknüpfung an die Sidneysche Familientradition zu sehen. Selbst
nach der Eheschließung behielt sie das Sidney-Wappen bei, und in Selbstbe-

schreibungen, wie auf der Titelseite der „Urania", und preisenden Widmungen anderer figurierte sie stets als Tochter und Nichte ihrer berühmten Verwandten. Der aristokratische Rahmen bot ihr Bildungsprivilegien, die für Frauen niederer Ränge keineswegs selbstverständlich, für eine Teilhabe an der literarischen Kultur aber unerläßlich waren. Das Vorbild der älteren Sidneys mit ihrem untadeligen politischen und religiösen Ruf stellte sicher, daß Literatur im engeren Zirkel als eine legitime Möglichkeit weiblicher Betätigung gelten konnte. Die Familie fungierte somit als Schutzraum, innerhalb dessen Schreiben gewagt werden konnte, und offerierte gleichzeitig eine Bühne und eine kontrollierte Öffentlichkeit, auf der und für die das Schreiben inszeniert werden konnte. Während die feministische Literaturkritik weibliches Schreiben gern als Geste des Widerstands gegen die Relegation der Frauen in den häuslichen Bereich begriffen hat, ist die familiäre Einbindung für Mary Wroth wie für andere Frauen der Frühen Neuzeit weniger als Beschränkung, sondern gerade als ermöglichende Bedingung ihrer Autorschaft zu sehen. Geschlechts- und Klassenzugehörigkeit durchkreuzen sich hier in signifikanter Weise: Indem Wroth ihr Schreiben in den Dienst der Pflege der Familienehre stellte, den Mythos 'Sidney' weiterführte, konnte sie das politische Gewicht der Frauen über ihre dynastische Funktion im adligen Familienverband hinaus stärken – sie bewies, daß auch sie erfolgreich das symbolische Kapital der familiären Reputation mehren konnte. Die literarischen Formen, deren sie sich bediente, spiegeln die im Kern konservative Natur dieses Projekts wider. Die gewählten Gattungen – Prosaromanze, Sonettzyklus und Drama – orientieren sich selbstreferentiell an Modellen, die von Philip Sidney und Mary Sidney Herbert eine Generation vorher bereitgestellt worden waren.

Aber der Schutz des Namens 'Sidney' erstreckte sich nicht nur auf die literarische Reputation, sondern sollte sich auch hinsichtlich anderer Transgressionen als hilfreich erweisen. Mary Wroth wuchs als ältestes von elf Kindern, von denen nur sechs das Erwachsenenalter erreichten, auf dem Landgut Penshurst auf, verbrachte aber auch mehrere längere Aufenthalte in den Niederlanden, wo ihr Vater in militärischem Dienst stand, und in den Herrenhäusern anderer Verwandter.[3] Sie erhielt offensichtlich eine Erziehung, die sie zur Hofdame qualifizieren sollte – so zeigt ihr Porträt sie weder im hochgeschlossenen schlichten Kleid, wie es dem puritanischen Bild häuslicher Weiblichkeit in den mittleren Ständen entsprochen hätte, noch etwa in einem Kabinett mit Büchern in der Pose einer 'gelehrsamen' Frau, sondern mit der Baßlaute, einem Requisit verfeinerter höfischer Vergnügungen. Während Erziehungsmanuale der Zeit fast ausnahmslos bemüht waren, Frauenbildung auf ausgewählte Lektüre zu beschränken, die vor allem religiös erbaulich und keuscher Tugendhaftigkeit förderlich zu sein hatte, galten für adlige Frauen, die am königlichen Hof präsent sein sollten, andere Maßstäbe. Von ihnen wurde Vervollkommnung in Musik, Tanz und der Kunst der eleganten und kenntnisreichen Konversation erwartet, in all den Fähigkeiten, die dazu geeignet waren, bei der Repräsentation vor den kritischen Augen der Höflingsgesellschaft erfolgreich zu bestehen.

Einige Jahre lang gelang es Mary Wroth, sich in dieser von Neidern, Intrigen und Rivalitäten durchsetzten Welt des Hofes zu behaupten. Nachdem im Jahre 1603 der schottische König Jakob die Nachfolge Elisabeths angetreten hatte, gehörte sie für etliche Jahre zum innersten Zirkel der Hofdamen um die Königin Anne. Es ist bezeichnend für die Art, wie gesellschaftlicher Status im Kontext der höfischen Kultur durch gelungene Akte performativer Selbstdarstellung gewonnen wurde, daß als Höhepunkt ihrer Hofkarriere die Beteiligung an Maskenspielen gilt. 1605 trat sie gemeinsam mit Königin Anne und anderen Damen als äthiopische Nymphe in „The Masque of Blackness" auf, spektakulär verkleidet im Mohrenkostüm, und 1608 in ähnlichem Rahmen in „The Masque of Beauty". *Masques* waren Teil der luxuriösen Unterhaltungskultur an Jakobs und Annes Hof, prächtig ausgestattete Fest- und Tanzspiele, durch die sich die Hofgesellschaft in allegorischen Szenarien selbst als Garant des Friedens und der göttlich stabilisierten Harmonie und Einheit zelebrierte.[4] Autor dieser beiden Maskenspiele war Ben Jonson, der bekannteste Dichter und Dramatiker der Epoche, dessen Ruhm damals den Shakespeares weit überstrahlte. Jonson suchte offensichtlich die Patronage der Lady Mary – mehrere Epigramme und Preisgedichte schmeicheln ihr als höchster Zier ihres Geschlechts und ruhmreicher Vertreterin des Namens Sidney, und er widmete ihr sein Theaterstück „The Alchemist" (1612). Signifikanterweise umwarb Jonson sie nicht nur als Repräsentantin einer einflußreichen Familie, deren Namen finanzielle Zuwendungen und Schutz versprach, sondern sprach sie gerade auch auf ihre eigenen dichterischen Verdienste hin an: „Seit ich mir Abschriften Eurer Sonette anfertige, bin ich / ein besserer Liebhaber und ein viel besserer Dichter geworden."[5] Ganz in der Tradition von Mary Sidney Herbert verband Wroth so eigene literarische Praxis mit Patronage für andere Autoren, deren öffentliches Lob wiederum ihren eigenen Ruhm festigte.

Wie es ihrem Stand entsprach, wurde Lady Mary im Alter von knapp siebzehn Jahren verheiratet. Konventionellerweise waren Ehen innerhalb der Aristokratie dynastische Bündnisse, die politische und finanzielle Machtzuwächse begründen sollten und strategischen Erwägungen eher folgten als emotionalen. Die Ehe mit Sir Robert Wroth, einem wohlhabenden Grundbesitzer und Günstling des neuen Königs Jakob, scheint von Beginn an nicht besonders glücklich gewesen zu sein. Es gibt einen Hinweis von Ben Jonson, daß Sir Robert ein eifersüchtiger Ehemann war, aber ob er tatsächlich einen Rivalen hatte oder allgemein an Lady Marys extrovertiertem höfischen Lebensstil Anstoß nahm, wie die autobiographisch gefärbte Lindamira-Episode in der „Urania" nahelegt, ist ungewiß.[6] Robert Wroth' Interessen und Vergnügungen waren offensichtlich die eines Landjunkers; als kennzeichnend für seinen literarischen Geschmack kann das einzige Buch, das ihm je gewidmet wurde, gelten: ein Handbuch für Jäger über tollwütige Hunde. Man mag in der ungehobelten Figur des Rustic aus Lady Marys Drama „Love's Victory" sein satirisches Porträt wiedererkennen. Es erscheint legitim, über eine Unvereinbarkeit der Temperamente zu spekulieren, aber seine testamentarische Verfügung an sein 'teures und liebendes Weib', dessen 'aufrichtige Liebe, Treue, tugendhafte Rede und Haltung' er preist, gibt keinen Hinweis auf Mißstimmigkeiten.[7] Und die Jagd war ein durchaus achtbarer adliger Zeitvertreib, der wohl seine Favoritenstellung bei König Jakob begründete – es ist allerdings anzunehmen, daß die Jagdbesuche des Königs auf Wroth' Ländereien, wie alle königlichen Visiten in adligen Häusern, für den solcherart geehrten Gastgeber finanziell ruinöse Veranstaltungen waren.

Erst zehn Jahre nach der Eheschließung, 1614, kam das einzige Kind, ein Sohn, zur Welt. Kurz darauf starb Robert Wroth. Er hinterließ seiner Witwe einen einmonatigen Säugling, ein jährliches Einkommen von 1200 Pfund und einen Besitz, der mit 23 000 Pfund hoch verschuldet war. Ihre Situation wurde noch prekärer, als zwei Jahre später auch ihr Sohn starb und der größte Teil des Besitzes entsprechend der üblichen männlichen Erbfolge an einen Verwandten von Robert Wroth fiel. Ihre Schulden abzuzahlen, unter anderem durch Landverkäufe, und um Aufschub bei den Gläubigern zu ersuchen, war nun für den Rest ihres Lebens ein vorherrschendes Anliegen. Es sind aus den 1620er Jahren wiederholte Bitten um königliche Schutzbriefe überliefert, die sie vor rechtlichen Schritten ihrer Gläubiger bewahren sollten. Während die finanziellen Sorgen der Witwenschaft sicher drückend waren, eröffnete dieser Stand Lady Mary aber zugleich auch die Möglichkeit eines Lebens in zuvor ungeahnter Freiheit. Der Vormundschaft des Vaters und des Ehemannes entkommen, besaßen Witwen in der Frühen Neuzeit unter allen Frauen den größten Handlungsspielraum, sowohl ökonomisch als auch privat.

Wie man heute weiß, nutzte Lady Mary diesen Spielraum. Der Akzent auf dem Thema unerwiderter Frauenliebe und männlicher Untreue in ihren Sonetten und in der „Urania" erscheint seither in neuem biographischen Licht: Mary Wroth hatte eine Liaison, aus der sehr bald nach ihrer Verwitwung zwei außereheliche Kinder hervorgingen. Ihr Liebhaber – und man mag darin einen weiteren Beleg für die kulturelle Attraktivität des Mythos 'Sidney' in den Augen von Mary Wroth erkennen[8] – war ihr Cousin William Herbert, Graf von Pembroke, der älteste Sohn von Mary Sidney Herbert. Zeitgenössische Berichte beschreiben William Herbert als einen der anziehendsten Männer am elisabethanischen und jakobäischen Hof: melancholisch, äußerst gebildet und ein Künstler der Konversation, dazu ein notorischer Frauenheld, den Witz und Intelligenz mehr anzogen als weibliche Schönheit. In seinem Amt als Lord Chamberlain bestimmte er über die Festlichkeiten und Aufführungen am jakobäischen Hofe. Er fungierte als Mäzen für Ben Jonson, und auch die erste Gesamtausgabe der Werke Shakespeares, die Folioausgabe von 1623, ist ihm gewidmet. Bereits 1601 tauchte sein Name in einem Skandal um eine Frau auf: Er wurde vom Hof der Königin Elisabeth verbannt, als er sich trotz Einkerkerung weigerte, ihre Hofdame Mary Fitton zu heiraten, die ein Kind von ihm zur Welt brachte. Fast zur gleichen Zeit wie Mary Wroth war er 1604 eine vorteilhafte Ehe eingegangen, was Anlaß zu Spekulationen über ein schon früh bestehendes Verhältnis zwischen den beiden Cousins gegeben hat, das die Familie womöglich zu ersticken suchte.[9] Die dürftige Faktenlage läßt allerdings keine weiteren Schlüsse zu als den, daß Mary Wroth in den Jahren nach 1614 einen Sohn und eine Tochter von ihm hatte, für die die Familie sorgte.

Die protestantische Ideologie verdammte Unkeuschheit als den Urquell aller Sünden, und die unteren und mittleren Stände mußten bei außerehelichen Transgressionen mit harschen Gerichtsstrafen sowie kirchlichen und oft auch volkstümlichen Beschämungsritualen rechnen. Für die Aristokratie galten hingegen andere Regeln – adlige Bastarde waren nicht unüblich und wurden von den Familien diskret mitversorgt. Mary Wroth verlor ihre favorisierte Position bei Hofe, fiel aber nicht völlig in Ungnade, wie ihre offizielle Teilnahme an den Trauerfeierlichkeiten für Königin Anne 1619 beweist. Sie lebte jedoch von nun an in der Zurückgezogenheit der familiären Landsitze. In dieser Situation der sozialen Marginalisierung ist ihr literarisches Hauptwerk entstanden. Schreiben wurde zur Kompensation für den Ausschluß von der gesellschaftlichen Bühne des Hofes; es stellte im Medium der literarischen Fiktion einen stellvertretenden Raum für das *self-fashioning* bereit. Die Texte eröffneten eine Arena für die Selbstdarstellung – mit ihnen konnte die literarische Kompetenz und die Vortrefflichkeit des ästhetischen und moralischen Urteils ihrer Autorin ausgestellt werden, in ihnen konnte die Geschichte der entehrten und verlassenen Frau umgeschrieben werden, und nicht zuletzt konnte durch Anspielungen und Widmungen durch sie ein eigener 'Hof' verwandter und gleichgesinnter Geister geschaffen werden.

Mit der großen Prosaromanze „The Countess of Montgomery's Urania" (1621) knüpfte Wroth an das einflußreiche Vorbild ihres Onkels Philip Sidney, „The Countess of Pembroke's Arcadia", an. An unermüdlicher Fabulierkunst, in der schier unentwirrbaren Fülle miteinander verschlungener Episoden und Geschichten und nicht zuletzt im reinen Umfang kann es „Urania" mit „Arcadia" durchaus aufnehmen. Wie es der bis ins Mittelalter zurückreichenden Tradition des Genres entspricht, präsentiert „Urania" eine serielle Aneinanderreihung von ritterlichen Abenteuern, in denen junge Edelmänner kriegerischen Wagemut und chivalreske Tugend beweisen. Die Queste dieser Ritter wird nicht von der Suche nach dem heiligen Gral angetrieben, sondern von einer zwanghaften Notwendigkeit, in dauernden rhetorischen und physischen *performances* den eigenen Ruhm zu festigen. Vor dem Leser entrollt sich so ein Bilderbogen von immer neuen Szenen des männlich-ritterlichen *self-fashioning*: Piraten, Schiffbruch, Rebellion, hochmütige Tyrannei, verzauberte Schlösser und unglückliche Liebe lauern überall. Die Romanze zelebriert einen aristokratischen Wertekodex, der seine dominierende Rolle in einer sich modernisierenden Gesellschaft längst verloren hatte. Gleichwohl wurde auf das ästhetische Formenrepertoire dieser Ritterlichkeitsideologie von der jakobäischen Monarchie zur öffentlichen Inszenierung ihres absolutistischen Machtanspruchs gern zurückgegriffen.

Ein solches maskulines Genre scheint wenig Raum für eine weibliche Perspektive zu lassen. Aber Wroth verschiebt den Akzent vom Kampf und von der politischen Allegorie der „Arcadia" auf die Liebeshändel – das zweite traditionelle Thema der Romanze, aufgrund dessen Wroth' Zeitgenossen vor dem Reiz dieses Genres gerade für Frauen zu warnen pflegten. Anders als in der Romanliteratur seit dem 18. Jahrhundert ist in der frühneuzeitlichen Romanze die private Welt der Liebe noch nicht von der politischen Welt geschieden – wie es der Rolle der aristokratischen Frauen in der dynastischen Heiratspolitik entspricht, sind Herrschaft und Liebe untrennbar miteinander verknüpft. Nur im Idealfall korrespondieren jedoch in der „Urania" Tugend und kluges Herrschertum mit persönlicher Zuneigung. Wesentlich häufiger durchkreuzt die Liebe Freundschaften, Ehen, väterliche Macht, bringt ganze Fürstentümer ins Wanken und motiviert oft genug ritterliche Kreuzzüge zur Befreiung eines Landes von despotischer Herrschaft, die wiederum als Tyrannei gegen Liebende figuriert wird. Wroth' Darstellung der Liebe ist vom Konflikt zweier zeitgenössischer Liebeskonzeptionen geprägt: Die aus dem italienischen Petrarkismus hergeleitete und platonisch untermauerte idealisierende Sicht der Liebe als sich in göttliche Sphären aufschwingendes Gefühl reibt sich an der christlichen und neostoischen Sicht, die Liebe als Aufstand der niederen Leidenschaften gegen die höhere Macht der Vernunft beargwöhnt. Diese Ambivalenz manifestiert sich in widersprüchlichen Bildern, die einerseits auf der Unwiderstehlichkeit von Venus' und Cupidos Macht insistieren, andererseits im seelischen Tumult der Liebenden eine mikrokosmische Analogie des Umsturzes der natürlichen Ordnung erblicken. Urania ermahnt die liebeskranke Königin Pamphilia: „Wenn Euer Volk dies wüßte, wie könnte es auf Eure Regierung hoffen, da Ihr nicht einmal eine armselige Leidenschaft regieren könnt? Wie könnt Ihr anderen befehlen, da Ihr nicht einmal Euer eigenes Selbst bezwingen könnt (...)?"[10] Die „Urania" offeriert zahlreiche Beispiele – männliche wie weibliche – für eine ungerechte und mörderisch-intrigante Herrschaft, die von einer exzessiven Leidenschaft gespeist wird, die sich der Kontrolle der politischen Vernunft nicht mehr unterwirft.

Wroth beleuchtet den Konflikt zwischen patriarchalischem Ehekalkül und erotischem Begehren, ohne ihn im Rahmen des aristokratisch-männlichen Ethos der „Urania" allerdings lösen zu können. Wieder und wieder finden sich Frauenfiguren, die sich dem elterlichen Heiratsdiktat entziehen oder, wenn sie denn nachgeben, unter großen Qualen, mißhandelt von eifersüchtigen Ehemännern, ein unglückliches Leben fristen. Die Romanze dekliniert nicht nur eine Fülle von Möglichkeiten durch, heimliche, verbotene oder unvorsichtige Liebesverbindungen einzugehen, und beurteilt sie in ihren Auswirkungen auf die politische Ordnung, sondern beschreibt mit deutlicher Sympathie auch den Preis, den Frauen für eine unerlaubte Bindung zahlen müssen. Paradoxerweise konstituieren sich Frauen gerade da als selbstbestimmte Subjekte, wo sie als passiv leidende erscheinen: Sie gehen Risiken ein, widerstehen äußerem Druck, der bis zur Folter gehen kann, und zeigen durch die Größe ihrer Opfer, welch großer Wert erwiderter Liebe innewohnt. In der Standhaftigkeit, mit der diese Frauenfiguren der Entscheidung ihres eigenen Herzens folgen, beweisen sie heroischen Mut und geradezu männliche Stärke. Die Liebe erscheint so als das Feld, auf dem Frauen sich als aktiv handelnde, autonome Subjekte entwerfen können. Wie die Männer im Kampf, so beweisen sich die Frauen in der Liebe – in diesem Turnier können sie Mut, Klugheit und Loyalität oder auch niedere Gesinnung, Hochmut und Verrat demonstrieren.

In der Geschichte der Hauptfigur Pamphilia verquickt sich die Frage nach der Möglichkeit eines weiblichen Ortes innerhalb des aristokratischen Liebes- und Ehrenkodexes mit dem Problem weiblicher Autorschaft. Pamphilia, die 'Allliebende', liebt seit langem Amphilanthus, dessen Name, 'Liebhaber von zweien', schon seine Neigung zur Untreue signalisiert. Während Pamphilia autobiographische Züge trägt, ist mit Amphilanthus – Cousin der Pamphilia, Sohn der gebildeten Königin von Neapel, vortrefflichster aller Fürsten in Talent, Schönheit und Mut, dazu selbst ein Dichter – deutlich ein fiktionalisiertes Porträt von William Herbert intendiert. Pamphilias Liebe wird durch Amphilanthus' Werbung um andere Frauen auf eine harte Probe gestellt; sie leidet, verschweigt aber allen anderen gegenüber standhaft den wahren Grund ihrer Qualen. Zwar muß sie sich der Macht der Liebe geschlagen geben und beugt sich damit dem weiblichen Los, aber sie beweist genügend maskuline Charakterstärke, um ihre Leidenschaft vor den Augen der neugierigen Welt zu verbergen und dabei selbst treu zu bleiben. Ihre Liebe verstößt sowohl gegen die Regeln des literarischen Petrarkismus als auch gegen die protestantische Moral. Zum einen wird sie, entgegen der neoplatonischen Liebeskonvention, nicht ausreichend durch die idealen Eigenschaften des Geliebten motiviert. Denn die Erzählung entschuldigt seine Untreue nicht, er bricht schließlich sogar ein feierliches Eheversprechen an Pamphilia, wenn er die Prinzessin von Slavonia heiratet. Zum anderen zeigt sie, indem sie aktiv und nicht lediglich in Erwiderung der Werbung des Mannes liebt, männliche Initiative, die weiblicher Keuschheit nicht zusteht. Pamphilias standhaftes Leid mag masochistisch anmuten und als Affirmation der passiven Frauenrolle in der westlichen Kultur gelesen werden.[11] Indem jedoch die „Urania" Pamphilias treuer Liebe so breiten Raum gibt, ermöglicht sie die Artikulation eines eigenständigen weiblichen Begehrens, das gesellschaftliche Normen bricht, aber, da es sich so demonstrativ selbst diszipliniert, Sanktionen zuvorkommt.

Constancy, Treue und Festigkeit, ist Pamphilias hervorragendste Tugend, an der sie unerschütterlich festhält. In einer Szene, in der Pamphilia und Amphilanthus verwunschene Liebende befreien, die in einem 'Thron der Liebe' gefangensitzen, verwandelt sich die allegorische Figur der *Constancy*, die den Schlüssel zum 'Turm der Treue' hält, in Pamphilia.[12] Diese Charakterisierung widerspricht dem traditionellen Weiblichkeitsstereotyp der Renaissance, nach dem Frauen, von Natur aus schwächer und weniger perfekt als Männer, sich gerade durch Wankelmütigkeit auszeichnen. *Constancy* ist demnach ein männliches Prärogativ, dem insbesondere in der Politik eine Schlüsselrolle für die Qualifikation zum Herrscher zukommt. Indem Mary Wroth Pamphilia zum Vorbild an standhafter Treue stilisiert, schreibt sie ihr maskuline Stärke zu, ein männlich konnotiertes Heroentum, das aber nicht durch männliche Heldentaten, sondern paradoxerweise durch den Exzeß einer weiblichen Qualität, der Liebe, erlangt wird. Dazu paßt, daß Pamphilia im Lauf der Geschichte von ihrem Onkel den Königsthron des Landes Pamphilia erbt, den sie dann lange Zeit als jungfräuliche Herrscherin innehat. Die Parallele mit der historischen Königin Elisabeth I., deren Selbstinszenierungen sich oft des Amazonenmythos bedienten, ist offensichtlich. Wroth greift hier auf ein androgynes Bild weiblicher Herrschaft zurück, das unter Jakob I. – dessen Frauenfeindlichkeit und homoerotische Günstlingswirtschaft wohlbekannt waren – zunehmend negativ konnotiert worden war.[13]

Pamphilias *constancy* ähnelt nur auf den ersten Blick der traditionellen Weiblichkeitsmoral. Diese Treue orientiert sich nicht am puritanischen Ehehandbuch, sondern eher am Sittenkodex der aristokratischen Schicht, denn *constancy* ist nicht mit Keuschheit gleichgesetzt, sondern existiert in pragmatischem Nebeneinander mit ehelichen Verpflichtungen.[14] Wie viele andere Figuren in der „Urania" bleibt Pamphilia auch nach ihrer Heirat mit dem König von Tartaria dem geliebten Amphilanthus 'treu'. Mit ihrem Konzept der *constancy* entwirft Wroth einen Raum für weibliche Tugend und moralisches Handeln, der jenseits der engen Grenzen der patriarchalischen Geschlechterideologie ihrer Zeit liegt. Die Verbürgerlichung der Kultur im Verlauf des 17. und 18. Jahrhunderts mit ihrer zunehmenden Verinnerlichung und Emotionalisierung der Familienbindungen sollte diese Lösung – selbst im Rahmen der Fiktion – immer weniger akzeptabel erscheinen lassen.

Pamphilia hält ihre Liebe geheim und tut damit das, was eine tugendhafte Frau der Zeit nicht nur in Liebesdingen tun soll – sie schweigt. Aber sie schweigt öffentlich, ostentativ, eloquent über 550 gedruckte Seiten hinweg. In den Roman eingestreut sind Verse und Sonette, in denen Pamphilia und andere Figuren ihr Liebesleid besingen. Insbesondere Pamphilias Gedichte inszenieren dabei eine Pose melancholischer Weltabgewandtheit, die sie nicht als öffentliche Äußerung, sondern als heimliches Mittel der Schmerzlinderung erscheinen lassen. Die gesellschaftlich dekretierte Unmöglichkeit für eine Frau, von ihrer Liebe zu sprechen, wird so paradoxerweise zum Anstoß und zur Legitimation ihres Schreibens. Die Grenzen, die die gesellschaftliche Norm weiblichem Schreiben setzt, werden nicht verletzt, sondern kreativ umgedeutet. Pamphilias 'verschwiegene' Gedichte werden allerdings den Augen der Leser keineswegs vorenthalten, sondern vielmehr in einem gesonderten Anhang gesammelt und mit der Romanze zusammen publiziert. Diese Sequenz von 103 Sonetten „Pamphilia to Amphilanthus" stellt Wroth' zweites großes literarisches Werk dar, durch das im poetischen Kanon neben Philip Sidneys „Astrophel und Stella", Shakespeares „Sonetten" oder John Donnes „Liedern und Sonetten" erstmals eine weibliche Stimme hörbar wird.

Philip Sidney hatte mit seinem 1591 erschienenen Sonettzyklus das italienische Vorbild Petrarcas entidealisiert, um damit die Dynamik eines sehr irdischen männlichen Begehrens für eine unerreichbare Frau zu erforschen. Innerhalb der petrarkistischen Sonettkonvention bezieht der Dichter Stimulus und Material für sein Schreiben aus der fortgesetzten Frustration seiner leidenschaftlichen Werbung um die Dame. Die Erfüllung seiner erotischen Wünsche scheitert an ihrer Keuschheit, die der Dichter als Grausamkeit apostrophiert und gegen die er mit ausgeklügeltem Witz und melancholischer Attitüde zu Felde zieht. Die Dame selbst bleibt in diesem Szenario das passive und stumme Objekt des männlichen Begehrens. Wenn Wroth nun der Frau eine Stimme verleiht, kann sie nicht einfach die Geschlechtervorzeichen umkehren, denn aktive Werbung nach dem männlichen Muster verstößt gegen den Moralkodex. Ihre Sonette wenden sich vielmehr nach innen; sie werben nicht direkt um den Geliebten, sondern erforschen die eigene Innerlichkeit der liebenden Frau.[15] Wo das männliche Sonett die Geliebte anredet oder ihr Bild zu fixieren sucht, indem es ihre Schönheit seziert und katalogisiert, da redet Wroth' Pamphilia über die Liebe selbst – der geliebte Mann ist nur schattenhaft anwesend. Wie in ihrer Appropriation männlicher *constancy* für die Begründung eines autonomen, aber zugleich tugendhaften weiblichen Subjekts, so konstruiert Wroth aus den konventionellen Topoi des Petrarkismus eine weibliche Sprechhaltung für das Sonett.

In der Ambivalenz zwischen Privatheit und Öffentlichkeit des Schreibens, zwischen der gebotenen weiblichen Zurückhaltung und demonstrativer, ja tugendstolzer Ausstellung dieser Zurückhaltung, spiegelt sich das frühneuzeitliche Dilemma weiblicher Literatur. Das Schicksal des Buches selbst sollte noch einmal exemplarisch und auf dramatische Weise illustrieren, wie problembehaftet die öffentliche weibliche Rede war. 1621 erschien die „Urania" im Druck, im teuren Folioformat und mit einer repräsentativen, speziell entworfenen Titelillustration. Aber der Druckerpresse hing immer noch ein Odium an – sie war ein Medium, durch das ein Zeitvertreib, der, dem Anspruch in den adligen Schichten nach, allein der Repräsentation des kulturellen Status dienen sollte, von Mechanismen des Marktes befleckt wurde. Castigliones *sprezzatura*, der Anschein von aristokratischer Gelassenheit und des Fehlens jeglicher Anstrengung und Absicht in der perfekten Selbstinszenierung, war mit dem Buhlen um ein anonymes Massenpublikum nur schwer zu vereinbaren. Finanzielle Motive, die die ersten professionellen Schriftstellerinnen am Ende des 17. Jahrhunderts zur Publikation bewegen sollten, können in Mary Wroth' Fall keine Rolle gespielt haben – Autoren wurden von den Buchhändlern mit einer kleinen Pauschalsumme abgespeist. Es ist wesentlich wahrscheinlicher, daß Wroth den Druck selbst finanzierte. Wenn sie allerdings gehofft hatte, an den großen Erfolg von Philip Sidney anzuknüpfen, so wurde sie enttäuscht. Denn schon kurz nach Erscheinen des Buches brach ein Sturm der Entrüstung los. Wie die Leser rasch feststellten, bezog sich Wroth' ostentativer Umgang mit Heimlichkeiten nicht nur auf die Geschichte Pamphilias, in der man eine idealisierte Version ihrer eigenen Affäre mit dem Grafen von Pembroke erkennen konnte. Sie hatte darüber hinaus in nur zu offensichtlicher Weise auf Hofklatsch zurückgegriffen. Allgemein wurde das Buch als Schlüsselroman über reale Begebenheiten verstanden – noch 1640 erhielt Wroth die Bitte eines bewundernden Lesers, doch einen Leitfaden zur Entschlüsselung der richtigen Namen zu übersenden.[16]

Ein gewisser Sir Edward Denny, dessen Tochter mit einem Günstling König Jakobs verheiratet gewesen war, ihm untreu geworden und vom eigenen Vater mit dem Tode bedroht worden war, erkannte seinen Familienskandal in der Episode des Seralius wieder. In klappernden Reimen gegen 'Pamphilia' stempelte er weibliches Schreiben als Transgression von Geschlechtergrenzen ab: Sie sei „der Erscheinung nach ein Hermaphrodit, den Taten nach ein Ungeheuer", sie sei „verrückt", „rasend", „ein betrunkenes Biest". Ein monströses Mannweib, das von exzessiven Leidenschaften besessen sei – wütender konnte sich das Verdikt gegen literarische Frauen nicht artikulieren. Es gipfelt in dem Ratschlag: „laßt eitle Bücher liegen/denn weise und edlere Frauen haben auch keine geschrieben." Wroth retournierte die Polemik, indem sie sich mit spöttischer Souveränität aller Reime Dennys bediente und ihn – nach diesem Zeugnis seiner Verskunst nicht unberechtigt – als „Monster der Kunst" bezeichnete. Trotzdem sah Wroth sich veranlaßt, das Buch nur wenige Monate nach Erscheinen

zurückzuziehen und diese Absicht, samt ihrem Bedauern, daß man sie so
mißverstanden habe, durch einen hochgestellten Höfling auch dem König mitzuteilen.[17]

Der Ausbruch aus der schützenden Privatheit in die weitere Öffentlichkeit
war so für Mary Wroth nur von kurzer Dauer. Die Familie, die ihrem Schreiben
Legitimation, eine literarische Genealogie und einen Formenkanon verschaffte,
blieb der ermöglichende, jedoch auch einschränkende Rahmen ihrer Autorschaft. Bis zu ihrer Wiederentdeckung im 20. Jahrhundert erschienen lediglich
vereinzelte Gedichte von ihr in Anthologien. Der Rest ihres Lebens, bis zu
ihrem Tod 1651 oder 1653, ist nur spärlich, durch geschäftliche Transaktionen
im Zusammenhang mit ihren Schulden, dokumentiert. Sie lebte in einem
Freundes- und Verwandtenkreis, in dem Abschriften ihrer Texte zirkulierten,
ganz wie es der Coterie-Literatur ihrer sozialen Schicht entsprach. Aber auch
dieser halböffentliche Kontext bot genügend Anreiz zum *self-fashioning*, zu
weiteren Dramatisierungen der eigenen Geschichten. So erfuhr die „Urania"
eine Fortsetzung (erstmals publiziert 1999), in der die Figuren Kinder haben
und altern – Wroth setzte das Projekt fort, der idealisierenden maskulinen Gattung eine Verankerung im realen Leben zu geben.

Mit ähnlichem Fokus auf Liebeshändel und -verstrickungen entstand „Love's
Victory", eines der ersten Theaterstücke aus weiblicher Feder, mit dem Wroth
ein weiteres literarisches Genre für Frauen erschloß.[18] Denn mit Ausnahme privater *entertainments* in den adligen Häusern, wovon die Maskenspiele bei Hofe
eine luxuriöse Sonderform waren, waren Frauen von theatralischen Aktivitäten
bis nach der Restauration der Monarchie 1660 ausgeschlossen. Wroth' Stück, in
umständlicher aber korrekter Bezeichnung eine pastorale Tragikomödie, hatte
illustre italienische Vorbilder. Vier Paare repräsentieren vier Prototypen der
Liebe – ideale, keusche, mit menschlichen Fehlern belastete und komisch-
schäferliche Liebe. Ehe sie zusammenkommen, müssen sich die Liebenden
gegen elterliche Arrangements, Eifersucht und Rivalität sowie Keuschheits-
schwüre durchsetzen, zeigen aber auch ideale Freundschaft, die bis zur Selbst-
aufopferung für die Freundin reicht. Über allem präsidiert Venus, die ihren
Sohn Cupido anleitet, in den Herzen Unheil zu stiften, um die Allmacht der
Liebesgöttin über menschlichen Hochmut zu beweisen. Es ist verlockend anzunehmen, daß Wroth, die ja dramatische Erfahrung mit höfischen *masques* mit-
brachte, selbst an einer privaten Aufführung ihres Stücks im Familienkreis beteiligt war. Daß es für einen solchen Zweck gedacht war, bezeugen die Figuren-
namen, die anspielungsreich auf das gleiche Personal von Sidneys verweisen,
das auch in der „Urania" im allegorischen Gewand auftritt.

Wer war Lady Mary Wroth? Ihr *self-fashioning* verschränkte Leben und
Schreiben miteinander, benutzte gleichermaßen den königlichen Hof wie die

Literatur als Bühne. Ihr Leben und ihre Texte verschlangen sich labyrinthisch mit denen der Sidney-Familie. Auch wenn sie das Labyrinth des Familienmythos zu einem weiblichen Erfahrungsraum umgestaltete, auch wenn sie den ritterverschlingenden Minotaurus im Zentrum gegen den Altar der Liebesgöttin austauschte, so blieb sie doch unentrinnbar zwischen seinen Mauern gefangen:

> Auch wenn ich Liebe ewig in mir brennen find,
> Wohin soll ich mich dreh'n in diesem Labyrinth?[19]

Elisabeth Strauss

Margaret *C*avendish, Herzogin von Newcastle
(1623–1673)

Margaret Cavendish, Herzogin von Newcastle.
Frontispiz der „Philosophical and Physical Opinions" (1655) von Peter van Schuppen.

„Wenn ich schon nicht Heinrich V. oder Karl II. sein kann, will ich doch alle Mühe darauf verwenden, Margaret die Erste zu werden". Solche Äußerungen entsprachen nicht gerade dem Bescheidenheitstopos im 17. Jahrhundert, der insbesondere für das weibliche Geschlecht galt, auch für Damen des Hochadels: Margaret Cavendish, Herzogin von Newcastle, war ein *enfant terrible* der Londoner Society, bizarr in Phantasie und Kostüm, penetrant in ihrem Anspruch auf Teilhabe am wissenschaftlichen Diskurs, skandalös in ihrem Streben nach Ruhm. Eine Unzeitgemäße, heimlich verspottet als „Mad Madge", die verrückte Margaret, öffentlich gelobt und gefeiert als Mäzenatin der Universitäten und Dichter.

Vernachlässigt blieben in diesen ganzen Aufgeregtheiten die Inhalte; sie waren damals brisant und sind heute noch nicht zu Ende diskutiert. Zwei Intentionen ziehen sich durch ihr ganzes Werk: die Kritik am Menschenbild ihrer Zeit und die Kritik an der neuen mechanistischen Naturwissenschaft. Beide werden analysiert als Machtverhältnisse – Macht des männlichen Geschlechts über das weibliche, Macht des Menschen über die Natur. Dagegen schrieb sie an: in ihren gesellschaftskritischen Dramen mit kühnen, wissenschaftlich und philosophisch gebildeten Heldinnen, in ihren naturwissenschaftlichen Werken mit der Entwicklung eines Organismusmodells, das von einer beseelten, aktiven Materie ausgeht und die Würde der Natur neu zu begründen versucht.

Margaret Lucas wurde 1623 als jüngstes Kind einer alteingesessenen, adligen Grundbesitzerfamilie in Essex, England geboren. Mit ihren sieben Geschwistern – drei Brüdern und vier Schwestern – wächst sie behütet und sorglos inmitten eines weitläufigen Haushalts auf. Als zwei Jahre nach ihrer Geburt ihr Vater stirbt, übernimmt die Mutter mit großem Talent die finanziellen Geschäfte, eine Begabung, die ihre Tochter geerbt haben muß, denn Margaret half später tatkräftig mit bei der Finanzierung des kostspieligen Haushalts im Pariser und Antwerpener Exil. Auch nach der Heirat einiger Schwestern und Brüder bleibt der Familienverband ungewöhnlich eng: Schwager und Schwägerinnen werden in die Familie integriert und leben die Hälfte des Jahres zusammen auf dem Lucasschen Landgut, isoliert von jeglichem gesellschaftlichen Umgang. Margarets übergroße Schüchternheit, ein Charakterzug, der ihr Zeit ihres Lebens zu schaffen macht, muß sie in Anwesenheit von Fremden – so bei einem Besuch des Königs – nahezu handlungsunfähig gemacht haben: „Ich wagte weder aufzublicken noch zu sprechen, noch mich sonst irgendwie bemerkbar zu machen, so daß man dachte, ich sei geistig ein wenig zurückgeblieben".[1] Die liberale Erziehung durch die Mutter hatte weitreichende Folgen: Eine konventionelle Ausbildung der Tochter im Hinblick auf ihr späteres Leben wurde so sehr vernachlässigt, daß Margaret keinerlei Handarbeiten erlernte, was sie ironisch kommentierte: „Ich hatte nie die Hoffnung, soviel Faden zu spindeln, daß es für einen Mantel gegen kaltes Wetter gereicht hätte".[2] Dafür aber wuchs sie viel freier auf, als es ihren Geschlechtsgenossinnen vergönnt war, eine psychische Disposition, die, verstärkt durch die Auflösung der sozialen Rollen im Bürgerkrieg, die Voraussetzung schuf für den Schritt der introvertierten Margaret aus der Anonymität eines häuslichen Lebens in die Öffentlichkeit einer literarischen Karriere.

Während ihre Brüder in Cambridge studierten, wurde eine intellektuelle Ausbildung der Töchter nicht für nötig gehalten. Nach Meinung der Mutter waren Charakterstärke, Fröhlichkeit und Rechtschaffenheit für eine vorteilhafte Heirat von größerem Wert als das Beherrschen mehrerer Fremdsprachen. Diesen Mangel an geistigem Training thematisierte Margaret Cavendish immer wieder, in den Vorworten ihrer naturphilosophischen Werke ebenso wie in ihren Theaterstücken. So klagt eine ihrer Heldinnen: „Das ist der Grund, warum alle Frauen Dummköpfe sind: Wenn Frauen Frauen ausbilden, bildet ein Narr den anderen aus; solange diese Unsitte dauert, gibt es keine Hoffnung auf Besserung, alte Gewohnheiten werden zur zweiten Natur und die Dummheit wird vererbt".[3] Eine andere ließ sie von einer Erziehung träumen, wie sie den männlichen Mitgliedern des Adels offenstand: „Ich hätte verschiedene Lehrer gehabt und mit ihnen die besten Dichter, die besten Historiker, die besten Moral- und Naturphilosophen gelesen, die besten Grammatiker, Arithmetiker, Mathematiker, Logiker (...)."[4] Nur in Familien, die mit dem Puritanismus sympathisierten und den Frauen eine aktive Rolle in der Öffentlichkeit zugestanden, wurde der Bildung der Töchter größere Bedeutung beigemessen. Im allgemeinen jedoch galt, was Bathsua Makin, eine Schülerin der gelehrten Anna Maria von Schurmann und selbst zeitweise Erzieherin in der Stuart-Familie, mit bitterem Spott schrieb, daß nämlich eine gebildete Frau dieselbe Assoziation auslöste wie ein Komet: wann immer er erscheint, bringt er Unglück.

Aber Margaret muß mit einer Feder in der Hand zur Welt gekommen sein. Ihrer mangelhaften Ausbildung zum Trotz kritzelte sie in ihrer Kinderzeit nicht weniger als 16 „Baby-books" voll, mit ungelenker Schrift und phantasievoller Orthographie. Die Freude am Schreiben verließ sie ihr ganzes Leben nicht: In einer Zeitspanne von 20 Jahren veröffentlichte sie fünf wissenschaftliche Abhandlungen, fünf Sammlungen mit Dichtungen und fiktionalen Werken, zwei Bände Essays und Briefe und zwei Bände mit Theaterstücken.

1639 wird das Landgut der Lucas von der verarmten, gegen die reformunwilligen Royalisten aufgebrachten Landbevölkerung geplündert und die Familie für kurze Zeit unter Arrest gesetzt – eines von unzähligen ähnlichen Vorkommnissen, Präliminarien des 1640 ausbrechenden Bürgerkriegs. Margaret scheint den Vorfall verdrängt zu haben, ihre Autobiographie erwähnt die Plünderung – in deren Verlauf ihre geliebte Mutter durch einen Schwerthieb fast ums Leben gekommen wäre – mit keinem Wort. In enge Berührung mit den politischen Ereignissen kommt sie erst, als sie 1643 mit zwanzig Jahren auf ihren drängenden Wunsch gegen den Rat ihrer Familie Hofdame der englischen Königin Henrietta Maria wird. Einige Monate darauf, als die royalistische Armee von Cromwells Truppen geschlagen wird, flieht sie mit Henrietta Maria und deren Hofstaat ins Exil nach Frankreich.

Von der Leichtlebigkeit des französischen Hofes mit seinen Intrigen und Affären ist die schüchterne Margaret derart schockiert, daß sie ihre Mutter bittet, nach Hause zurückkehren zu dürfen, was diese, um die Reputation ihrer Tochter besorgt, ablehnt. Als sich ein über 50jähriger Witwer, der hochdekorierte Generalfeldmarschall William Cavendish, Marquis von Newcastle, in sie verliebt und ihr täglich ein Liebesgedicht überbringen läßt, reagiert sie zunächst diplomatisch zurückhaltend: „My Lord, ich fürchte, andere Leute sehen voraus, daß wir unglücklich werden, obwohl wir selbst es nicht glauben, sonst würden nicht solch große Anstrengungen unternommen, unseren Liebesbund wieder aufzuknüpfen. Ich muß Ihnen bekennen, daß, genau wie Sie gute Freunde haben mögen, die Sie beraten, auch ich Freunde habe, die mir raten. Diese haben mich, als sie von Ihrer Zuneigung zu mir erfuhren, vor Ihnen gewarnt, denn Sie hätten sich schon vielen Damen in gleicher Weise erklärt und doch keiner die Treue gehalten."[5] Die Intrigen der Hofgesellschaft, die Margaret Lucas für keine standesgemäße Partie hielt, parierte der Kavalier jedoch elegant und überzeugte so nicht nur Margaret von der Ernsthaftigkeit seiner Gefühle, sondern auch die Königin von der Nützlichkeit der Verbindung. Nachdem letztere ihre Zustimmung gegeben hatte, heirateten William und Margaret 1645 in St. Germain.

Die Ehe muß sehr harmonisch gewesen sein, blieb aber kinderlos. Ihr Mann, Vater von Söhnen und Töchtern aus seiner ersten Ehe, konsultierte deswegen mehrere Ärzte, deren Ratschläge, von der Trinkkur – „spa-waters" – bis zum obskuren Hexengebräu, ohne die erwünschte Wirkung blieben. Margaret Cavendish zeigte sich öffentlich nicht besonders betrübt von ihrer Kinderlosigkeit. Unfruchtbarkeit sei nur dann tragisch, wenn dadurch die Erblinie des Mannes abbrechen würde, schrieb sie an einen ratsuchenden Bekannten. Ansonsten gäbe es keinen Grund für die Frau, sich Kinder zu wünschen, denn sie riskiere ihr Leben durch die Geburt und habe den weitaus größten Teil der Mühen, sie großzuziehen. Das kann, genauso wie ihre Verachtung gegenüber der 'Konsumsucht' von schwangeren Frauen, als Kompensation eines unerfüllten Wunsches gedeutet werden; immerhin war Margaret Cavendish in ihrem Denken jedoch so frei, ihre Kinderlosigkeit zielsicher als Argument einsetzen zu können, um sich bei ihrer Leserschaft für ihr „unangemessenes" Interesse an Naturphilosophie zu rechtfertigen: „Wer auch immer mein Buch liest, sollte mich nicht zu hart kritisieren. Denn ich [habe] keine Kinder, um die ich mich kümmern muß (…)."[6]

Durch ihren Mann, der in England eine heute als „Newcastle-Kreis" bezeichnete Gruppe von *virtuosi* und Wissenschaftlern um sich versammelte, wird sie mit den aktuellen Ideen des 17. Jahrhunderts bekannt. Auch im französischen Exil traf sich der Kreis erneut bei den Cavendishs. Thomas Hobbes, durch lange Hauslehrertätigkeit mit der Familie Cavendish verbunden, ist dabei, ebenso der französische Philosoph und Theologe Pierre Gassendi. 1647 findet in den Pariser Räumen von William und Margaret Cavendish ein Dinner statt, zu dem mit Gassendi, Hobbes und dessen philosophischen Erzfeind Descartes die führenden Köpfe einer neuen Naturphilosophie zusammentreffen.

Es wird über aktuelle Moden in Literatur und Architektur, über Gartenbau und bildende Kunst diskutiert, vor allem aber über neue Erkenntnisse in der Naturphilosophie; die Fallgesetze des Galileo Galilei, die neuen astronomischen Berechnungen der elliptischen Planetenbewegung von Johannes Kepler, die Entdeckung des Blutkreislaufs durch William Harvey und die Entstehung der Welt überhaupt. Die seit dem Mittelalter maßgebende Physik des Aristoteles war durch die neuen Entdeckungen in der Astronomie, Anatomie und Mechanik unbrauchbar geworden, viele neue Phänomene konnten mit der alten Theorie nicht erklärt werden. Im Rückgriff auf eine antike Naturlehre, den Atomismus des Demokrit und Epikur, versuchten die *moderni*, eine neue Naturtheorie zu entwickeln, die die Beschaffenheit von Körpern und ihre beobachtbare Wechselwirkung erklären konnte. Dazu reduzierten die mechanistischen Philosophen die Natur auf eine Ansammlung träger, unbelebter Materiepartikel, deren Beziehungen in einer physikalischen Ordnung genau festgelegt waren. Veränderungen in unserer sichtbaren Welt waren nicht mehr – wie in der aristotelischen Physik – Ergebnisse eines geheimnisvollen, inneren Prozesses, sondern Wirkung einer äußeren Kraft, die nach den Gesetzen der Mechanik berechnet werden konnte und in voraussagbarem Verhalten der Materie mündete. Die Welt funktionierte für sie wie eine riesige Maschine. Wie bei einem Uhrwerk greift ein Rädchen ins andere. Gott, der diese Riesenuhr geschaffen hatte, sorgte als Mechaniker dafür, daß sie nicht stehenblieb – die Uhr wurde zur Leitmetapher der mechanistischen Philosophie.

Für die wissenschaftliche Neugier von Margaret Cavendish müssen die ersten Jahre ihrer Ehe wie ein ausgedehnter Intensivkurs in zeitgenössischer Mathematik, Medizin, Physik und Philosophie gewesen sein – eifrig und unermüdlich unterstützt von ihrem Schwager Charles, vor allem aber von ihrem

Mann, der sie später nicht nur nach ihrem Belieben publizieren läßt, sondern ihr in jedes ihrer Bücher Epigramme schreibt, die eine liebevoll bewundernde Haltung gegenüber ihrer philosophischen Begabung zeigen. Sie dankte es ihm mit der Widmung aller ihrer Werke.

Als 1648 ein militärischer Vorstoß des exilierten Prinzen in Schottland mißlingt und viele Royalisten, darunter auch Margarets Bruder Charles Lucas, getötet werden, zerschlägt sich die Hoffnung, bald nach England zurückkehren zu können. Unter dem Eindruck ihrer prekären finanziellen Situation und der Angst vor der Fronde in Frankreich siedeln die Cavendishs nach Antwerpen um und richten sich dort auf ein langjähriges Exil ein. William Cavendish mietet von Helena Fourmint, der Witwe von Peter Paul Rubens, die prachtvolle Villa des Malers. Das großzügige Haus im Renaissance-Stil weist geradezu symbolisch auf die Geschicktheit von Margarets Ehemann hin, über äußerst widrige Umstände zu triumphieren. Denn gemessen an seinen spärlichen Einkünften aus dem gelegentlichen Verkauf von Rassepferden hätte er eher in bescheidenen Unterkünften logieren müssen. Aber gerade der luxuriöse Lebensstil scheint für die Gläubiger der Beweis seiner Kreditwürdigkeit gewesen zu sein. Auch die Stadtväter von Antwerpen ließen sich überzeugen und erließen dem royalistischen Exilanten sämtliche Steuern. So verbrachten die Cavendishs über 10 Jahre im holländischen Exil.

Besonders beeindruckend müssen dort die harten Winter gewesen sein. „Madam, ich muß Ihnen mitteilen" berichtet Margaret Cavendish einer fiktiven Briefpartnerin in den *Sociable Letters*, „daß ich diesen Brief nur mit großer Mühe schreiben kann, denn obwohl ich so nahe beim Kamin sitze, daß meine Kleider schon angesengt sind, ist die Kälte doch so grimmig, daß die Tinte nicht nur im Tintenfaß gefriert, sondern sogar an der Feder, mit der ich schreibe, so daß ich sozusagen eine Eisschreiberin bin. Auch die Gedanken in meinem Kopf scheinen zu erfrieren, so langsam bewegen sie sich".[7] Das Thema Kälte setzt bei ihr eine ganze Assoziationskette in Gang, ein Beispiel für ihre literarische Anverwandlung des vor kurzem Geschehenen – dem Krieg:

Zur Zeit haben wir hier die Kälte in ihrer ganzen Kraft, wie eine Schneeflocken-Armee, mit Hagelmunition statt Kugeln, und Wind statt Pulver, außerdem riesige Eisschollen, die im Meer schwimmen und die kleinen Flüsse verstopfen. Des weiteren schießt General Kälte mit seiner Armee messerscharfe Speere, die so dicht und schnell fliegen und so scharf sind, daß sie in die Poren aller Geschöpfe dringen. Viele Tiere erstarren und sterben gefühllos, obwohl die Menschen sich mit aller Kraft gegen die Kälte stemmen mit einer Pelz-Armee, in der jedes Härchen stramm steht wie eine Reiterschwadron mit Lanzen, um den Angriff der Kälte zu parieren (…).[8]

1651 kehrt sie für eineinhalb Jahre mit ihrem Schwager Charles nach England zurück, um Geld für die Gläubiger ihres Mannes aufzutreiben; ihr Mann, der Oberbefehlshaber der königlichen Truppen gewesen war, durfte als Hochverräter das Land nicht betreten. Die demütigende Behandlung durch das Parlament, vor dem Margaret Cavendish einen Antrag auf Restituierung der konfiszierten Landgüter und Schlösser ihres Mannes stellte, und das anschließende monatelange Warten auf den (schließlich) negativen Bescheid verstärkte ihre ohnehin melancholische Disposition. Bis auf den Besuch einiger Konzerte und die Ausfahrten mit ihren Schwestern im Hyde Park lebt sie sozial isoliert. Dieses Leben im Wartezustand, ohne gesellschaftliche Verpflichtungen, läßt Margaret Cavendish Zeit zu intensiven Gesprächen mit Walter Charleton, einem Arzt und Naturphilosophen, den sie in Frankreich kennengelernt hatte. Mit ihm, dem Kenner und Anhänger des Atomismus, kann sie über die Entstehung der Welt, die Eigenschaften der Materie, das Vakuum und die Unendlichkeit diskutieren.

1653 erscheinen in London in kurzer Folge ihre ersten beiden Bücher, „Poems and Fancies" und „Philosophicall Fancies" – zwei Bände mit in Gruppen geordneten Gedichten und kurzen Prosastücken zu den Bereichen Naturphilosophie und Moralphilosophie, „fancies" und Dialoge zwischen Natur und Mensch –, die eine Sensation auslösen: Margaret Cavendish hatte nicht das für Frauen übliche männliche Pseudonym gewählt, sondern selbstbewußt unter ihrem eigenen Namen veröffentlicht. Während ihr Gesprächspartner im Antwerpener Exil, der niederländische Wissenschaftler Constantijn Huygens, unvoreingenommen zur Lektüre schritt – „Ich bin auf diese Dame gestoßen bei der Lektüre ihres wundervollen Buches, dessen extravagante Atome mich fast die ganze letzte Nacht vom Schlafen abhielten" schrieb er an eine Freundin[9] –, war die englische Öffentlichkeit entsetzt. Die Literaten empörten sich über die zahlreichen Fehler in Orthographie, Sprachrhythmus und Reim. Der Lärm von dieser Seite wurde erst geringer, als Cavendish später ihren Drucker wechselte und – zusätzliche Vorsichtsmaßnahme – einen Sekretär einstellte, dem sie diktierte. Den Vertretern des Atomismus kamen die Bücher wissenschaftspolitisch äußerst ungelegen. Sie befürchteten eine vorschnelle Verurteilung ihrer neuen Theorie in der Fachwelt durch die offensichtlich atheistischen Tendenzen in Cavendishs Naturgedichten.

> Winzige Atome formen die Welt,
> Subtil und in jeder Gestalt.
> Tanzend finden sie den richtigen Platz:
> Die, die zueinander passen, bilden die Arten.
> So finden die Atome im Tanz ihren Ort
> Wo sie bleiben, eng aneinandergeschmiegt und fest verbunden.[10]

Die Entstehung der Welt als einmaliger, endgültiger Schöpfungsakt wird aufgelöst in einen Prozeß, den kosmologischen Tanz, dem die Verbindlichkeit des göttlichen Maßstabs genommen ist. Auch ist die ständige Präsenz Gottes – ein Dogma der Kirche – unnötig, denn die Atome gestalten und verändern die

Welt aus eigener Kraft. Darüber hinaus behauptete Cavendish, daß die menschliche Seele beim Tod mit dem Körper zerfalle, also sterblich sei, eine ähnliche Position, wie Thomas Hobbes sie zwei Jahre zuvor in seinem skandalösen Werk „Leviathan" vertreten hatte. Obwohl Margaret Cavendishs Bücher als verrückte Machwerke galten, verdoppelte die Fachwelt ihr Bemühen, sich in eilig veröffentlichten Büchern von atheistischen Tendenzen der neuen Naturtheorie zu distanzieren und sie mit argumentativer Raffinesse der Kirche schmackhaft zu machen – eine Konzession, die für Margaret Cavendish so weit entfernt war wie der Mond von der Erde. „Immer noch besser ein Atheist als ein abergläubischer Mensch! Denn der Aberglaube verachtet die Natur des Menschen und erzeugt Grausamkeit gegenüber allen Dingen."[11]

Die Öffentlichkeit schließlich wertete eine weibliche Autorschaft schlicht als Verstoß gegen den guten Geschmack: „Darf ich Sie zu allererst fragen, ob Sie vielleicht den gerade herausgekommenen Gedichtband von Lady Newcastle gesehen haben? Wenn Sie ein Exemplar bekommen können, schicken Sie es mir bitte. Man sagt, es sei noch extravaganter als ihre Kleidung. Sicher ist die arme Frau ein bißchen verrückt, sonst hätte sie nicht so etwas Lächerliches unternommen wie Bücher zu schreiben, und noch dazu in Versen"[12], schrieb Dorothy Osborne an William Temple. Auch der Poet Edmund Waller, ein Freund der Familie, fügte seinem literarischen Lob über eines ihrer schönsten Gedichte, „Die Hirschjagd", kopfschüttelnd den Tadel an, daß man eine Dame daran hindern sollte, sich durch solch abstoßenden Auftritt der Blamage auszusetzen.

Margaret Cavendish hatte das alles vorausgesehen. Die ungewöhnlich zahlreichen Vorworte in ihren Büchern zeugen von dem Bewußtsein, die sozialen Regeln verletzt zu haben: „Ich fürchte, meine eigenen Geschlechtsgenossinnen werden mich kritisieren, und die Männer werden mein Buch verlachen. Sie denken, daß Frauen sich zu sehr in ihre Privilegien einmischen. Denn sie halten Bücher für ihre Krone und das Schwert für ihr Zepter, und damit regieren sie die Welt."[13]

Zum Tadel der Gesellschaft wegen Mißachtung der Konvention kam ein – für Cavendish weit ernsterer – Vorwurf, der schreibenden Frauen der Renaissance und Frühen Neuzeit – über alle Ländergrenzen hinweg – immer wieder gemacht worden ist, nämlich der des Plagiats, ein Zweifel an ihrer Autorschaft. „Zwar ist die Art, wie ich argumentiere, ganz gewöhnlich, aber die Prinzipien, Grundlagen und Ergebnisse sind meine eigenen, weder geliehen noch gestohlen von irgend jemand anderen"[14], rechtfertigt sich Margaret Cavendish. Das Titelblatt von „Philosophical and Physical Opinions" in der Ausgabe von 1655 zeigt Margaret Cavendish in einem leeren Zimmer an ihrem Schreibtisch, nur mit Papier, Tintenfaß, Uhr und Glocke vor sich, umschwebt von Putti, die sie mit dem Dichterlorbeer bekränzen. Eine Bibliothek ohne Bücher. Unter das Bild ließ sie die Erklärung setzen:

> Sie arbeitet fleißig ganz allein,
> Und hat doch viele Besucher:
> Ihr Kopf ersetzt die Bibliothek
> Und ihre Gedanken sind ihre Bücher;
> Kalte Asche ohne Feuer verachtend
> Wird sie inspiriert von den eigenen Flammen.

Als die Vorwürfe nicht verstummen, appelliert ihr Mann an die Solidarität der intellektuellen Gemeinde und enthüllt gleichzeitig den wahren Grund des Vorwurfs: „Ich kann einfach nicht glauben, daß gelehrte Männer, die wir beide sehr verehren, ihre Würde so weit vergessen, daß sie dieser Dame aus Neid oder Boshaftigkeit unterstellen, sie habe die Bücher, die ihren Namen tragen, gar nicht selbst verfaßt (...). Das wirkliche Vergehen ist doch, daß eine Frau sie geschrieben hat. So weit in die männlichen Privilegien einzudringen kann nicht verziehen werden. Aber ich bin sicher, integre Gelehrte werden sie höflich behandeln, denn sie ist eine von ihnen."[15] William Cavendish täuschte sich. Margaret wurde nicht in die Gelehrtengemeinde aufgenommen. Aber hartnäckig versandte sie ihre kostbar gebundenen großformatigen Werke an bedeutende Philosophen und Wissenschaftler ihrer Zeit, darunter Thomas Hobbes und Henry More.

Die Publikation ihrer ersten Werke wartete Margaret Cavendish nicht ab, sondern kehrte zu ihrem Mann nach Antwerpen zurück, als sie die Nachricht von seiner Krankheit erreichte. Bis zu ihrer endgültigen Rückkehr nach England erscheinen drei weitere Foliobände: „The Worlds Olio", eine Sammlung von Essays, Aphorismen und Beobachtungen, zu der auch ihr Mann beitrug, erschien 1655; im gleiche Jahr erschien „Philosophical and Physical Opinions", eine wesentlich erweiterte Fassung ihrer „Philosophical Fancies"; und 1656 schließlich „Natures Pictures drawn by Fancies Pencil to the Life", ein Band mit Erzählungen in Prosa und Gedichten. Buch 11 dieser Ausgabe ist eine bemerkenswerte Autobiographie Margaret Cavendishs, die ein lebendiges Portrait des Alltags einer Adelsfamilie im 17. Jahrhundert zeichnet: „A True Relation of my Birth, Breeding and Life".

1658 starb Oliver Cromwell und die Verhandlungen um die Rückkehr des Königs begannen. 1660 segelte William Cavendish dem König voraus, um ihn auf der Heimaterde willkommen zu heißen. Margaret blieb noch einige Monate als 'Pfand' in Antwerpen zurück, bis ihr Mann die nötige Summe in England auftreiben konnte, um seine Schulden in Antwerpen begleichen zu können. In London erhielt er durch königliches Dekret seine Ländereien zurück und wurde für seine Loyalität mit dem Herzogstitel geadelt. Da Karl II. ihm trotz dieser Dankesbezeugungen zu verstehen gab, daß seine Dienste am Hof nicht mehr benötigt würden, zog er sich auf seine Landgüter zurück, eine Entscheidung, die Margarets Temperament, aber auch ihrer Absicht, sich außerhalb von gesellschaftlichen Zwängen ihren Studien zu widmen, entgegenkam.

In kurzer Folge erscheinen ihre nächsten Werke: „Playes" (1662), ein Band mit Theaterstücken; „Orations of divers Sorts accommodated to divers Places" (Reden für alle Gelegenheiten, für Beerdigungen, Hochzeiten, Gerichtssäle und Schlachtfelder, 1662) und 1664 „Sociable Letters", eine Briefsammlung an eine unbekannte Dame, die vor allem Gesellschaftskritik enthält. Nach dem Durchschreiten der literarischen Gattungen wendet sich Cavendish wieder der Naturphilosophie zu. Sie, die bisher ausschließlich dem eigenen Genius vertraute, beginnt, sich für die Werke ihrer berühmten philosophischen Zeitgenossen zu interessieren und ordert die Bücher ihrer Gesprächspartner im Exil, unter anderem den „Discours de la méthode" von Descartes, den sie, die nie Fremdsprachen gelernt hatte, ins Englische übersetzen läßt.

1664 veröffentlicht sie „Philosophical Letters", eine Auseinandersetzung mit vier Philosophen ihrer Zeit, Descartes, Hobbes, Van Helmont und Henry More. Der letztere, führender Kopf der berühmten Cambridge-Platoniker, war nicht sonderlich begeistert: „Lady Newcastle hat mir mal wieder zwei ihrer Bücher geschickt zur Vervollständigung meiner Bibliothek, einen Gedichtband und noch einen anderen, größeren mit Briefen, die mich angehen; etwa dreißig dieser Briefe beschäftigen sich nämlich mit der Widerlegung meiner philosophischen Lehrsätze", schrieb er an Lady Anne Conway, die er in die neuplatonische Philosophie eingeführt hatte und die selbst eine vitalistisch-monistische Philosophie entwickelte. Mit der Bosheit des gekränkten Genies fügte er noch hinzu: „Sie fürchtet, daß irgendein Mann seine Hosen aus- und einen Unterrock anzieht, um sie in dieser Verkleidung zu kritisieren. Sie äußert diesen Verdacht in ihrem Buch, aber ich glaube, sie kann sicher sein, daß sich niemand die Mühe machen wird, ihr zu antworten."[16] Zugleich aber mußte er sich – dem hohen gesellschaftlichen Rang von Margaret Cavendish verpflichtet – für die Sendung bedanken. Er tat es und zeichnete, vermutlich zähneknirschend, mit „Ihr Ihnen ergebener und dankbarer Bewunderer." Dankbar zu sein, hatte er eigentlich keine Veranlassung, denn Cavendish hatte sich aus seinem Buch „Antidote against Atheism" – Gegengift für den Atheismus – treffsicher die Schwächen seiner neuplatonischen Philosophie ausgesucht, um ihn, vor dem Hintergrund ihrer eigenen Philosophie – und die war streng materialistisch, ohne Geister und unsterbliche Seelen – zu attackieren. Für Henry Mores Bild von der Seelenwanderung hatte sie entsprechend wenig übrig: „Die materielle oder natürliche Seele ist weder eine Reisende, die von einem Körper zum anderen wandert, noch wohnt sie in der Luft! Wenn sich die menschliche Seele durch das weite Weltall bewegt, würde sie doch schließlich von der endlosen Wanderung erschöpft sein! Es sei denn, sie träfe auf die Seele eines Pferdes und könnte sich die Reise durch einen bequemen Ritt erleichtern."[17]

Wer weiß, ob sich nicht auch Descartes, hätte er bei Erscheinen des Buches noch gelebt, über seine schüchterne Gastgeberin geärgert hätte? Cavendish war

nach der Lektüre des „Discours" entsetzt über die scharfe cartesianische Grenz-
ziehung zwischen Geist und Materie und deren Folgen für das Naturverständ-
nis. In ihrer Naturtheorie besitzt jedes Materieteilchen, sei es noch so klein,
einen Anteil an Vernunft. Alles, was existiert, ist für sie mit Vernunft begabt; es
gibt keine vernunftlose, träge, passive Materie. Von diesem Standpunkt aus gesehen ist die cartesianische Metaphysik eine Provokation, denn sie reißt Un-
trennbares, nämlich Körper und Seele, auseinander und erklärt die Seele zur
geistigen, immateriellen Substanz. Im Zweifeln an seiner Außenwelt hatte Descartes als einzige Sicherheit seiner Existenz sein Denken erkannt – *cogito ergo
sum, ich denke, also bin ich* – und daraus folgend die Trennung von Geist und
Körper vollzogen. Dieser Dualismus zerreißt für Cavendish die Einheit der
Natur. Aber er hat noch einen anderen Aspekt, der ihrer ethischen Intention
diametral entgegengesetzt ist: durch das *ich denke, also bin ich* wird der Geist zu
etwas Gewisserem als die Materie und die Vernunft gewinnt ungeheure Bedeutung. Sie wird zum Maßstab, an dem die – nun entfremdete – Natur gemessen und definiert wird.

Die Ausschließlichkeit, mit der Vernunft allein dem Menschen zugeschrieben
wird, zeigt sich an dem einzigen gültigen Ausdruck von Verstand: der Sprache.
Descartes – wie auch Hobbes – glaubt an dem fehlenden Sprachvermögen der
Tiere nachweisen zu können, daß sie keinen Verstand haben, indem er alle Le-
bensäußerungen zu rein mechanischen Reaktionen auf äußere Reize erklärt
hatte, die keine Unterscheidung der Tiere von Automaten zulassen. Dieses noch
nie dagewesene Selbstverständnis, den Menschen als alleiniges Verstandeswesen
über die Natur zu erheben, wird von Margaret Cavendish heftig attackiert.
„Obwohl die Tiere kein Sprachvermögen haben, folgt daraus noch lange nicht,
daß sie überhaupt keinen Verstand besitzen (…). Der Mensch kann nämlich
weder alle Fähigkeiten noch die Handlungsmöglichkeiten aller anderen Lebewesen kennen, ja nicht einmal die seiner eigenen Gattung (…). Mag er auch
eine bestimmte Art des Wissens in Philosophie und anderen Wissenschaften
haben; andere Lebewesen haben eine andere Art von Wissen. Dieses kann für
ihre spezielle Gattung genauso intelligent und instruktiv sein wie dasjenige, das
Menschen haben. Die Unwissenheit der Menschen anderen Kreaturen gegenüber ist der Grund, diese zu verachten, und sich selbst wie kleine Götter zu
fühlen".[18]

Die Kritik an den Theorien der mechanistischen Philosophen führte zur
Schärfung und Klärung der eigenen Argumente. In „Observations upon Experimental Philosophy" (1666) ist die Materietheorie wesentlich differenzier-
ter. In ihrer Kerndefinition von Natur wird das zugrunde liegende organische
Denken und seine ethischen Implikationen deutlich. „Die Natur ist ein einziger, unendlicher, mit Selbstbewegung, Leben und Bewußtsein begabter Körper,
bestehend aus den drei Stufen der Materie, der unbeseelten, der sinnlich wahr-

nehmenden und der rationalen, die so miteinander vermischt sind, daß kein
Teil der Natur, selbst wenn es ein Atom wäre, ohne eine dieser drei Stufen existieren könnte; die sinnlich wahrnehmende Materie ist das Leben, die intellektuell wahrnehmende die Seele und der unbelebte Teil ist der Körper der unend-
lichen Natur."[19] Diese Eigenständigkeit der Natur, die sich aus ihrer unendli-
chen Potentialität heraus dem Zugriff des Menschen entzieht, wird von
Margaret Cavendish vehement verteidigt. Ihre besonderen Gegner sind die Vertreter der Neuen Wissenschaft, die sich in euphorischem Überschwang als Meister und Besitzer der Natur betrachteten, wie z. B. Descartes. „Ich kann nicht
verstehen, was sie mit unserer Macht über Ursachen und Wirkungen der Natur
meinen; lediglich ein spezieller Effekt mag ein wenig Macht ausüben können
auf einen anderen. Aber weder können Naturursachen noch Naturwirkungen
vom Menschen in seine Gewalt gebracht werden, so als stünde er eine Stufe
über der Natur. Er wird sich der Natur fügen müssen gemäß der Ordnung, die
sie ihm vorgibt. Denn der Mensch ist nur ein kleiner Teil von ihr und seine
Stärke erweist sich als *ihre* Wirkung. Deshalb kann er niemals absolute Macht
erlangen".[20] Gegen den Enthusiasmus der Neuen Wissenschaft hatten Margaret
Cavendishs Mahnungen freilich keine Chance, ernstgenommen und diskutiert
zu werden, zu groß waren die Erfolge mit den neuen Methoden und technischen Erfindungen wie Teleskop und Mikroskop.

Polemisch und satirisch – und natürlich phantastisch – versuchte Cavendish,
ihre Teleskop- und Mikroskopkritik in einem fiktionalen Rahmen zu verdeutlichen: sie schrieb eine Utopie „The Description of a New World, called The
Blazing World", in der die Heldin nach ihrem Schiffbruch auf einer Insel mit
intelligenten, wissenschaftlich und philosophisch gebildeten Tieren landet und
von ihnen zur Herrscherin gewählt wird. Mit ihnen diskutierte sie ihre eigenen
Positionen und entfaltete einen Wissenschaftsdialog, wie er Margaret Cavendish im eigenen Leben versagt geblieben ist.

Ihr bekanntestes Werk, die Biographie ihres Mannes „The Life of the Thrice
Noble, High and Puissant William Cavendishe, Duke, Marquess and Earl of
Newcastle (…)", erscheint 1667. Dieses Buch wird ihr größter literarischer Erfolg. Es erfährt die meisten Nachdrucke, bis in unser Jahrhundert. Es gilt als
eine der ersten Biographien, die Persönlichkeit und Charakter größere Bedeutung beimißt als den historischen Ereignissen. Freilich hatte Margaret Cavendish mit solch veröffentlichter Intimität ein Tabu gebrochen. Samuel Pepys, der
Londoner Tagebuchschreiber, notierte angewidert: „Dann nach Hause. Dort
die lächerliche Geschichte des Lord Newcastle gelesen, geschrieben von seiner
Gattin, die ein verrücktes, eingebildetes, lächerliches Weib sein muß und er ein
Esel, daß er ihr gestattet, in solcher Weise über ihn zu schreiben".[21] Es blieb ihr
einziges Werk, das in die Wissenschaftssprache Latein übersetzt wurde – von
ihrem Freund Walter Charleton. 1668 schließlich folgt noch ein Stückeband

„Playes never before printed" und ihr letztes Werk über Naturphilosophie, „Grounds of Natural Philosophy".

Margaret Cavendish führt ein fast klösterlich zurückgezogenes Leben, bis auf wenige Auftritte in der Öffentlichkeit, die um so spektakulärer waren. Dazu gehört ihr Besuch in der Royal Society im Mai 1667. Fünf Jahre nach der Gründung war die methodisch an Bacons Empirie orientierte Royal Society das Zentrum von wissenschaftlicher Forschung und Diskussion in England geworden, zudem eine Anlaufstelle für die Kommunikation unter den europäischen Gelehrten. Die Trennung zwischen Wissenschaftlern und Laien war noch nicht vollzogen, so daß sich unter den Mitgliedern auch eine große Zahl von *virtuosi* – wissenschaftlichen Dilettanten – befand, die die Ergebnisse ihrer Forschung über den kleinen Zirkel der Wissenschaftler 'vom Fach' hinaus dem weiten Kreis von enthusiastischen Anhängern und Förderern bekannt und verständlich zu machen suchte. Der Einladung von Margaret Cavendish war eine Diskussion unter den Mitgliedern der Royal Society vorausgegangen, die befürchteten, sich durch den Besuch einer Dame dem Gespött der Fachwelt auszusetzen und die aristokratische Respektabilität der Gesellschaft zu gefährden. Ohne die freundschaftlichen bzw. familiären Bindungen zu diversen Mitgliedern – so gehörte William Cavendish zu den Gründungsmitgliedern, und Walter Charleton, der eine freundliche Begrüßungsrede für sie geschrieben hatte, übernahm als aktives Mitglied Aufträge für Experimente und Berichte – wäre das Vorhaben wohl gescheitert. Selbstverständlich konnte sie auch nicht an einer regulären Sitzung teilnehmen, sondern wurde zu einer außerordentlichen gebeten. Trotzdem war ihr Besuch von solcher Ungewöhnlichkeit, daß er zu einem Massenauflauf vor Arundel House, seit dem großen Feuer von London der provisorische Tagungsort der Royal Society, führte. Ihr Besuch ging in die Annalen der Royal Society ein – die ehrwürdige Institution blieb fast 300 Jahre von weiterem weiblichen Besuch verschont – und ist das am besten erforschte Ereignis in Margaret Cavendishs Leben.

Die Sitzung wurde vom Präsidenten mit Routineangelegenheiten eröffnet, weil sich Margaret Cavendish verspätet hatte. Der Sekretär berichtet von einem Experiment des Dr. Walter Pope aus Exeter, der die Mägen von Kormoranen untersucht und Würmer darin gefunden hatte, die er für die Ursache der Gefräßigkeit dieser Vögel hielt. Nach der Diskussion dieser These berichtet eine anderes Mitglied von einem menschlichen Experiment: er hatte einem Mann das Zwerchfell herausoperiert und festgestellt, daß sein Patient den Eingriff unerwarteterweise überlebt hat. Als Margaret Cavendish eintrifft, ist ihr Auftritt eine spektakuläre Inszenierung. Die Anzahl ihres Gefolges – sechs Hofdamen allein tragen ihre Schleppe, des weiteren hat sie eine stadtbekannte Sängerin und einen kleinen schwarzen Jungen bei sich – bringt die Versammlung in Verlegenheit: der Sitzungsraum muß ummöbliert werden, erst dann kann die für sie vorbereitete Vorführung beginnen.

Unter der Leitung von Robert Boyle und Dr. Robert Hooke wurden ihr die
neuesten Experimente gezeigt: angefangen mit dem Wiegen von Luft – unter
Verwendung der Boyleschen Luftpumpe – über das Mischen von farbigen Flüs-
sigkeiten für neue seltene Farbkombinationen bis zum Vorführen eines riesigen
Magneten, der Eisenstaub zu seinen Polen hinzog. Und natürlich führte man
ihr ein Hookesches Mikroskop vor, das im Ruf stand, zu den exaktesten seiner
Zeit zu gehören. Dies allerdings dürfte kaum eine Sensation für sie gewesen
sein, denn in ihrem Buch „Observations upon Experimental Philosophy" erwähnt sie in der Widmung an ihren Mann die Sammlung von Mikroskopen
und diversen optischen Gläsern, die er aus dem holländischen Exil mitgebracht
hatte. Trotzdem war sie voller Bewunderung für die Vorführungen, und es stellt
sich die Frage, wie sie, die das Experiment in ihren späten Werken scharf kriti-
sierte und statt dessen der „rational contemplation", der vernunftorientierten
Betrachtung der Natur, den Vorzug gab, sich in solche Begeisterung versetzen
lassen konnte.

Der Streit um die richtige Methode bei der Erforschung der Natur muß wohl
in den Hintergrund getreten sein zugunsten der Erfüllung ihres sehnlichsten
Wunsches: mindestens für die Zeit des Besuches, einen Augenblick lang in die
ihr sonst verschlossene Wissenschaftgemeinde aufgenommen worden zu sein
und an deren Diskurs teilnehmen zu dürfen. Nach all der Ablehnung und dem
Spott, über die sie in ihren Vorworten so häufig Beschwerde führt und die
scharfsinnig analysiert werden als Reaktion einer die Frauen ausschließenden
intellektuellen Gesellschaft, muß sie sich belohnt gesehen haben für ihr Durch-
haltevermögen: die Einladung war ihr ganz persönlicher, später Triumph.

Margaret Cavendishs Gesundheit, von ihrer Jugend an labil und abhängig von
den guten oder – langjährig – unsicheren Lebensverhältnissen, verschlechterte
sich in den letzten Jahren ihres Lebens zunehmend. Ihr Interesse an Medizin
und ihre eigenen Theorien zu verschiedenen Krankheiten führten dazu, daß sie
dem Rat ihres Arztes nur dann folgte, wenn er ihrer eigenen Meinung nicht zu-
widerlief. Besonders ihre bevorzugte Art der Behandlung, der exzessive Aderlaß,
gab Anlaß zur ärztlichen Besorgnis. Ihre immer wiederkehrende Krankheit, ein
Überfluß an schwarzer Galle, Kennzeichen des melancholischen Temperaments,
führte er auf den Mangel an körperlicher Bewegung zurück. In Kenntnis der
Abneigung von Margaret Cavendish gegen jede sportliche Betätigung konnte er
über seine eigenwillige Patientin, mit einer kleinen Spitze gegen ihre Passion, die
Philosophie, nur seufzen: „Eine sitzende Lebensweise ist absolut schädlich für
ihre Gesundheit, und wenn sie schon unbedingt eine Philosophin sein muß,
dann wenigstens eine Peripatetikerin!"[22]. Das zeigt, daß auch er – wie viele ihrer
Kritiker – ihre Bücher nicht gelesen haben kann: eine Aristotelikerin – Peripate-
tiker genannt nach ihrer Gewohnheit des Auf- und Abgehens während des Phi-
losophierens – zu sein, hätte sie mit Hohn weit von sich gewiesen.

1673 stirbt sie in Welbeck in ihrem fünfzigsten Lebensjahr, betrauert von ihrem Mann, der sie um drei Jahre überlebte. In der von ihm verfaßten Grabinschrift verteidigt er seine Frau und ihre Leidenschaft, das Schreiben, ein letztes Mal: „Diese Herzogin war eine weise, intelligente und gelehrte Dame, wie ihre vielen Bücher bezeugen; sie war eine tugendhafte, liebende und treusorgende Gattin und stand ihrem Gatten während der ganzen Zeit seiner Verbannung und seines Elends bei, und als er nach Hause kam, ließ sie ihn in der Abgeschiedenheit seines Landlebens niemals allein".[23]

Der größte Wunsch von Margaret Cavendish, daß ihre Philosophie an den Universitäten gelehrt würde, ging nicht in Erfüllung, sondern gab, im Gegenteil, Anlaß, über ihren geistigen Zustand zu debattieren. Es wäre trotzdem falsch, sie als völlig isoliert vom wissenschaftlichen Diskurs zu sehen. Sie gehörte zum Newcastle-Kreis und nahm direkt und indirekt an den Diskussionen teil; sie führte Briefwechsel über physikalische Probleme mit dem niederländischen Wissenschaftler und Philosophen Constantijn Huygens und korrespondierte mit Joseph Glanvill, einem glühenden Vertreter der experimentellen Wissenschaft, über Metaphysik und Theologie. Sie tauschte Bücher mit Walter Charleton und diskutierte mit ihm ihre – oft konträren – Standpunkte. Aber bewundernde Äußerungen wie die von Glanvill, der einen Brief an sie mit den Worten eröffnete: „Madam, ich bin ein Bewunderer von Raritäten, und Eure Hoheit ist eine solch große, daß ich nicht umhin kann, Euch meinen Respekt und meine Bewunderung zu zollen",[24] bestätigten Margaret Cavendishs Verdacht, daß ihre Briefpartner weniger von ihrer Philosophie als von ihrer Person fasziniert waren.

Daß Cavendish nicht reduziert blieb auf eine Art Kuriositätenkabinett in einer Person, verdankt sie denjenigen Mitgliedern der Gesellschaft, deren Anliegen dasselbe war, das Margaret in den Vorworten ihrer Werke zum Ausdruck brachte: Die Anklage der sozialen Situation der Frauen. Die Beschwerde über den Ausschluß von Frauen aus den öffentlichen Institutionen, die politische Unterdrückung, die physische Belastung durch Geburten, vor allem aber die mangelhafte Erziehung und Bildung wurde von Margaret Cavendish am radikalsten thematisiert, und zwar nicht allein in ihren literarischen, sondern auch in den naturphilosophischen Werken; ihre Vorrede an die zwei Universitäten Cambridge und Oxford in „Philosophical and Physical Opinions" von 1655 ist eine auch heute noch kühne, scharfe Analyse:

Ich überreiche Ihnen mein gesamtes Werk, nicht, weil ich hoffen dürfte, daß kluge Gelehrte und fleißige Studenten es wertschätzen könnten, sondern mit der Bitte, es ohne Geringschätzung entgegenzunehmen. Denn es ist als Ermutigung für unser Geschlecht gedacht, damit wir nicht nach und nach vernunftlos wie die Idioten werden, niedergehalten von der Gleichgültigkeit und Verachtung der Männer, die denken, daß wir weder Wissen noch Verstand, weder Geist noch Urteilskraft hätten (...). Und wir, daran ge-

wöhnt und ohne Hoffnung, denken genauso, so daß wir jede Bemühung um gewinn-
bringendes Wissen einstellen und uns nur um einfache und unbedeutende Beschäftigungen kümmern, die uns nicht nur unsere Kreativität rauben, sondern auch die Fähigkeit zu denken. So sind wir wie die Würmer geworden, die in der dunklen Erde der
Ignoranz leben, und nur selten kriechen wir heraus, erfrischt durch den Regen guter Bildung, der uns manchmal zuteil wird. Man hält uns wie Vögel in Käfigen, läßt uns auf-
und abhüpfen, aber niemals hinausfliegen, um die Wechselfälle des Lebens und die zahllosen Schöpfungen der Natur kennenzulernen (…). Durch ein bloßes Vorurteil, von
dem ich hoffe, daß es falsch ist, werden wir von aller Macht und Autorität ausgeschlossen: Niemals sind wir in zivilen oder militärischen Angelegenheiten eingesetzt worden,
unsere Ratschläge werden aus Eigendünkel der Männer und ihrer Verachtung uns
gegenüber verlacht und verspottet.[25]

Das waren kühne Worte in einer Zeit, in der die Gleichwertigkeit von Mann
und Frau noch mit der Auslegung einschlägiger Bibelstellen widerlegt wurde.

Ihre scharfe Kritik wurde vorbildlich für die Feministinnen, ihre Argumente
wurden vielfach wiederholt, von Bathsua Makin zum Beispiel, Gründerin einer
Mädchenschule, die 1673 ein Buch über die Erziehung adliger Frauen veröffentlichte. Von Mary Astell, deren Programm eines Frauenkollegs, in dem
Frauen zusammenleben und lernen sollten, 1694 erschien, bis hin zu Harriet
Taylor-Mill, die 1851 die alten Forderungen in ihrem Essay „Über Frauen-
emanzipation" erneuerte und damit einen Anstoß zur Suffragetten-Bewegung
gab.

Über die Anregung und Ermutigung hinaus, die Margaret Cavendishs Beschwerde über die Benachteiligung der Frauen bot, lenkte sie durch ihr Beispiel
das Interesse vieler adliger Frauen auf Naturwissenschaft und philosophische
Spekulation. Sie steht als Wegbereiterin für die Begründung einer weiblichen
Wissenschaftstradition, die etwa hundert Jahre anhielt und als Zeitalter der
Scientific Ladies bezeichnet werden kann. Cavendish war die erste Engländerin,
die Bücher mit naturphilosophischen bzw. naturwissenschaftlichen Themen veröffentlichte; hundert Jahre später ist die Zahl von wissenschaftlich interessierten
Frauen stark angewachsen. Dem neuen Interesse folgte eine Flut von populärwis-
senschaftlichen Werken in zahlreichen Auflagen, die einer weniger gebildeten Leserschaft, vor allem Frauen, aber auch Männern, den Zugang erleichtern und
eine Erläuterung von aktuellen naturphilosophischen Problemen bieten sollten.
Der Fächer reichte von Fontenelles „Entretiens sur la Pluralité des Mondes"
(1686), dem Dialog eines Liebespaares über cartesianische Astronomie, bis zu
Algarottis „Il Newtonianismo per le Dame" (1737), einer Darlegung der New-
tonschen Physik; und oft wurden diese Bücher bald nach ihrem Erscheinen von
interessierten und belesenen Frauen ins Englische übertragen. In diesem Sinne
scheint sich der große Wunsch von Margaret Cavendish doch noch erfüllt zu
haben: „The Issue of my Brain, Fame and Name, might live to Eternity".[26]

Gesa Stedman

Katherine *P*hilips

(1632–1664)[1]

Katherine Philips. Frontispiz der „Poems" von 1667.

Am 17. Mai 1664 bittet Katherine Philips ihren Freund und Ratgeber Sir Charles Cotterell, Zeremonienmeister am Hof König Karls I. und auch seines Nachfolgers, zur Taufe ihres Neffen am gleichen Nachmittag. An dieser Stelle bricht der Briefwechsel zwischen der „unvergleichlichen Orinda" und „Poliarchus", wie sie ihren Briefpartner nennt, ab. Kurze Zeit darauf stirbt Katherine Philips im Alter von noch nicht einmal dreiunddreißig Jahren in London an den Blattern. Damit endet das Leben einer bereits zu Lebzeiten berühmten Autorin, die von ihren Freunden und Dichterkollegen betrauert und von der nachfolgenden Generation schreibender Frauen zum Vorbild genommen wurde. Die Briefe von Katherine Philips an Charles Cotterell (1661/62–1664) werfen nicht nur ein Licht auf ihre persönlichen Beziehungen oder ihrer beider politischen Einfluß in der ersten Zeit der Stuart-Restauration. Sie erlauben uns auch einzigartige Einblicke in die Situation einer Autorin im 17. Jahrhundert, kommentieren die übersetzerische Tätigkeit „Orindas", lassen uns an ihrem Bühnenerfolg teilhaben, und sie informieren über eines der zentralen Themen ihres dichterischen Werks, nämlich das Wesen der Liebe und Freundschaft, „ohne die die Erde nur eine Wüste wäre", wie Philips an Cotterell schreibt (3. Juli 1662?).

Wie konnte es einer bürgerlichen jungen Frau gelingen, nicht nur die Gunst ihrer angesehenen männlichen Kollegen zu erlangen – wie die Abraham Cowleys oder des irischen Grafen von Orrery –, sondern auch das Wohlwollen der Herzogin von York, Anne Hyde, und sogar des Königs Karl II. selbst?

Katherine Fowler wird am Neujahrstag 1632 als Tochter eines reichen Londoner Textilhändlers geboren.[2] Mütterlicherseits ist sie mit der Familie Oxenbridge verwandt, in der es bereits zwei schreibende Frauen gab, nämlich Katherines Großmutter, eine Amateurdichterin, sowie im 16. Jahrhundert Lady Tyrwhitt, eine der Hofdamen der zukünftigen Königin Elisabeth I.[3] Katherine wird streng protestantisch erzogen und zeigt bereits sehr früh, mit welchen geistigen Fähigkeiten sie ausgestattet ist. Vermutlich als eine der ersten Töchter bürgerlicher Herkunft wird sie 1640 in einem Londoner Mädcheninternat eingeschult und lernt dort neben den üblichen handwerklichen und musischen Fertigkeiten auch moderne Sprachen, zum Beispiel Französisch. Ihre Schulzeit fällt in eine der turbulentesten Perioden der englischen Geschichte, aber in der Rückschau John Aubreys, dessen Cousine Mary Aubrey („Rosania") Katherines enge Freundin war, scheint sie während der Zeit im Internat kaum besonderen Belastungen ausgesetzt gewesen zu sein.[4] Bereits in diesen Jahren beginnt Katherine mit der Abfassung von Gedichten, die jedoch nicht erhalten geblieben sind. Und bereits in dieser Lebensphase ist die Wurzel ihrer Affinität zur französischen Kultur und Literatur zu suchen: der Einfluß preziöser Salonkultur macht sich nicht nur in der von Philips und ihren Freundinnen bevorzugten Lektüre bemerkbar, sondern auch in dem in Mrs. Salmons Internat begonnenen Trend, sich selbst und ihren Freundinnen und Freunden literarisch inspirierte Decknamen zu geben. Auf den ersten Blick mag es widersprüchlich erscheinen, daß ein junges protestantisches Mädchen, dessen Familie in der Zeit der Bürgerkriege und der Republik unter Oliver Cromwell bzw. seines Sohnes auf Seiten der Parlamentarier stand, sich an einem kulturellen Modell orientiert, das, vermittelt über die katholische französische Frau Karls I., Königin Henrietta Maria, in höfischen Kreisen in England Einzug gehalten hatte.[5] Aber trotz ihrer Erziehung wird Katherine als Erwachsene stets Kontakte zu royalistischen Kreisen haben, die enge Verbindungen nach Frankreich unterhielten, und ihre Überzeugung in Gelegenheitsgedichten zum Ausdruck bringen, die etwa die Rückkehr König Karls II. nach England oder die Ehe mit seiner spanischen Frau Katharina von Braganza besingen (1660). Der tiefergehende Anreiz, sich von ihrer ursprünglichen Prägung abzuwenden, liegt vermutlich in einem Aspekt, den die Philips-Forschung bisher eher am Rande behandelt hat: in der ausdrücklich *weiblichen* Ausrichtung der preziösen Salonkultur in Frankreich, an der sich „Orinda" bei der Entwicklung ihres Freundschafts- und Liebeskonzepts orientiert und die sie zu ihrer Misogamie angeregt haben dürfte.[6]

Katherine wird im August 1648 im Alter von sechzehn Jahren mit dem Witwer Oberst James Philips von Tregibby verheiratet und fügt sich in das für junge Frauen der *upper classes* übliche Eheschicksal mit einem erheblich älteren Mann. Sie lebt zunächst im Haus ihres Mannes in Wales, wo Philips das Amt eines Verwaltungsbeamten mit rechtspflegerischen Aufgaben innehat. Seine politische Karriere als Parlamentsabgeordneter, die das Paar unter anderem nach London führt, gerät erst durch die Restauration der Monarchie ins Stocken. Ob die Versuche seiner royalistischen Frau, für ihren „Antenor" oder „Trojaner" – wie sie ihren Mann tauft, weil er wie Antenor zwischen den Trojanern und den Griechen, also zwischen den Anhängern Cromwells und den Royalisten, vermitteln soll – bei Hofe zu intervenieren, Erfolg hatten, ist nicht bekannt. In der konfliktreichen Zeit *vor* der Restauration rechtfertigt sie ihre monarchistische Überzeugung, die von seiner gemäßigt cromwellschen abweicht, in dem Gedicht „An meinen Antenor, anläßlich einer meiner Schriften, die J. Jones zu seinem Nachteil zu veröffentlichen droht". Hier erklärt sie zwar ihre Liebe und ihr Leben als ihm gehörend, übernimmt jedoch selbst die Verantwortung für ihre 'Fehler' (gemeint sind ihre offen geäußerten politischen Überzeugungen), um den weniger gemäßigten Gegnern ihres Mannes den

Wind aus den Segeln zu nehmen. Die selbstbewußte weibliche Autorschaft, die sich hier bereits andeutet und in den späteren Briefen an Charles Cotterell noch stärker hervortritt, kontrastiert allerdings stark mit der öffentlich angenommenen Persona der tugendhaften „Orinda".

Nach sieben kinderlosen Jahren bekommt Katherine Philips im April 1655 einen Sohn, Hector, dessen Tod nach nur vierzig Tagen sie in zwei Gedichten betrauert; im April des folgenden Jahres kommt dann eine Tochter, Katherine, zur Welt. In den Briefen „Orindas" wird ihre Tochter nie genannt, und sie ist auch nicht Gegenstand der erhaltenen Gedichte, ebenso wie Katherine Philips ihren Mann eher im Zusammenhang mit ihrer „Pflicht" als mit ausgesprochener Zuneigung erwähnt. So spricht sie in einem Brief an Cotterell aus Irland im Zusammenhang mit ihrer geplanten Heimreise über den „Sturm, der mich nicht von meinem Antenor und meiner Pflicht fernhalten darf, damit ich nicht einen noch größeren inneren Sturm auslöse" (vermutlich Herbst 1662). Das Ehepaar war allerdings häufig getrennt, so daß über die tatsächliche Beziehung der beiden zueinander nur spekuliert werden kann. Insgesamt hinterläßt das Werk Katherine Philips aber den Eindruck, ihr Kreis von Freundinnen und Freunden, den sie in einem – fast virtuellen – Salon um sich scharte, indem sie Briefe mit ihnen austauschte und Gedichte an und über sie schrieb, sei ihr wichtiger gewesen als ihre Familie.

Vermutlich zirkulieren Katherine Philips' Gedichte in den fünfziger Jahren zunächst nur in ihrem Freundeskreis, zu dem Royalisten wie Sir Edward Dering („Silvander") gehören, der ihre Schulfreundin Mary Harvey geheiratet hatte. Diese ist eine Schülerin des royalistischen Komponisten Henry Lawes, der einige Gedichte Katherine Philips' vertonte. Weiterhin ihre engen Freundinnen „Rosania", die Tochter eines führenden walisischen *cavalier*, Anne Owen („Lucasia") und Regina Collier. „Rosanias" Ehe verstimmte Katherine Philips so sehr, daß der Platz der besten Freundin von „Lucasia" eingenommen wurde, an die „Orinda" dann ihre wichtigsten Freundschaftsgedichte adressierte. Obwohl die genaue Zusammensetzung ihres Freundeskreises umstritten ist – im abgelegenen Wales hatte Philips kaum die Möglichkeit, einen literarischen Salon zu unterhalten –, muß es so etwas wie ein Aufnahmeritual gegeben haben, bezeugt durch das Gedicht „An die exzellente Mrs. A. O., [...] anläßlich ihres Eintritts in unsere Gesellschaft" (1651). Möglicherweise hat Philips' „society", von der in einem Brief Edward Derings die Rede ist, sich selbst das Symbol zweier mit einem Kompaß verschränkter flammender Herzen verliehen, das in dem Gedicht „Freundschaft im Emblem, oder das Siegel, für meine liebste Lucasia" (1651–52?) beschrieben wird. Die fünfziger Jahren des 17. Jahrhunderts sind nicht nur die Periode, in der Philips vermutlich den größten Teil ihrer Freundschaftsgedichte verfaßt hat, in diesen Jahren des Interregnums werden auch einige ihrer Werke zum ersten Mal gedruckt. In einer dem jüngst verstorbenen Dichter und Theologen William Cartwright gewidmeten Anthologie seiner Werke versammeln sich alle *cavalier poets*, die zu dieser Zeit Rang und Namen hatten, und dort findet sich auch ein Gedicht von Katherine Philips (1651).

Es ist allerdings eine Zeit, in der Anhänger des Königtums in der Öffentlichkeit mit ihrer Überzeugung nicht allzu deutlich in Erscheinung treten konnten, auch wenn versucht wurde, die höfischen Ideale des im französischen Exil lebenden Karl II. und seiner Mutter Henrietta Maria hochzuhalten. So auch in Katherine Philips Gedichten, die immer wieder die Ideale der Harmonie und der Freundschaft dem religiös-politischen Streit der Bürgerkriege, dem Schrecken der Hinrichtung Karls I. und der cromwellschen Herrschaft gegenüberstellten. Erst nach der Rückkehr Karls II. nach England konnten die höfischen *cavalier circles* wieder öffentlich in Erscheinung treten.

Katherine Philips' Reise nach Irland im Jahr 1662, bei der sie ihre zum zweiten Mal verheiratete Freundin „Lucasia" begleitet und ihren Mann in einigen rechtlichen Auseinandersetzungen in Irland vertritt, ermöglicht ihr den Zugang zu der dortigen Theater- und Literaturszene. In kürzester Zeit wird sie mit Hilfe ihrer Beziehungen zu Charles Cotterell, deren Ursprünge unbekannt sind, in der Folge auch in den Mittelpunkt der Londoner Literatenwelt katapultiert, denn er verbreitet ihr Werk in London und legt es Mitgliedern des Hofes vor. Die Sorgen und Nöte, die sich aus dieser Entwicklung für eine junge Autorin ergeben, finden ebenso in den Briefen an Cotterell ihren Niederschlag wie die handfesten materiellen Probleme, die das literarische Feld der Epoche prägen. So beklagt „Orinda" die Unzuverlässigkeit der Post: „Ihre Briefe warten wohl auf günstige Winde, wie (…) seit einiger Zeit die Londoner Paketboote; denn wir haben seit mehr als zehn Tagen nichts aus England gehört, was mir große Sorgen bereitet" (vermutlich Oktober 1662). Und sie fürchtet die Gefahr unautorisierter Raubdrucke: „der Drucker hielt es für richtig, ohne meine Zustimmung oder Genehmigung zwei oder drei meiner Gedichte zu veröffentlichen, die man mir gestohlen hatte" (15. Mai 1663). Mit der Veröffentlichung ihres Namens ist die Angst um den eigenen Ruf verbunden: „Sollte ich mich auch nur einmal öffentlich zu der Drucklegung meiner Verse bekennen, so könnte ich wohl nie wieder mein Gesicht zeigen" (15. April 1663). Die Suche nach geeigneten Mäzeninnen und Mäzenen und die Notwendigkeit, sich bei Hofe Anerkennung zu verschaffen, steht „Orindas" Wunsch entgegen, nicht allzu deutlich als Autorin in Erscheinung zu treten: „Ich befinde mich in großen Schwierigkeiten, weil ich zwischen dem Verlangen, der Herzogin ganz ergeben zu erscheinen, und dem Wunsch, meine wahre Identität nicht preiszugeben, ganz hin und hergerissen bin" (23. Mai 1663).

Im Kreis um Roger Boyle, Graf von Orrery und James Butler, Herzog von Ormonde, beginnt Katherine Philips mit der Übersetzung von Corneilles

Tragödie „Mort de Pompée", die 1642 oder 1643 uraufgeführt worden war. Aus
der Ferne wird sie von Charles Cotterell unterstützt, der seiner Briefpartnerin
nicht nur französische und italienische Literatur schickt, um ihre Sprachfertigkeit zu fördern, sondern auch ihre Übersetzung liest, ihre Gedichte Mitgliedern
des Hofes vorlegt und als ihr Ratgeber und Vertrauter in literarischen und persönlichen Angelegenheiten agiert. Zunächst zirkulieren die ersten Szenen der
Übersetzung unter Katherine Philips neuen irischen Freunden. Deren Begeisterung und die drohende Konkurrenz einer Londoner Übersetzung aus der Feder
von fünf angesehenen Herren veranlassen sie dazu, die Übertragung zu vollenden und aufführen zu lassen, was am 10. Februar 1663 in Dublin mit großem
Pomp und ebenso großem Erfolg geschieht.[7] Das Stück wird dann im gleichen
Jahr in Dublin gedruckt und findet mit Hilfe Cotterells auch in London Verbreitung. Obwohl es ihr nicht mehr gelang, Corneilles „Horace" vollständig zu
übersetzen – das Stück wurde von Sir John Denham vollendet –, war es am Hof
König Karls II. erfolgreich, wenn auch spätere Kommentatoren wie zum Beispiel Samuel Pepys nicht viel von Philips' Übersetzung hielten. Vielleicht ist
weder dessen Charakterisierung von Philips' Version als „dummer Tragödie",
noch Orrerys Behauptung, selbst Corneille wäre von ihrer Pompée-Überset-
zung überwältigt worden, zutreffend.[8] Unzweifelhaft liegt Katherine Philips'
Bekanntheit zunächst in ihren erfolgreichen Übersetzungen, deren Drucklegung und der Inszenierung der Dramen begründet.[9] Nicht zufällig ist es die
Bühne, die sie berühmt werden läßt: in der Restaurationszeit treten Frauen
zum ersten Mal als Schauspielerinnen auf und Philips' „Pompey" wird das erste
in Irland bzw. England aufgeführte Bühnenstück sein, das zumindest indirekt
von einer Frau verfaßt worden ist.

Die eine Säule, auf die sich „Orindas" Ruhm stützt, ist also ihr übersetzerisches Talent, die andere sind ihre Gedichte, die kurz nach ihrem Bühnen-
triumph als Raubdruck in London erscheinen (1664) und sie einerseits noch
bekannter machen, andererseits aber auch in Bedrängnis bringen, weil sie
ungünstige Auswirkungen auf ihre Reputation befürchten muß. So beklagt sie
sich bei Cotterell über ihre „unwürdige Behandlung" durch die Drucker, die
ihre nicht für den Druck vorgesehenen Gedichte der Öffentlichkeit preisgegeben haben: „Dies ist das grausamste Versehen, das mir hätte widerfahren können (...) und es hat mich bereits einen heftigen Krankheitsanfall gekostet",
schreibt sie am 29. Januar 1663/64 und weist zugleich den möglicherweise zir-
kulierenden Vorwurf weit von sich, sie habe heimlich ihre Zustimmung zum
Druck gegeben. Allerdings steht ihre Ablehnung im Widerspruch zu ihren
zuvor veröffentlichten Texten, deren Drucklegung sie offensichtlich selbst gutgeheißen hatte, wie ihren Briefen an Cotterell zu entnehmen ist. Möglicherweise fürchtete sie nicht um ihren eigenen Ruf, denn die Fassung, die der ange-
sehene Drucker Richard Marriott in Umlauf brachte, enthielt wenig Fehler,

sondern sie sorgte sich um die Reputation der von ihr in den Gedichten eindeutig benannten Personen. Warum auch immer sie gegen die Drucklegung
der Gedichte protestierte – Marriott mußte seine Edition zurückziehen. Allerdings wurde sie nicht vernichtet, so daß die Gedichte dann doch in gedruckter
Form in Umlauf kamen. Für die Qualität dieser Ausgabe spricht, daß die 1667
von Cotterell besorgte Edition, die viermal neu aufgelegt wurde, dem 'Raubdruck' in vielerlei Hinsicht ähnelt. Wie auch schon bei der Arbeit an der Übersetzung von Pompée bittet sie Cotterell bemerkenswert fordernd und selbstbewußt um seine Intervention und auch diese expliziten Anweisungen und
Zeichen ihres Ehrgeizes widersprechen ihren immer wieder geäußerten Bescheidenheitsgesten und der Sorge um den eigenen Ruf.[10]

Cotterell ist nicht nur ihr Ratgeber in literarischen Angelegenheiten, er ist
auch ihr Briefpartner, mit dem sie das Thema Freundschaft in all seinen Facet-
ten diskutiert. Zudem ermöglicht diese Korrespondenz, die freundschaftlichen
Bande zu Cotterell trotz der seltenen persönlichen Begegnungen zu festigen
und zu erhalten. Briefe galten in der Frühen Neuzeit als ein geeignetes Medium
der Konversation zwischen entfernt voneinander lebenden Freunden, wie man
zeitgenössischen Briefstellern entnehmen kann. Diese enthalten die gleiche
Themenmischung, die man auch in Philips' Briefen beobachten kann, und
auch ihre Einleitungs- und Abschlußfloskeln entsprechen den Konventionen.
Daher ist es nicht verwunderlich, daß der Herausgeber der Briefe, die 1705
zum ersten Mal gedruckt wurden (seine Identität ist umstritten, vermutlich
war es nicht Cotterell selbst), diese als Vorbilder empfiehlt, da sie weder in „in-
korrekt losem Stil, noch mit steifer Affektiertheit" verfaßt seien. [11] Aber Katherine Philips geht in ihren Briefen über die üblichen Formeln der Dankbarkeit
und Bescheidenheit hinaus, wenn sie einerseits ihrem überwältigenden Gefühl
der Trauer anläßlich der Heirat „Lucasias" Ausdruck gibt und andererseits mit
Erfolg Cotterell dazu anregt, sich ihrer professionellen Belange anzunehmen.
Die „diskursiv erzeugte" Freundschaft erhält so eine performative Komponen-
te, die sich auch in „Orindas" Gedichten über die Freundschaft findet.

Im übrigen verweist die Freundschaftsthematik unmittelbar in das Zentrum
ihres lyrischen Werks. Anlaß für Katherine Philips' Gedichte sind häufig Erleb-
nisse im eigenen Freundeskreis, so daß eine Verknüpfung von Leben und Werk
an dieser Stelle zuweilen notwendig ist. Im 17. Jahrhundert war das Sujet natürlich keineswegs neu, sondern bereits von vielen Autoren behandelt worden,
nicht zuletzt von Montaigne, dessen Essays in der Übersetzung John Florios
(1603) große Verbreitung fanden. Das besondere an Katherine Philips' Beschäftigung mit diesem Thema ist ihre explizit weibliche Perspektive, mit der sie den
Anspruch erhebt, auch Frauen könnten Freundschaften mit Männern, aber vor
allem auch untereinander eingehen, die denen zwischen Männern in nichts
nachstünden. Von männlicher Seite wird ihr dies in gewisser Weise zugestan-

den, wenn Jeremy Taylor seinen „Diskurs über die Freundschaft" (1657) an sie adressiert und ihr im Vorwort bescheinigt, das Thema auch im Hinblick auf Freundschaften zwischen Männern und Frauen vorbildlich behandelt zu haben.

Immer wieder stellt Philips der leidenschaftlichen Liebe die tugendhafte Freundschaft gegenüber, die jener unendlich überlegen sei. Sie kleidet ihr platonisches Freundschaftsideal in durchaus leidenschaftliche Worte, besteht aber auf der Vereinigung der Seelen und Herzen, die nichts mit dem Körper gemein haben. Wie ihre preziösen französischen Vorbilder – so ist zum Beispiel ihre Übersetzung eines Gedichts von Georges Scudéry überliefert –, aber auch Montaigne, kontrastiert sie Leidenschaft mit Freundschaft, jedoch ist es vor allem die Freundschaft *unter Frauen*, die sie zur Abfassung ihrer Verse anregt. Selbstbewußt übernimmt sie das auf antiken Vorbildern beruhende Montaignesche Modell *männlicher* Freundschaft – die miteinander einsgewordenen zwei Seelen – und wendet es explizit gegen die apodiktische Behauptung des Autors, Frauen seien zu wahrer Freundschaft nicht fähig. In ihrem Gedicht „L'amitié: To Mrs. M. Awbrey" (1651) verwendet sie sogar im Titel die Überschrift, unter der Montaignes berühmtes Essay bekannt geworden war („De l'amitié") und übernimmt sein zentrales Bild: „Seele meiner Seele! meine Freude, meine Krone, meine Freundin! (...) Wie glücklich sind wir nun, deren Seelen durch eine unvergleichliche Mischung eins geworden sind". Ebenso selbstbewußt bezieht sie sich auf John Donne, dessen heterosexuell-erotischem Gedicht „A Valediction: forbidding Mourning" („Eine Abschiedsrede: Verbot des Trauerns", 1633) sie das Bild des Kompasses entlehnt. Während bei Donne der Mann den beweglichen Teil des Instruments und die Frau das statische Element repräsentiert, bewegen sich in Philips' Interpretation *beide* Partnerinnen; und es sind *Frauen*, die der Neigung der jeweils anderen folgen („Freundschaft im Emblem", 1651–52?). „Orinda" bemächtigt sich also äußerst geschickt des männlichen Diskurses über die Freundschaft und paßt diesen ihren eigenen Bedürfnissen an. Allerdings hielt ihr hohes Freundschaftsideal der Realität nicht immer stand, und so finden sich auch bittere Klagen gegen jene Freundinnen, von denen sie sich verlassen glaubte – „Rosania" bei ihrer Heirat, „Lucasia" nach ihrer zweiten Ehe und Regina Collier, die „Königin des Wankelmuts" (ca. 1650–51), die „Orindas" kupplerischem Rat nicht folgen wollte. Obwohl Katherine Philips eher erfolglos bemüht war, in ihrem Kreis Ehen zu stiften, überwiegen die misogamen Töne in ihren Texten. Wenn sie sich überhaupt positiv zum Thema Ehe äußert, dann, wie in einem Gedicht an ihren Mann, wenn die Ehe als Freundschaftspakt konzipiert ist. Auch dies ein Erbe der preziösen Salonkultur, die der Konvenienzehe kritisch gegenüberstand und entweder den Frauen das Recht der Gattenwahl zugestand oder die Ehe gänzlich ablehnte. Die zweite Ehe „Lucasias" löste bei Katherine Philips tiefe Depressionen aus, von denen sie auch Cotterells Briefe kaum befreien konnten. Philips stellte ernüchtert fest, daß nur wenig Freundschaften den „Test" der Ehe überstehen und „die Heirat einer Freundin der Beerdigung der Freundschaft" gleichkommt (3. Juli 1662). Ähnliche Gedanken hatte sie bereits sehr früh in einem Gedicht über die Ehe geäußert, in dem sie die Jungfräulichkeit dem „Ehestand" (ca. 1647–8) vorzieht, der „nur wenig Behagen bereitet". So sehr der Philipsche Freundschaftsdiskurs auch persönlich motiviert gewesen sein mag, seine Wirkung konnte er nur im historischen Kontext entfalten, denn „Orindas" Ideal einer zurückgezogenen, harmonischen Freundschaft stellt sie trotzig dem „Neid, Stolz und Parteienhader" („L'amitié: To Mrs. M. Awbrey") entgegen, der für die Zeit charakteristisch war, und bezieht damit auch eine politische Position.

Trotz ihres Ruhms als gefeierte Autorin der Restaurationszeit ist das Ende ihres Lebens für Katherine Philips weniger eine Zeit des Triumphs als eine Zeit der Depression und der Einsamkeit. 1663 aus Irland zurückgekehrt, lebt sie in Wales, ohne jedoch an die alten walisischen Freundschaften anknüpfen zu können und ohne die intellektuellen Anregungen, die sie in Irland genossen hatte. Immer wieder bittet sie Cotterell, er möge sie mit Hilfe „Rosanias" unter dem Vorwand, sie könne sich dort für die Belange ihres Mannes einsetzen, nach London holen, wo ihre Freundinnen und Freunde ihrer Einsamkeit und ihrer Trübsal ein Ende bereiten sollen, und sie hofft, mit ihrer neuen Übersetzung an frühere Erfolge anknüpfen zu können. „Das Gewicht meines Schicksals lastet so schwer auf mir, daß ich, wenn ich mich nicht bald wieder des Charmes Ihrer erfrischenden Gesellschaft erfreuen kann, ich mich nicht mehr werde erholen können und unfähig sein werde, sie zu genießen", schreibt sie am 28. November 1663 an Cotterell. Offensichtlich ist es „Antenor", der sie nicht reisen lassen will und sie davon abhält, ihre Rolle als Autorin auf der Bühne des literarischen Geschehens, nämlich in London, zu spielen. Schließlich läßt er sie doch fahren, aber die Ironie des Schicksals will es, daß sie kurze Zeit später an eben dem Ort, nach dem sie sich in ihrer unfreiwilligen *retraite* so gesehnt hatte, im Juni 1664 stirbt.

Bereits zu ihren Lebzeiten versahen vor allem ihre männlichen Dichterkollegen die „unvergleichliche Orinda" mit dem Lorbeerkranz der Dichterkrone – „Kein Lorbeer wächst, der nicht für Deine Stirn bestimmt ist" (H. Vaughan); sogar wilde Ungeheuer legen sich ihr zu Füßen, so überwältigt von ihrer Dichtkunst und der Magie ihres Namens, daß sie sich unterwerfen und dabei selbst in Versen brüllen (Roscommon); das männliche Geschlecht wird nicht nur von weiblicher Schönheit, sondern in der Person Orindas auch durch Klugheit und Witz besiegt (Cowley). Aber hinter dem Lob, das nach ihrem Tod in elegischere Verse gekleidet wird, verbergen sich auch zwiespältige Töne, die Katherine Philips' literarisches Werk ausschließlich im Kontext des Gegensatzes der Geschlechter einordnen.[12] Abraham Cowley kommt in diesem Zusammenhang die zweifelhafte Ehre zu, einerseits mit zwei Oden an Katherine Philips für ihren (Nach-)Ruhm gesorgt zu haben. Andererseits ist seine Metaphorik an Geschmacklosigkeit und mehr oder weniger versteckter Misogynie kaum zu überbieten. Er vergleicht ihre Schriften mit der weiblichen Leibesfrucht, und als die Quelle ihrer Dichtkunst macht er ihren „unerschöpflichen und unergründeten Mutterleib" aus. Damit pathologisiert er das, was er zu besingen vorgibt und reduziert ihr Talent auf ihren weiblichen Körper. In seiner nach ihrem Tod verfaßten Ode werden kurzerhand alle ihr vorausgegangenen Schriften weiblicher Provenienz abqualifiziert und sie selbst wird als „leidenschaftsloses" Wesen apostrophiert.[13] Noch zu Katherine Philips' Lebzeiten äußert sich eine anonyme Autorin, die sich selbst „Philo-Philippa" nennt.[14] Ihre streitbaren Verse erinnern in ganz anderer Weise als Cowleys geschmacklose Zeilen an zentrale Themen der *Querelle des Femmes*, wenn sie das Recht der Frauen auf Bildung einfordert, „Orinda" explizit als weibliche Muse anruft, sie als „Zierde unseres Geschlechts, Gegenstand des männlichen Neids" charakterisiert und nicht nur Amazonen in ihrem Gedicht auftreten läßt, sondern auch die Behauptung aufstellt, die (männliche) Sonne („Phoebus") sei nun gezwungen, sich dem (weiblichen) Mond („Cynthia") zu beugen. Immer wieder betont sie das Außergewöhnliche und den Mut, den weibliche Autorschaft verlangt, und lobt Katherine Philips dafür, daß ihr der Erfolg nicht zu Kopfe gestiegen sei. Das Selbstbewußtsein Katherine Philips' und nicht nur ihr Erfolg, sondern auch ihre explizit weibliche Orientierung scheinen Autorinnen wie Aphra Behn, Anne Killigrew oder Anne Finch ermutigt zu haben, sich immer wieder auf „Orinda" zu berufen. So verteidigt sich Anne Killigrew gegen den Vorwurf, ihre Gedichte stammten nicht aus der eigenen Feder, mit dem Verweis auf „Orinda, (Zierde Albions und ihres eigenen Geschlechts)", die nicht durch Schönheit, sondern durch Geist und Dichtkunst bestach und damit bewiesen habe, daß Frauen den Männern in literarischer Hinsicht ebenbürtig seien.[15]

Trotz eines solchen anscheinend gesicherten Weiterlebens im kulturellen Gedächtnis wird Katherine Philips ab der zweiten Hälfte des 18. Jahrhunderts für lange Zeit und mit nur wenigen Ausnahmen als „zweitrangige Dichterin" in den Literaturgeschichten und Anthologien geführt und ihr preziöser Freundschaftskult als lächerliche Affektiertheit ihrer Zeit abgetan.[16] Dann jedoch erlebt sie wie so viele andere Autorinnen der Frühen Neuzeit im 20. Jahrhundert im Zuge der feministisch inspirierten Wiederentdeckung von schreibenden Frauen eine Renaissance. Zuweilen wird sie heute als lesbische Ikone stilisiert[17], aber dies ist weniger eine historisch angemessene Interpretation als ein Beweis dafür, daß sich hinter der Maske der „unvergleichlichen Orinda" und in ihren Texten ein (weibliches) Verstörungspotential und ein Selbstbewußtsein verbergen, die erst in der historischen Rückschau deutlich hervortreten. Allzu lange stand diese selbstbewußte und erfolgreiche Autorin im Schatten des Bildes einer tugendhaften, scheinbar bescheidenen Dichterin, einer „englischen Sappho" und „exzellenten Ehefrau", wie es Cotterell im Vorwort seiner Edition von 1667 entworfen und George Ballard in seinen „Memoirs of Several Ladies" (1752) hatte fortleben lassen.[18]

Tabitha Barber

Mary *B*eale
(1633–1699)

Mary Beale: Selbstporträt (ca. 1665). National Portrait Gallery, London.

Mary Beale dürfte die produktivste Porträtmalerin im England des 17. Jahrhunderts gewesen sein. Ihre Tätigkeit war zwar ungewöhnlich für eine Frau, aber doch auch nicht einzigartig. William Sanderson nennt in seiner Publikation „Graphice" von 1658 neben Mary noch vier weitere erwähnenswerte Malerinnen, angeführt von Joan Carlile aus Covent Garden. Was Mary Beale außergewöhnlich erscheinen läßt, ist jedoch der offensichtliche Umfang und Erfolg ihrer Porträtmalerei sowie das außerordentlich reiche Material, das ihre Tätigkeit dokumentiert. Von den Künstlerinnen und Künstlern, die im 17. Jahrhundert arbeiteten, ist Mary diejenige, deren Werk am besten dokumentiert ist. Die Tagebücher und Briefe ihrer Freunde, die Notizbücher ihres Mannes Charles sowie ihr handschriftlich verfaßter „Diskurs über die Freundschaft" erlauben uns einen einzigartigen und intimen Einblick in ihr Leben und ihre täglichen Aktivitäten, in die Funktionsweise ihres Ateliers sowie in ihre Gedanken und Ansichten.

Mary erscheint als eine im Grunde genommen zurückgezogen lebende Frau, deren Familie und enge Freunde ihre Welt darstellten. Sie war zudem eine ausgesprochen gläubige, gottesfürchtige und tugendhafte Frau, deren tiefe religiöse Überzeugung ihr Leben stark prägte und ihr einen Moralkodex bot, nach dem sie ihr Leben ausrichten konnte. „Wenn ihr den Herrn fürchtet und ihm dient, wenn ihr auf seine Stimme hört und euch seinem Befehl nicht widersetzt (...) dann geht es euch gut" (1. Buch Samuel, XII.14), war ein Grundsatz, den sowohl sie selbst als auch ihr Mann und die Mitglieder ihres Kreises sehr ernst nahmen. Besonders interessant ist aber die Art, mit der Mary, trotz ihres Vertrauens auf die Heilige Schrift als Orientierungshilfe, hartnäckig an die Möglichkeit der Gleichberechtigung von Mann und Frau glaubte – ein Glaube, den sie mit Bibelpassagen und mit den Konventionen und Gesetzen der Zeit in Übereinstimmung zu bringen versuchte, die das Gegenteil proklamierten. Sie glaubte leidenschaftlich an ihre Ehe als Freundschaft zweier gleichwertiger Partner und ebenso an ihr gemeinsames Atelier als gleichberechtigte Arbeitsbeziehung.

Zwei Primärquellen über die Familie Beale sind einmal Samuel Woodfordes Tagebuch von Januar 1664 bis Februar 1665[1] und außerdem nachträgliche Anmerkungen in seiner eigenen Ausgabe der von ihm im Druck veröffentlichten „Paraphrase der Psalmen Davids", die ungefähr im gleichen Zeitraum verfaßt wurde.[2] 1661 hatte Woodforde Alice Beale, die Cousine von Marys Mann Charles geheiratet, und nach ihrem tragischen Tod im Wochenbett wurde er zu einem fast ständigen Mitglied im Hause Beale in London. Die herzliche und gastfreundliche Atmosphäre ihres Heims in Hind Court, in der Nähe der Fleet Street, wird durch sein Tagebuch zum Leben erweckt und zeigt die grundlegende Bedeutung, die sowohl Mary als auch Charles der Gesellschaft und den Ansichten ihres engsten Freundeskreises beimaßen. „Oft hatten wir zu dieser Zeit bei meinem Cousin Beale die angenehmsten Gespräche der ganzen Stadt und am Gresham College, wo die Royal Society ihre wöchentlichen Treffen hatte, lernte ich die Personen kennen, die jetzt zu meinen besten und herzlichsten Freunden zählen", schreibt Woodforde. Zu diesen Freunden gehörten führende anglikanische Latitudinarier, tolerante Geistliche, wie John Tillotson, der spätere Erzbischof von Canterbury, der zu dieser Zeit noch dienstags in der Londoner Stadtkirche von St. Lawrence Jewry predigte; Edward Stillingfleet, ein junger Prediger, der sich gerade einen Namen machte und später Dekan von St. Paul und dann Bischof von Worcester werden sollte; der bekannte Mathematiker und Geistliche John Wilkins; John Sprat, der erste Historiker der *Royal Society*; sowie diejenigen, die beruflich oder aus Liebhaberei im künstlerischen Bereich tätig waren. Samuel Woodfordes Freund Thomas Flatman, der zusammen mit Woodforde als Anwalt ausgebildet worden, aber auch ein talentierter Dichter und Miniaturmaler war, wurde sein besonders enger Vertrauter. Es war dieser Kreis von gebildeten Londoner *professionals*[3], Kirchenmännern und Literaten, deren intellektuelle Interessen einen so wesentlichen Beitrag zum geistigen Klima im London der Nach-Restaurationszeit leisteten, in dem sich die Beales bewegten und sich zu Hause fühlten. Theologische, wissenschaftliche und künstlerische Bestrebungen verbanden diese Männer, die alle in einer durchdachten, religiösen, ethischen und disziplinierten Weise an das Leben herangingen. Es war eine Herangehensweise, mit der Mary Beale grundsätzlich übereinstimmte und die sicherlich ihren Ansatz in der Porträtmalerei beeinflußt hat.

Es ist angesichts ihres und ihres Mannes dezidiert puritanischen Hintergrundes nicht verwunderlich, daß Mary Beale die tolerante Glaubenshaltung der Latitudinarier in der wiederhergestellten anglikanischen Kirche befürwortete. Die Geistlichen in ihrem Kreis hofften auf eine tolerantere, entgegenkommendere Kirche, die Ethik und Moral mehr in den Vordergrund rückte als vergänglichere, nur der Überredung dienende Rituale; sie hofften dadurch diejenigen Nonkonformisten mit dem Anglikanismus wiederzuvereinen, die der wiederhergestellten Kirche im Jahre 1662 nicht ihre Treue hatten schwören können. Mary Beale war selbst die Tochter eines Geistlichen, John Craddock, der bis zu seinem Tod im Jahre 1652 Pfarrer von All Saints in Barrow in Suffolk gewesen war (der Kirche, in der Mary 1633 getauft worden war). Marys Tanten, Abigail und Mary, heirateten den bedeutenden Theologen Dr. Samuel Baker bzw. den puritanischen Nonkonformisten Elias Crabtree; und ihr Verwandter, Dr. Samuel Cradock, war ein bedeutender nonkonformistischer Dissenterprediger. Charles Beale, in der Kirche von St. Michael in Walton in Buckinghamshire getauft, kam ebenfalls aus einer sehr puritanischen und auch einigermaßen reichen Familie. Sein Vater und sein älterer Bruder Bartholomew waren Londoner Staatsbeamte, sein Vater war *Clerk of the Signet*, verantwortlich für das Verfassen diplomatischer Korrespondenz, und Bartholomew war *Joint-Auditor of the Imprests*, Buchprüfer für die Behörde, die Geldkredite vergab, ein lukrativer und einflußreicher Posten. Charles' Neffe Brook Bridges, dessen Vater der Puritaner John Bridges war, wurde später neben Bartholomew Buchprüfer. Charles' Vater hatte Walton Manor ungefähr 1625 gekauft und die Erträge seiner beruflichen Karriere erlaubten es Bartholomew später, den Landsitz Hopton Castle an der Grenze zwischen Shropshire und Herefordshire zu erwerben, während sein Sohn das benachbarte Heath House bauen konnte.

Charles Beales Familie konnte sich also rühmen, sowohl zu den *professionals* zu gehören, als auch den Status der *gentry* für sich zu reklamieren. Charles selbst folgte seinem Vater in die Beamtenkarriere und wurde 1660 stellvertretender Patentamtsbeamter. Mit dieser Position war der Besitz von Hind Court verbunden, wo die Beales lebten, als Samuel Woodforde bei ihnen einzog. Es ist nicht bekannt, wann und wie sich Mary und Charles kennenlernten. Der erste überlieferte Kontakt ist in einem Brief vom Juli 1651 von Charles an Mary belegt, gerichtet an die „Quintessenz der Güte" und mit Versen in einer schönen, verschlungenen Handschrift versehen, die sie als „bestes Meisterstück der Kunst / wertvoller als Jasons goldenes Vlies" beschreiben.[4] Ihr erstes Kind Bartholomew wurde 1654 in Walton beerdigt. Kurze Zeit später ist ihr Wohnort als Bow Street, Clerkenwell und dann im Jahr 1655/6 in Covent Garden überliefert, wo in St. Paul's ihr zweites Kind, auch Bartholomew genannt, getauft wurde. Am 20. Mai wurde Charles als *Fellow-Commoner*, also als Student, der kein Universitätsstipendium erhält, aber mit den *Fellows* zu Tisch sitzen darf, am Trinity College in Cambridge zugelassen, während Mary weiterhin Wohnraum in King Street mietete. 1660 waren sie nach Hind Court umgezogen. Am 23. Juni desselben Jahres wurde ihr zweites überlebendes Kind, Charles, geboren, das in ihrer örtlichen Gemeindekirche, St. Dunstan-in-the-West in Fleet Street getauft wurde.

Woodfordes Tagebuch ist voller Ereignisse und Einzelheiten. Oft werden Thomas Flatman und Charles Beales Freund John Cooke erwähnt, ein Beamter, der Lateinsekretär von Karl II. werden sollte. Woodforde und „sein Cousin Beales" essen oft mit Freunden; sie hören sich Stillingfleets Predigten in der Rolls Chapel an und verbringen Abende im Gespräch mit ihm („Wir waren sehr fröhlich und wie ich hoffe, ohne Sünde", schreibt Woodforde). Aber sein Tagebuch dokumentiert auch die Schwierigkeiten und das Unglück, das die

Beales in dieser Zeit befallen sollte. Aus Gründen, die nicht ganz klar sind, aber in gewisser Hinsicht damit zu tun haben, daß Sir Robert Howard, Beamter im Patentamt, seine Position verkaufte, wurde Charles' Stellung unsicher. Woodforde berichtet von Charles' Niedergeschlagenheit und von seinen Versuchen und denen seiner Freunde, seine Stellung zu retten. Aber im Juni 1665, sicherlich von der Pestepidemie beschleunigt, die zu dieser Zeit gerade London heimsuchte, entschieden sich die Beales, London dauerhaft den Rücken zu kehren und zogen in ein Haus, das sie in Albrook in Hampshire gekauft hatten.

Die Beales kehrten erst 1670 auf Dauer zurück, als sie den bewußten Entschluß gefaßt zu haben scheinen, ein kommerzielles Porträtatelier einzurichten. Bis dahin scheint Mary nicht professionell gemalt, sondern die traditionelle Rolle der Ehefrau und Mutter eingenommen zu haben, während Charles als Beamter das Geld verdiente. Der erste indirekte Verweis auf Marys Malerei findet sich in George Vertues Notizen (dem Kommentator der Kunstwelt aus dem frühen 18. Jahrhundert), die er aus dem heute verschollenen Notizbuch von Charles Beale aus dem Jahre 1672 machte. Charles hatte die Angewohnheit, Marys künstlerische Tätigkeit ebenso wie seine eigenen technischen Experimente mit Pigmenten und Leinwandgrundierungen in kleinen Taschenalmanachen zu dokumentieren. Nur zwei sind heute noch erhalten, eins aus dem Jahr 1677 und eins von 1681. Aber Vertue machte sich aus fünf weiteren, heute verschollenen Büchern Notizen, aus den Jahren 1661, 1671, 1672, 1674 und 1676. Er faßt die Bandbreite dieser darin enthaltenen Notizen anschaulich zusammen: „Seine Notizbücher", schreibt Vertue,

waren kleine Almanachtaschenbücher – in denen er täglich viele Geschäftsangelegenheiten und Familienausgaben notierte &c., aber am bemerkenswertesten sind die täglichen Verrichtungen seiner geschickten Gattin Mrs. Beal und ihre Malereien & Zeichnungen nach der Natur. Oder nach berühmten Gemälden. Jeden Tag erwähnt er genau, womit sie beschäftigt war und an welchen Teilen eines Gemäldes sie täglich arbeitete – ebenso Notizen zu seinen eigenen Angelegenheiten im Handel & der Herstellung von Ultramarin, an wen er verkaufte, zu welchem Preis & Grad – außerdem rotes Pigment, rosa Farben (& Bez. für Rahmen) seine Einnahmen und Ausgaben und die seiner Kinder, Mieten, Kosten, neben anderen Ereignissen, so daß er in jedem Jahr fast alle unbeschriebenen Seiten jedes dieser kleinen Bücher füllte (…).

1672, in einer „Zusammenfassung früherer Notizen", hielt Charles fest, daß am 13. September 1654 der Miniaturmaler Matthew Snelling Mary ein kleines „Päckchen rosa" Pigment geschickt hatte. 1658 schickte er ihr noch mehr davon und im selben Jahr taucht ihr Name in Sandersons „Graphice" neben Joan Carlile und Sarah Broman als erwähnenswerte Malerin auf. Aber wie bereits dargestellt, ist es unwahrscheinlich, daß Mary zu diesem Zeitpunkt bereits ein kommerzielles Porträtatelier unterhielt und Vertues Material scheint dies zu bestätigen. Über Charles' frühestes Notizbuch von 1661 schreibt er, daß es, obwohl es mehrere Angaben über Malutensilien wie „Stifte, Gänsefederpinsel & Schwanenpinsel" sowie „große Mengen grundiertes Malpapier" enthielt, anders als die anderen Notizbücher „keine Angaben über ihre Arbeiten oder die Menschen, die für sie Modell saßen, enthielt, so, als hätte sie in dieser Weise noch keine Aufträge gehabt, sondern nur studiert". Mary war zu diesem Zeitpunkt sicherlich eine geübte Malerin und in ihren Selbstporträts, zum Beispiel im „Selbstporträt mit Ehemann und Sohn"[5], präsentierte sie sich stolz als Künstlerin. Aber die erhaltenen Werke ebenso wie Samuel Woodfordes Tagebuch scheinen Vertues Annahmen zu bestätigen. Woodforde hält Mary bei der Arbeit in ihrem speziellen Malzimmer in Hind Court fest, aber die einzigen Porträts, die sie dort anscheinend gemalt hat, sind Porträts von Familienmitgliedern und Freunden, die sie ihnen schenkte oder mit denen sie „Freundlichkeiten" erwiderte, aber nicht, um damit Geld zu verdienen.

Obwohl Mary und Charles Beale sich mit dem führenden Porträtmaler der Epoche, Sir Peter Lely, gut verstanden, war er wohl eher ein Mentor in künstlerischen Fragen, jemand, auf dessen Bekanntschaft sie stolz waren, als Marys Lehrer. Er lieh ihnen Werke, damit Mary sie kopieren konnte, erlaubte ihnen, seine Sammlung von Drucken und Zeichnungen zu bewundern, und malte Porträts ihrer Freunde und Verwandten, die sie bei ihm zu ermäßigten Preisen in Auftrag gegeben hatten. Aber in künstlerischen Dingen ermutigte er Mary eher, als daß er ihr praktische Anleitung gab. Marys eigenes künstlerisches Interesse und ihr Drang, Malerin zu werden, rühren vermutlich eher aus ihrer frühen Verbindung zu Suffolk und der Gegend um Bury St. Edmunds her. Es scheint im 17. Jahrhundert regionales Zentrum vieler künstlerischer Aktivitäten gewesen zu sein. Marys Vater John Cradock malte als Laie selbst Stilleben und Miniaturen und wurde im Juli 1648 *freeman* der Maler-und Färber Gesellschaft, ein Mitglied also, der dem Beruf des Malers und Dekorateurs nachgehen und Auszubildende beschäftigen durfte. In seinem Testament vererbte er alle seine „empasterd rounds", wahrscheinlich grundierte Papierovale für die Miniaturmalerei, an seinen Neffen Nathaniel Thach, ein Künstler, der vermutlich der offizielle Miniaturmaler am Exilhof des Kurfürsten Friedrich V. von der Pfalz in Den Haag gewesen war. Matthew Snelling, der wie bereits erwähnt Mary Beale 1654 „rosa" Pigment geschickt hatte, war ebenfalls ein Miniaturmaler und stammte auch aus Suffolk, ursprünglich aus Horringer ganz in der Nähe von Bury St. Edmunds. Das „rosafarbene" Pigment (eigentlich eine gelbe Farbe) ist eng mit einem weiteren Künstler aus Suffolk verbunden, nämlich mit Sir Nathaniel Bacon, der eine spezielle Rezeptur dafür entwickelt hatte. Aus einer kürzlich untersuchten Handschrift von Charles Beales „Experimentelle Geheimnisse, entdeckt beim Malen"[6] kann man entnehmen, daß Charles dieses Rezept kannte und „Tests" ansetzte, „um Rosa herzustellen nach Art Sr Nath: Backons". So wie Marys Interesse an Malerei sicherlich durch ihren Kontakt mit dem Kreis um Bury St. Edmunds angeregt wurde, so scheint Charles' Interesse für Pigmentexperimente ebenfalls aus diesem Umfeld zu stammen. Gegen Ende des Jahres 1670 war die Familie Beale wieder fest in London verwurzelt, in einem Haus „neben dem Golden Ball", in der angesehenen Pall Mall, das sie für die jährliche und nicht eben geringe Summe von zweiundvierzig Pfund mietete. Das Haus in Albrook, wo ihr Freund John Cooke 1666 „alles munter, fröhlich & glücklich" vorgefunden hatte, wurde vermietet. Es ist in den Notizbüchern ab 1671 ganz offenkundig, daß Marys Porträtmalerei nun ein kommerzielles Unternehmen war. Ihre Kunden kamen hauptsächlich aus der Londoner Schicht der *professionals*, aber auch Mitglieder des Hofes und des Adels waren darunter. Die Herzogin von Newcastle war zum Beispiel eine treue und stetige Kundin, die großformartige Dreiviertelporträts ebenso wie „kleine" Kopien nach Sir Peter Lely in Auftrag gab, ein Format, auf das sich Mary spezialisiert zu haben scheint. Das Jahr 1677 wurde von einem umfangreichen Auftrag von über dreißig Porträts bestimmt, mit denen der Hochzeit von Catherine Thynne mit Sir John Lowther gedacht werden sollte. Jedes Bild sollte in zwei, manchmal drei Versionen gemalt werden, um es unter den weitverzweigten Familienmitgliedern verbreiten zu können. Persönliche Kontakte, familiäre Beziehungen und die Empfehlungen von Freunden haben sicherlich bei der Erlangung von Aufträgen eine wesentliche Rolle gespielt. Besonders spezialisiert war Mary auf Porträts ihrer geistlichen Freunde – „ihre Pfarrersbesuche", wie Flatman sie nannte. Das Einkommen der Beales, das mit der Porträtmalerei zu erzielen war, variierte von Jahr zu Jahr. Im Jahr 1677, einer ertragreichen Zeit, überschritt es vierhundert Pfund; 1681 war ein karges Jahr, in dem Mary viel Zeit „dem Studium und dem Fortschritt" widmete und ihr Einkommen kaum mehr als zweihundert Pfund betrug. Trotzdem konnte ihr Mann offensichtlich nicht anders, als sein Geld für Kunstwerke auszugeben, selbst in Zeiten großer Geldknappheit, zum Beispiel im April 1681, als er sich zehn Pfund von seinem Neffen leihen mußte. „Unser gnädiger, guter Gott hatte die Güte, uns dies zur rechten Zeit zu spenden, als wir uns in so großer und drückender Not befanden", schrieb er, „wir hatten zu Ostern nur noch zwei Shilling und sechs Pence im Haus. Für d. barmherzige Zeichen sei sein heiligster Name gepriesen, der sich so gütig unserer, seiner armen Kreaturen in unserem schlechten Zustand, erinnerte". Die Beales lebten ein diszipliniertes, tugendhaftes Leben. Sie spendeten trotz ihrer Schulden ein Zehntel ihres Einkommens an ein „frommes & wohltätiges Konto" und sie hielten sich streng an das Sabbatgebot (Mary malte niemals am Sonntag). Allerdings waren sie keineswegs übermäßig ernst oder humorlos. Sie nahmen gerne eine Kanne Wein als Bezahlung für ein Bild an und ihre Liebe zur Kunst war so groß, daß sie bereits 1661 Werke von Van Dyck, Rubens, Lely und Hanneman besaßen.

Bisher war die Auffassung verbreitet, Mary sei die Verdienerin der Familie gewesen, die als finanzieller Kopf des Hauses die Tradition verkehrte, während ihr Mann als Ateliergehilfe fungierte. Aber eine erneute Untersuchung von Charles Beales Rolle innerhalb des Ateliers hat ergeben, daß dies nicht der Fall war, denn seine Rolle war viel weitreichender und bedeutender. Es ist sicherlich richtig, daß er Marys Leinwände grundierte, Pigmente für ihren Gebrauch herstellte (auch, um diese an andere Künstler zu verkaufen) und die Verantwortung dafür hatte, Materialien für den Ateliergebrauch zu beschaffen, hauptsächlich von Apothekern aus der Londoner Innenstadt. Aber seine Rolle umfaßte offensichtlich mehr als die des Finanz- und Atelierverwalters. Seine „Experimentellen Geheimnisse", bereits im Jahr 1647 begonnen, zeigen, daß er bereits im Alter von sechzehn Jahren von den Techniken und Methoden der Malerei fasziniert war. Er machte chemische und technische Experimente und war ständig damit beschäftigt, billigere und schnellere Methoden zu entwickeln, um die Porträtproduktion des Ateliers zu beschleunigen und effizienter zu gestalten. Viele der Studien, die Mary 1681 zum Zwecke des „Studiums und der Verbesserung" ausführte, waren eigentlich Versuche für bestimmte von ihm entwickelte Techniken: zum Beispiel eine experimentelle Methode, mit der ein Bild bei einer Sitzung fertiggestellt wurde, statt in den üblichen vier oder fünf Sitzungen. Charles war auf das Talent seiner Frau ungeheuer stolz und gab sich besondere Mühe, das Lob Lelys für ihre Arbeiten in seinem Notizbuch festzuhalten. Sicher hätte Mary angesichts der Einschränkungen, denen das berufliche Engagement von Frauen im 17. Jahrhundert unterlag, nicht als professionelle Porträtmalerin arbeiten können, wenn ihr Mann dem nicht zugestimmt und ihre Aktivitäten nicht unterstützt und verwaltet hätte.

Die Analyse von Marys „Diskurs über die Freundschaft" zeigt, daß man, wenn man ihre Rolle als finanzieller Kopf des Hauses interpretiert, für sie eine Welt konstruiert, in der sie selbst nie hätte leben wollen. Durchgehend wird in diesem Dokument deutlich, daß Mary leidenschaftlich an Gleichheit und nicht an Überlegenheit glaubte und sich ihrer Rolle als liebende Ehefrau und Mutter ebenfalls bewußt war. Die Handschrift wurde 1667 verfaßt, als ihre Familie in Albrook lebte. Im März desselben Jahres schickte Mary eine Kopie an ihre Freundin Elizabeth Tillotson, die Frau von John Tillotson. „Im folgenden Diskurs habe ich versucht, Dir mein Herz offenzulegen", erzählt sie ihr, „wenn nicht so, wie es ist, so doch zumindest so, wie ich es mir wünsche, daß es wäre". Mary verwendet den Begriff der Freundschaft in seinem eigentlichsten Sinn, so, wie ihn ihre Zeitgenossen verstanden hätten, als eine halb-göttliche Beziehung, die über bloße Freundlichkeit hinausgeht. Es war ein festes Band, „die engste Gemeinschaft, die zwei verschiedene Seelen eingehen können", mit offensichtlichen Parallelen zum Christentum, dessen regulierender Verhaltenskodex darin enthalten war. So wie die Kirche von ihr erwartete, daß sie sich an die moralischen Werte der Selbstprüfung und Selbstdisziplin bei der Suche nach individuellem Heil hielt, so glaubte Mary daran, daß Freundschaft nach moralischen Grundsätzen geformt sei und die Erlangung der Tugend zum Ziel habe. „Tugend", so schreibt sie, „ist die wichtigste Stütze in diesem Leben, & das Glück im nächsten Leben", und Freundschaft ist „das aufrichtigste Licht", mit dem sie entdeckt werden könne. Marys Sicht der Freundschaft folgt tatsächlich ziemlich genau der Auffassung, die in vergleichbaren zeitgenössischen Veröffentlichungen dargelegt wurde, insbesondere in Jeremy Taylors „Diskurs über die Natur, die Aufgaben und Ausmaße der Freundschaft, mit Regeln wie man sie gestalten sollte"[7]. Diese Ansichten finden auch in anderen gedruckten Werken von Mitgliedern ihres Kreises ihr Echo. Zum Beispiel betrachtete Simon Patrick (Dekan von Peterborough, später Bischof von Ely), den Mary häufig gemalt und den Charles als „unseren ehrenwerten Freund" beschrieben hatte, Freundschaft als Vorbereitung für das ewige Leben, eine Sicht, die er in seinem „Rat an einen Freund" (1673) ausführte, einem Buch religiöser Anleitung, das mit einem Zitat der Apokryphen beginnt, „Bevor du stirbst, tue Gutes dem Freund" (Buch Jesus Sirach XIV.13).

Mary glaubte, daß Tugendhaftigkeit, das Ziel der Freundschaft, durch das bewußte Nacheifern von Tugend, Güte und Weisheit der Freunde zu erlangen sei. Um ein guter Freund oder eine gute Freundin zu sein, müsse man Tugend besitzen, und um von der Freundschaft zu profitieren, müsse man Freunde auswählen, die tugendhaft seien. In der Tat sollte die Freundschaft von gegenseitigem Nutzen sein. Sowohl Mary, Charles und Samuel Woodforde suchten „Nutzen" von ihren Freunden zu erlangen: „Mr. Tillotson ist heute gekommen, um für meine Cousine (d.h. für Mary) Modell zu sitzen", schreibt Woodforde am 4. Oktober 1664, „der Herr heilige unser Gespräch & mache es zu unserem Nutzen". Am 31. Oktober verbrachte Stillingfleet den Abend in Hind Court. „Er war 2 oder 3 Stunden bei uns", schreibt Woodforde, „er ist ein sehr exzellenter Mann & wenn wir nicht von seiner Unterhaltung nutzen ziehen, so ist es unsere eigene Schuld". Offensichtlich betrachtete Mary Beale ihren Kreis als engverbundene Gemeinschaft von tugendhaften, intellektuellen und gleichgesinnten Menschen, die durch ihre Verbindung nach gegenseitiger Besserung trachteten. In ihrem „Diskurs" schreibt sie: „Obwohl Tugendhaftigkeit von manchen bewundert wird, wenn sie bei einer einzelnen Person vorgefunden wird, wird sie jedoch viel großartiger, wenn sie in einer hervorragenden & großen Gemeinschaft von Freunden zusammenkommt, in der die verschiedenen Tugenden eine einzige vollendete Übereinstimmung eingehen".

Für Mary erforderte wahre Freundschaft auch Zuneigung und Ehrlichkeit. Freunde sollten vollkommen treu und zuverlässig Geheimnisse bewahren; sie sollten Geduld und Verständnis haben, um die Fehler und Schwächen anderer tolerieren zu können; und sie sollten mit Rat und Unterstützung in guten wie in schlechten Zeiten bereitstehen. Vor allem aber sollten Freunde ebenbürtig sein –

ohne Gleichheit könne keine Freundschaft existieren. „Dies ist die Vollendung der Freundschaft", schreibt sie an Elizabeth Tillotson, „daß sie die, die sich zu ihr bekennen gleichstellt und alle Entfernung beiseite legt & und alles eben macht, so daß keiner dem anderen gegenüber im Vorteil ist". Marys Aussagen über die Gleichheit sind deshalb wichtig, weil sie offensichtlich, wenn sie über Freundschaft spricht, darin auch die Ehe einschließt. Dies war nicht ungewöhnlich. Protestanten betonten die Ehe als dauerhafte Freundschaft und für Jeremy Taylor war sie „die Königin der Freundschaft (…), das Maß aller anderen Dinge". In den Bemerkungen, mit denen sie ihren *Diskurs* beginnen läßt, gibt Mary ihrer Auffassung allerdings dezidierteren Ausdruck. Mutig behauptet sie, daß Gott die Männer und Frauen gleich geschaffen habe: Er erschuf Eva als „Ehefrau und Freundin, aber nicht als Sklavin". „So finden wir sie am Anfang Adam nicht unterworfen", schreibt sie, „sondern immer von gleicher Würde & Ehre wie er".

Trotz dieser Aussage hielt sich Mary an die Doktrin der anglikanischen Kirche, die Frauen den zweiten Platz zuwies. Sie akzeptierte, daß Frauen als Folge von Evas Sünde die Position der Untergebenen zugewiesen worden war. Evas Bestrafung war „ein Fluch, den sie nicht nur über sich selbst brachte, sondern der Folgen für ihre gesamte weibliche Nachkommenschaft hatte". Innerhalb dieser Doktrin konstruiert sie jedoch ihre Argumentation für die Gleichheit der Geschlechter. Sie glaubte an die Möglichkeit weiblicher Erlösung, nicht für alle, aber für die glücklichen Auserwählten, „die durch das Eingreifen der Freundschaft ihren Bund der Ehe in seinen ursprünglichen Zustand versetzt haben". Aber trotz dieser Haltung war sie sich ihrer Pflicht, ihrem Ehemann zu gehorchen und ihn zu ehren, bewußt – die untergeordnete Stellung der Frau und die Notwendigkeit der Unterwerfung und des Gehorsams wurden in der Agende, im „Book of Common Prayer", betont, während Tillotson in seinen Schriften Gehorsam gegenüber bestehenden Autoritäten als Tugend und grundlegendes christliches Prinzip hervorhob. Als fromme Frau ist Mary daher sehr daran interessiert, daß Gleichheit nicht „den Respekt schmälert, d. Untergeordnete, obwohl Freunde, denen schulden, die von der Vorsehung eine höhere Stellung zugewiesen bekommen haben". Sie konnte Gleichheit und Gehorsam mit der Gleichstellung von Liebe und Autorität in Einklang bringen. Der Wunsch, sich selbst unterzuordnen, schreibt sie, sei die unweigerliche Folge der Liebe. „Ich werde in der Liebe meines Freundes verschlungen", erklärt sie Elizabeth, „dann trachte ich mehr nach seinem Glück als nach meinem eigenen (…) und ziehe ihn bei allen Gelegenheiten vor & begnüge mich damit wie Jonathan den zweiten Platz in dem Königreich der Freundschaft einzunehmen, in dem er uneingeschränkt herrscht". Sie argumentierte allerdings gegen den Machtmißbrauch, den wahre Freundschaft mit der Betonung auf Gleichheit und gegenseitigem Respekt nicht zulassen würde. Zugleich war sie davon überzeugt, daß übergroße Ängstlichkeit angesichts der Macht eine derartige Distanz schaffen würde, daß „es niemals einen freien Austausch von Gedanken & den wichtigsten Angelegenheiten geben kann", der Hauptaufgabe der Freundschaft. Es herrscht wenig Zweifel daran, daß die Art der Freundschaft, die Mary in ihrem „Diskurs" vertritt, die zuneigungsvolle, liebende und gleichwertige Partnerschaft beschreibt, deren sie sich mit ihrem Mann erfreute. Es war eine wahre und ebenbürtige Freundschaft, in der Mary die Freiheit hatte, „ihre geheimsten Gedanken" zu offenbaren. In Charles' Notizbüchern wird Mary immer als „Dearest Heart", „Geliebtestes Herz", bezeichnet (meist abgekürzt mit „D. H."), während Marys Selbstporträts ihr Freundschaftskonzept widerspiegeln, in dem sie mit großer Leichtigkeit die Gleichheitsethik mit der für sie wichtigen Rolle der Ehefrau und Mutter verband. Zum Beispiel schließt Mary in ihrem Selbstporträt (ca. 1665–6)[8] stolz ihre Palette in die Darstellung ein, ein Symbol ihres Handwerks, das an der Wand hinter ihr hängt. Ihre Darstellung hat ein Gegenüber, nämlich das Porträt ihres Mannes[9]; wenn man es neben ihr Selbstporträt hängt, liegt das Porträt ihrer beiden Söhne, auf dem Mary in ihrer Selbstdarstellung liebevoll ihre Hände ruhen läßt, genau zwischen dem Ehepaar. Mary stellt sich selbst nicht nur als Künstlerin dar, sondern betont auch die glückliche Familie und ihre Rolle als sorgende Ehefrau und Mutter.

Es ist nicht übertrieben, zwischen Marys Absichten in Fragen der Freundschaft und ihren Zielen in der Porträtmalerei Verbindungen zu suchen. Durch die Freundschaft wollte sie die Tugendhaftigkeit ihrer Freunde nachahmen und in ihrer Porträtkunst suchte sie, diese darzustellen. In den Porträts ihrer Familie und Freunde, und vor allem in den Porträts ihrer theologischen Freunde, hoffte sie nicht nur die Eigenheiten ihrer äußeren Erscheinungen einzufangen, sondern auch die „Schönheit ihrer Seelen", ihre inneren Qualitäten und Tugenden, die sie an ihnen als Freunde so sehr bewunderte und denen sie nacheiferte. Sie zielte nicht nur auf die Darstellung der individuellen Persönlichkeit ab, sondern auch auf ihre Würde, Reinheit und Tugend, von der andere Nutzen ziehen konnten. Jeremy Taylor beschreibt die Freundschaft als etwas, das sich aus reinen Dingen speist, „aus Ehrhaftigkeit, die die Nahrung der Freundschaft ist", und es war genau das, was Mary in ihren Bildern einfangen wollte. Eine Parallele zu diesem Ansatz, der öffentliche, noble Eigenschaften im Privaten und Besonderen suchte, findet sich auch in einigen biographischen Werken der Epoche, zum Beispiel in Gilbert Burnets Schrift über Matthew Hale. Burnet, Historiker und Theologe, war ein Freund von Mary und Charles sowie von Tillotson und Stillingfleet, dessen theologische Überzeugungen er teilte, und es ist überliefert, daß Mary ihn bei mehreren Gelegenheiten malte. In der Darstellung Hales, schreibt Burnet, habe er versucht, das Porträt eines Menschen zu zeichnen, dessen private Eigenschaften ihn zu einer nachahmenswerten Person machten. Er fährt fort: „Meine Absicht beim Schreiben ist es, der Welt ein Modell heroischer Tugend zu präsentieren".

Trotz ihrer Darstellung von Moral und Tugend sind Marys Porträts keine
idealisierten Bilder, sondern deutlich das Produkt genauer Beobachtung.
„Schmeichelei & Heuchelei", schreibt sie, „ist eine Art Scheinfreundschaft". Die
Offenheit, Ehrlichkeit und Menschlichkeit, mit der sie ihre engen Vertrauten
malte, scheint diese Aussage widerzuspiegeln, und die wahrheitsgetreue Darstellung war ihr offensichtlich ein wertgeschätztes Anliegen. In seinen Notizbüchern, wenn Charles diejenigen Gemälde lobt, die er am meisten bewunderte, sind es unweigerlich die Bilder, die „ähnlich" sind, die er nennt. Am 27. April
1681 fand er ihr Porträt von Tillotson „sehr ähnlich und (...) von außergewöhnlich schöner Farbigkeit", und am 17. Oktober lobte er ihre Darstellung
von Simon Patrick: „unseres ehrenwerten Freundes, des Dekans von Peter-
burghs Bld. Ausgeführt auf Sackleinen, d. ich sowohl wegen der Malerei & der
Ähnlichkeit zu den besten Bildern zähle, die mein gel. Herz je gemalt hat",
schreibt er, „& deshalb erst recht dazu geeignet, es ihm, dem wir so sehr zu
Dank verpflichtet sind, zu überreichen". Die Mitglieder des Beale-Kreises strebten nach Realismus, Genauigkeit und Ehrlichkeit, und diese Qualitäten waren
auch für die *Royal Society* von zentraler Bedeutung. Abraham Cowleys Verse,
die Sprats Geschichte der *Society* vorangestellt sind, warnen Künstler davor, die
Gemälde der alten Meister zu kopieren und ermutigen sie statt dessen, sich von
der Wirklichkeit inspirieren zu lassen und in der Porträtmalerei das, was vor
ihnen steht, genau zu beobachten und darzustellen. Mary hat tatsächlich Werke
von Van Dyck kopiert und auch ganz offen Lelys glanzvolle Posen in ihren eigenen Arbeiten benutzt. In den meisten Fällen sind solche Kunstgriffe und Anlei-
hen jedoch entweder zu Studienzwecken erfolgt, oder sie finden sich in Auf-
tragsporträts von Mitgliedern der Gesellschaft. Sie hat sie nur selten in den
Porträts ihrer Vertrauten angewandt, bei denen sie es vorzog, diese genau zu
beobachten und am lebenden Modell zu studieren. Die Vertrautheit zwischen
der Künstlerin und dem Modell, oder in der Begrifflichkeit der Freundschaft
ausgedrückt, diese Gleichwertigkeit, resultierte in zwingend direkten, aufrich-
tigen und wohlwollenden Darstellungen.

Die direkte Herangehensweise an die Dinge war ein Kennzeichen der *Royal
Society*, deren ausdrückliche Aufgabe es war, das Wissen um Gottes Werk durch
Beobachtung und Experimentieren zu vermehren. Viele in Marys engem
Freundeskreis waren Mitglieder der *Society*, einschließlich Samuel Woodforde,
Thomas Flatman und sowohl Tillotson als auch Stillingfleet. „Sie haben ihre
Mitglieder zu einer nackten, natürlichen Art des Sprechens; positiven Aus-
drücken, klarem Sinn (...) gebracht", schrieb Sprat in seiner Geschichte, „und
sie bringen alle Dinge so nah an mathematische Einfachheit heran wie nur
möglich (...)." Dieses Diktum wurde sowohl von Tillotson als auch von Stillingfleet in ihren Predigten befolgt, die durch Einfachheit und Klarheit ihren
Effekt erlangen sollten. Der berühmte Tagebuchautor Samuel Pepys hörte Stil-

lingfleet am 23. April 1665 predigen: „Er sprach die einfachste, ehrlichste, beste und ernsthafteste Predigt, in der unbekümmertsten und leichtesten, und doch gewichtigsten Art, die ich je in meinem Leben gehört habe", schreibt er. Diesem Prinzip folgte auch Mary durch den Realismus, die Zugewandtheit und die Intimität, mit der sie ihre Familie zeichnete; und ihr Sohn Charles folgte ihrem Beispiel in seinen bemerkenswerten Skizzen der Mitglieder des Haushaltes und des Ateliers. Diese Kreidezeichnungen stammen aus den Jahren 1679–81[10] und stellen unter anderem seinen Vater, das Hausmädchen der Beales, Susann Gill oder Carter, und den Angestellten im Atelier dar, der für das Mahlen der Pigmente zuständig war, dar. Als Ganzes treffen diese Bilder einen erstaunlich freien, direkten und informellen Ton. Puritanischer Individualismus und die Achtung aufrichtiger Schlichtheit, die Oliver Cromwells bekannte Aussage prägen, er wolle sein Porträt „wirklich ähnlich & und ohne jede Schmeichelei" gemalt haben, finden ihre Entsprechung in der Frömmigkeit des Beale-Kreises und in der ernsthaften Suche der *Royal Society* nach der Wahrheit. So wie Cromwells berühmte Darstellung ihn mit seiner Warze zeigt, so wurde Charles Beale von seiner Frau und seinem Sohn porträtiert.

Mary malte die meisten Mitglieder ihres eng vertrauten Kreises meist mehr als einmal und selten mit der Erwartung einer finanziellen Erwiderung. Ihre Freunde gaben auch gegenseitig Bilder bei ihr in Auftrag. Zum Beispiel wurde ein Bild von Stillingfleet im Jahr 1681 für Burnet vollendet, das Charles in seiner Liste von Poträts in diesem Jahr „für Freunde & als Dank und nicht gegen Profit" erwähnt. Solche Bilder dienten als visuelle Erinnerungen an ihre Freunde, die für die Nachwelt ihre Erscheinung, Güte und Tugenhaftigkeit und, nach ihrem Tod, die leidenschaftliche Erinnerung an die Freundschaft festhielten.

Insgesamt werfen die überlieferten Dokumente über Mary Beales' Leben und künstlerisches Schaffen sowie die Gemälde selbst ein Licht auf ihre Überzeugungen, ihren Glauben, ihr Leben und das ihres Freundeskreises. Sie zeichnen auch das detaillierteste Bild des Alltags eines Londoner Ateliers des 17. Jahrhunderts, das uns heute bekannt ist. Daß Mary als Frau so viel erreichen konnte, verdankte sie der Unterstützung ihres Mannes und dem gemeinsamen Glauben an die Ebenbürtigkeit der Freundschaft. Mary wollte nie die Überlegene sein. Nach ihrer Auffassung waren Ruhm, Profit und Größe „unanständige Begehren", die gegen die christliche Tugend der Bescheidenheit verstießen. Marys künstlerisches Werk spiegelt die Bescheidenheit ihrer Überzeugungen wider, in deren Kern ein tiefer Glaube an die Moral verwurzelt ist.

Übersetzt von Gesa Stedman und Monika Stedman.

Cathrin Brockhaus

Aphra *B*ehn
(1640–1689)

Peter Lely (Werkstatt): Aphra Behn (ca. 1675/1680).
Privatbesitz Arthur Schlechter, New York.

Aphra Behn prägt im England des ausgehenden 17. Jahrhunderts ein gänzlich neues Bild der schreibenden Frau: Jung verwitwet und von vermutlich einfacher sozialer Herkunft, schreibt Behn, um ihren Lebensunterhalt zu verdienen. Als erste Schriftstellerin in England macht sie das Schreiben zum Beruf, unterwirft sich damit bewußt den Anforderungen eines literarischen Marktes, veröffentlicht ihre Werke unter eigenem Namen und stellt sich selbstbewußt der männlichen Konkurrenz. In knapp zwei Jahrzehnten literarischer Tätigkeit verfaßt Behn ein umfangreiches Œuvre von etwa 20 Theaterstücken, Gedichtsammlungen, Prosawerken und Übersetzungen.

Das zeitgenössische Frauenideal verlangte umfassende weibliche Selbstkontrolle, von zentraler Bedeutung war dabei die weibliche Tugend der *modesty*, der Bescheidenheit und Sittsamkeit. Eloquenz, Phantasie, Wißbegierde und geistige Beweglichkeit – Voraussetzungen dichterischer Begabung – bargen in sich, so glaubte man, bereits den Keim nicht nur verbaler, sondern auch sexueller Ausschweifung. Wenn schreibende Frauen die ihnen zugedachte private Sphäre durchbrachen, indem sie ihre Werke veröffentlichten, riskierten sie ihren guten Ruf. Man assoziierte damit die Schamlosigkeit einer „öffentlichen Frau".

Im Fall von Aphra Behn, die ihre Werke unter ihrem eigenen Namen publizierte, wurde dies verstärkt durch das Genre, in dem sie ihr literarisches Debüt als professionelle Autorin wagte – dem Drama als öffentlichster aller literarischen Gattungen. Die schonungslose Konfrontation mit der Theateröffentlichkeit und ihrer direkten, oftmals aggressiven Form der Kritik sowie die physische Nähe zu den übel-beleumundeten Berufsschauspielern bildeten die Rahmenbedingungen professioneller Dramenpraxis. Die öffentlichen Theater der Restaurationszeit, auf denen ab 1660 erstmals Berufsschauspielerinnen die Frauenrollen verkörperten, wurden zwar auch von Frauen besucht, galten jedoch in bürgerlichen Kreisen der Bevölkerung nicht zuletzt wegen des starken höfischen Einflusses als Stätten der Unmoral und Ausschweifung. Im Theater warben Prostituierte in schamloser Weise um Freier, und oft genug kam es zu gewalttätigen Auseinandersetzungen im Zuschauerraum. Professionelle weibliche Tätigkeit am Theater – ob als Dramatikerin oder Schauspielerin – zog unweigerlich den Verlust des guten Rufes nach sich.

Als Aphra Behn im September 1670 mit der Aufführung ihrer Tragikomödie „The Forc'd Marriage; or, The Jealous Bridegroom" am Londoner Duke's Theatre ihre Karriere als Dramatikerin beginnt, kann sie bereits auf ein abenteuerliches Leben zurückblicken: Um 1640 als Aphra Johnson in Canterbury oder Umgebung als Tochter eines Barbiers und Gastwirts und einer Amme geboren, hat sie bereits als junge Frau einige Zeit in der damaligen englischen Kronkolonie Surinam gelebt und vermutlich noch weitere Kolonien in Amerika bereist. Surinam ist Schauplatz ihrer berühmten Kurzgeschichte „Oroonoko; or, The Royal Slave" (1688), die zahlreiche autobiographische Hinweise enthält. Von früheren Biographen angezweifelt, geht die Forschung heute davon aus, daß Behn sich tatsächlich in Surinam aufgehalten hat. Neben ihren detaillierten Kenntnissen dient ein indianischer Federschmuck als Beweis, den Behn als Souvenir aus Surinam mitgebracht und der königlichen Theatertruppe als Requisit für die Aufführung von John Drydens und Sir Robert Howards Gemeinschaftsproduktion „The Indian Queen" 1664 zur Verfügung gestellt hatte.[1] Die genauen Umstände und Gründe für diese lange und gefährliche Reise liegen allerdings im dunkeln. War ihr Vater tatsächlich, wie sie behauptet, „Lieutenant-General von 36 Inseln und dem Festland von Surinam" im Dienste der Krone und starb auf der Überfahrt? Wenn dies der Fall ist, handelt es sich wohl nicht um ihren leiblichen Vater, den Gastwirt, sondern vielleicht um einen adligen Ziehvater? War sie eine Bedienstete der Willoughby-Familie oder schon damals eine Spionin für den König? Oder mußte sie wegen einer möglicherweise illegitimen Liebesbeziehung aus ihrer Heimat fliehen? Eine andere, düstere Erklärung könnte sein, daß sie wegen Schulden oder gar krimineller Vergehen nach Surinam strafverbannt wurde. Diebe, Prostituierte, Schuldner, politische und religiöse Dissidenten wurden damals häufig in die Kolonien deportiert.

Nach ihrer Rückkehr nach England 1664 heiratete sie vermutlich den noch immer nicht eindeutig identifizierten Mr. Behn. Es gibt keine Dokumente oder Selbstzeugnisse der Autorin bezüglich einer Eheschließung oder eines Ehemannes. Einiges deutet jedoch darauf hin, daß Mr. Behn ein im Überseehandel tätiger Kaufmann deutscher oder niederländischer Abstammung war. Es wurde spekuliert, daß Mr. Behn ein Opfer der Pestepidemie von 1665 oder des Großen Feuers von London (1666) wurde. Tatsache ist, daß Aphra während ihrer gesamten Schaffenszeit als Schriftstellerin stets den Namen Aphra Behn oder das Pseudonym Astraea verwendete.

Auf Vermittlung des Höflings und Theaterdirektors Sir Thomas Killigrew war Aphra Behn im zweiten englisch-holländischen Krieg 1666/67 als Spionin für den Stuart-König Karl II. in den Niederlanden tätig. Die während ihrer Spionagetätigkeit auf dem Kontinent angehäuften Schulden konnte sie wegen ausbleibender königlicher Entlohnung nicht begleichen, weshalb sie nach ihrer Rückkehr nach London 1668 für unbestimmte Zeit ins Schuldgefängnis kam. Es ist unklar, wie lange sie dort ausharren mußte, und wie es ihr gelang, freizukommen. Möglicherweise konnten sich adlige Gönner, vielleicht Sir Thomas Killigrew persönlich, beim König für sie verwenden. Wieder in Freiheit mußte sich Behn ihren Lebensunterhalt selbst verdienen. Ihre guten Kontakte zu Theaterleuten wie Killigrew und der einflußreichen Howard-Familie erleichterten ihr den Einstieg ins Theaterleben.

Eine anfängliche Tätigkeit Behns als Kopistin von Theaterstücken ist denkbar. Neben ihrer Arbeit für das Theater betätigte sie sich auch als Herausgeberin populärer Texte. Zu Beginn ihrer Karriere bot das Theater gute Verdienstmöglichkeiten: Der Bedarf an neuen Stücken war groß, insbesondere bei der Duke's Company, die weniger Aufführungsrechte für alte Theaterstücke besaß als die rivalisierende King's Company. Das unter der Patronage des königlichen Bruders, James, Herzog von York, stehende Theater verfügte über ein junges, engagiertes Schauspielerensemble und seit dem Bezug des neuen Schauspielhauses Dorset Gardens im November 1671 über ein modernes Theatergebäude. Während ihrer gesamten Schaffenszeit als Dramatikerin schrieb Behn ausschließlich für das Ensemble des Duke's Theatre, das 1682 mit Thomas Killigrews weniger erfolgreicher Truppe zur United Company fusionierte.

Etwa ab Mitte der 1680er Jahre hatte Aphra Behn wie die meisten anderen professionellen Autoren der Zeit zunehmend mit finanziellen Problemen zu kämpfen. Behns Bittbriefe an den Verleger Jacob Tonson und ein Schuldschein aus dem Jahr 1685, als sie sich gezwungen sah, vom Theaterschatzmeister Zachary Baggs £6 zu leihen, dokumentieren ihre finanzielle Notlage. Wie ihre Kollegen versuchte Behn, sich durch fieberhafte literarische Produktion – Sammlungen von Gedichten und Liedern, Satiren und Pamphleten sowie Übersetzungen klassischer und populärer französischer Autoren – über Wasser zu halten. Die letzten drei Jahre ihres Lebens waren daher für Behn sehr produktiv – in diese Zeit fällt die Publikation ihrer beiden letzten Theaterstücke sowie ihres gesamten Prosawerkes. Wohl in erster Linie in der Hoffnung auf finanzielle Unterstützung verfaßt Behn zu dieser Zeit außerdem eine Reihe von Lobgedichten. Die Begleittexte zu ihrer im März 1687 am Dorset Gardens Theatre aufgeführten Farce „The Emperor of the Moon" legen ein beredtes Zeugnis ab vom Niedergang der Bühne und sind Behns letzter Versuch, adlige oder höfische Patronage zu erlangen. Noch im selben Jahr nimmt sie enttäuscht Abschied von der Bühne.

Danach widmet sich Behn zunehmend der klassischen Literatur der Antike, die ihr durch die Fülle neuer Klassiker-Übersetzungen in dieser Zeit zugänglich wurde, und zeigt ein ausgeprägtes Interesse an philosophischen und naturwissenschaftlichen Fragen. Ihre eigene Beteiligung an Übersetzungsprojekten bringt sie in Kontakt mit Intellektuellen wie dem Oxforder Gelehrten Thomas Creech, dessen Übersetzung von Lukrez' „De Rerum Natura" sie in einem Lobgedicht zur zweiten Ausgabe dieses Werkes 1683 würdigt. Die zentralen Werke der klassischen Autoren Ovid, Vergil und Plutarch sowie der Philosophen Hobbes und Descartes dürften ihr vertraut gewesen sein. 1680 beteiligt sie sich an der Übersetzung von Ovids „Heroides". Im Vorwort lobte der Herausgeber des Werkes, John Dryden, ausdrücklich Behns Paraphrase des Briefes von Oenone an Paris. Ein Jahr vor ihrem Tod beschäftigt sich Behn mit astronomischen und religionsgeschichtlichen Themen im Rahmen ihrer Übersetzung der populär-wissenschaftlichen Werke Fontenelles, „Discovery of New Worlds" und „The History of Oracles" (1688). Der „Discovery of New Worlds" schickt sie ihr eigenes „Essay on Translated Prose" voraus. Darin erörtert sie linguistische Fragen der Übersetzung und unternimmt den Versuch, kopernikanische Astronomie mit biblischer Kosmologie zu versöhnen.

Ein entscheidender Faktor für Aphra Behns Befähigung zur Autorin war ihr – gemessen am zeitgenössischen Standard weiblicher Bildung – überdurch-schnittlich hoher Bildungsstand. Da Behns Herkunft und soziale Stellung immer noch weitgehend ungeklärt sind und uns biographische Informationen über ihre Jugendzeit fehlen, bleibt es rätselhaft, wie sie diese Bildung erwerben konnte. Behns spätere katholische Sympathien gaben zu der Spekulation Anlaß, sie sei während der Commonwealth-Zeit in einem katholischen Kon-vent auf dem Kontinent erzogen worden, was auch ihre guten Fremdsprachen-kenntnisse erklären würde.[2] Neben Lesen und Schreiben beherrschte Behn Französisch und Niederländisch sowie Grundkenntnisse des Italienischen und Spanischen.

Behns Einstellung zur Bildung kann man als ambivalent bezeichnen. Auf-grund ihrer geschlechtsbedingten Benachteiligung in Bildungsfragen sind Behns Selbstaussagen zu diesem Bereich geprägt von Minderwertigkeitsge-fühlen gegenüber ihren männlichen Dichterkollegen. Im Kontext von Lobge-dichten und Elegien nimmt Behn ihren männlichen Adressaten gegenüber die gattungsbedingte konventionelle Pose der Bescheidenheit und Demut ein und verknüpft diese mit zeitgenössischen Vorstellungen weiblicher Schwäche und Unvollkommenheit. So greift sie in ihrem Lobgedicht an Thomas Creech von 1683 die physiologische Begründung weiblicher intellektueller Unterlegenheit auf, wenn sie vorgibt, aus „schwächerem Samen geschaffen" zu sein, ihr Ver-stand „nachlässig geformt aus schwerfälligeren Atomen"[3]. Ihre Verse, bedauert sie, entbehren der männlichen Stärke, sind weiblich zart und schwach, geeignet für ein Liebesgedicht, jedoch nicht, um den Ruhm eines großen Mannes zu preisen. Im Lobgedicht an Sir Francis Fane (1687) vergleicht Behn männliche Schöpferkraft mit dem Lorbeer, immergrünes Symbol des Sieges und poeti-scher Genialität, der die weibliche Kreativität – verglichen mit der Blume als dem Symbol vergänglicher Schönheit – deutlich unterlegen ist. Indem sie Fanes Werk mit den Begriffen „Feuer", „Hitze", „Kraft", „noble Höhen" charakterisiert und mit ihren eigenen als „zart", „jung", „kalt", „schwach" und „geduckt" be-schriebenen dichterischen Leistungen kontrastiert, bestätigt Behn die Theorien der zeitgenössischen Humorallehre.

Eines der Hauptargumente zur Disqualifikation weiblichen Schreibens war das Negieren weiblicher literarischer Kompetenz aufgrund mangelnder intellektueller Fähigkeiten. Am Anfang ihrer Karriere, als sie um ihre Existenzberechtigung als Dramatikerin kämpfen mußte, reagierte Behn darauf mit einer selbstbewußten Offensive in ihrer „Epistel an den Leser", die sie ihrer Komödie „The Dutch Lover" (1673) als Vorwort voranstellte. Hierin attackiert sie zunächst die Vertreter männlicher Bildung:

Das meiste von dem, das den Namen Bildung trägt, und das solche Unmengen von Tinte und Papier verbraucht, und unaufhörlich so viele unwissende, unglückliche Seelen zehn, zwölf, zwanzig Jahre in den Universitäten beschäftigt (wobei die armen Wichte die ganze Zeit denken, sie tun etwas Wichtiges), wie Logik, &c. (…) ist viel mehr absolut nichts als das irrigste Stück, das je geschrieben wurde.[4]

Bei ihrem Spott gegen die pedantischen Gelehrten und ihr nutzloses Tun konnte sich Behn außerdem der Zustimmung der aristokratischen Dilettanten sicher sein, die ebenfalls eine anti-akademische Position vertraten. Behn führt die vermeintlich biologisch bedingten, mangelhaften intellektuellen Fähigkeiten von Frauen auf fehlende Bildungsmöglichkeiten zurück und leugnet zuletzt rundweg die Bedeutung akademischer Bildung und Gelehrsamkeit als Grundvoraussetzung dramatischen Schaffens:

Wenn Frauen die gleiche Ausbildung bekommen wie Männer, sind sie genauso befähigt zu wissenschaftlicher Betätigung jedweder Art wie diese: Ich möchte nur folgendes sagen (…), daß Theaterstücke nur wenig Raum bieten für das, was der größte Vorteil der Männer gegenüber den Frauen ist, nämlich Gelehrsamkeit.[5]

Zwischen 1670 und ihrem Tod im April 1689 schuf Aphra Behn 17 Dramen, davon wurden 15 zu ihren Lebzeiten aufgeführt und publiziert. Zwei Dramen, „The Widow Ranter" (1689) und „The Younger Brother" (1696), wurden posthum aufgeführt und veröffentlicht. Darüber hinaus werden Aphra Behn mehrere anonym publizierte Theaterstücke zugeschrieben, wobei es sich vorwiegend um Bearbeitungen älterer Stücke englischer Dramatiker handelt. Damit zählt Aphra Behn zu den produktivsten Dramatikern ihrer Zeit, was sich aus ihrer Professionalität und der Notwendigkeit zum Gelderwerb ergab. Dieser Produktionszwang und der damit verbundene immense Zeitdruck mag in manchen Fällen die Qualität einzelner Werke beeinträchtigt haben. Hinsichtlich der thematischen und formellen Originalität lassen sich bei der stark von Genrekonventionen geprägten Restaurationskomödie ohnehin nicht unsere heutigen, vom romantischen Originalitätsbegriff beeinflußten literaturkritischen Maßstäbe anlegen. So war der Rückgriff auf populäre Handlungsmuster und Charaktere – von der geringfügigen Anleihe bis hin zur vollständigen Adaptation älterer Stücke einheimischer oder ausländischer Autoren – durchaus legitime Dramenpraxis der Zeit. Es handelt sich bei Behns Stücken und denen ihrer männlichen Kolle-

gen um Gebrauchskunst – vergleichbar mit Drehbüchern für Film und Fernse-
hen unserer modernen Unterhaltungsindustrie. Das Theater der Restaurationszeit war ein Repertoiretheater, das im raschen Wechsel immer neue Stücke auf
die Bühne brachte. Behns Komödien stellen einen bedeutenden Beitrag zur Dra-
menproduktion der 1670er und 1680er Jahre dar und sind typisch für die Varia-
tionsbreite der Restaurationskomödie während dieser beiden Jahrzehnte.

Hinsichtlich des Genres läßt sich bei Aphra Behn eine klare Präferenz der
Komödienform feststellen: in ihrem dramatischen Œuvre von 17 gesicherten
Theaterstücken finden sich nur eine Tragödie, „Abdelazar" (1676), und vier ro-
mantische Tragikomödien – „The Forc'd Marriage" (1670), „The Amorous
Prince" (1671), „The Young King" (1679) sowie „The Widow Ranter" (1689).
Bei den restlichen Stücken handelt es sich um Komödien.

Die von Behn praktizierte unterhaltsame Intrigenkomödie erscheint als typisch weibliches Genre, gemäß der zeitgenössischen Beschränkung weiblichen
Denkens und künstlerischen Schaffens auf die niedrigen Dinge des Alltags, auf
anspruchslose Themen und literarische Formen. Zudem gilt die typische Thematik der romantischen wie der Gesellschaftskomödie – Lieberswerbung, Fragen der Eheschließung, amouröse Intrigen – seit jeher als eine Domäne der
Frauen. Insbesondere während der Restaurationszeit ist der Komödie dadurch
jedoch ein größerer Realismus eigen, der sie von der damals ebenso populären
heroischen Tragödie mit ihrem hohlen Pathos und der thematischen Konzentration auf die männliche Sphäre des Helden unterscheidet. Diese Realitäts-
bezogenheit der Komödie äußert sich in der Ansiedelung der Handlung in der
Gegenwart und dem natürlicheren Spiel der Akteure, insbesondere ihren am
Alltagsleben orientierten Umgangsformen und ihrem relativ ungekünstelten
sprachlichen Ausdruck. Als problematisch für Komödienschriftstellerinnen erwies sich jedoch die besonders bei dieser Gattung nahezu unvermeidliche, jedoch weiblichen Anstandsregeln grundlegend widersprechende Freizügigkeit
von Thematik und Sprache.

Individuelles Interesse und Begabung Behns mögen zu ihrer Vorliebe für die
Komödienform beigetragen haben, wie beispielsweise ihr Interesse an sozio-
litischen Themen, Gefühl für dramatische Dynamik und Situationskomik, gute
Beobachtungsgabe sowie Geschick in der Konstruktion komplexer Handlungsmuster. Behn war für ihre Eloquenz und Schlagfertigkeit berühmt, wie die Berichte mehrerer Zeitgenossen bestätigen. John Oldys schreibt nach ihrem Tod:
„Sie verfügte über eine sehr elegante Ausdrucksweise, war phantasievoll und
geistreich (…) und hatte jederzeit solch schlagfertige Antworten parat, die sie
mit soviel Geschick in der Wahl des Zeitpunkts genau im richtigen Moment
ausspielte wie Trümpfe."[6]

Die zentralen Aspekte von Behns Komödien – Sexualität, Macht, Geld und
die Beziehungen zwischen den Geschlechtern – sind heute noch so aktuell wie

vor 300 Jahren. Ihre Texte verkörpern die Widersprüche der Restaurations-
gesellschaft und liefern zugleich eine Kritik dieser Gesellschaft. Das Genre
Komödie kommt dabei Behns Sinn für Komik und Satire, ihrem ausgeprägten
Realismus und Skeptizismus bei gleichzeitiger konservativer Grundhaltung
entgegen, die zwar Sozialkritik übt, doch den soziopolitischen *status quo* letztendlich unangetastet läßt. In diesem Spannungsverhältnis zwischen Konventio-
nalität und rebellischem Aufbegehren liegt der besondere Reiz von Behns
Komödien. In ihnen ergreifen aktive Frauenfiguren die Initiative, um sich dem
Willen ihrer Väter oder Brüder zu widersetzen. Behns Heldinnen entwickeln
oftmals eigene moralische Maßstäbe, mit denen sie sich gegen die repressiven
Konventionen und die scheinheilige Doppelmoral der Zeit abgrenzen. Behn
schildert das dramatische Geschehen aus weiblicher Perspektive und liefert dadurch eine differenzierte Analyse der Konsequenzen, die erzwungene Heiraten
für die betroffenen Frauen hatten. Anhand der Thematik der erzwungenen
Heirat deckt Behn die Machtstrukturen der patriarchalischen Gesellschaft auf.
Ihre Sozialkritik richtet sich gegen die institutionalisierte Unterdrückung der
Frau in einer durch die Eltern, Vormünder oder ökonomische Notwendigkeit
erzwungenen Ehe, gegen einen alle zwischenmenschlichen Beziehungen korrumpierenden Materialismus sowie gegen die negativen Auswüchse eines ego-
istischen, frauenverachtenden Libertinismus. Auffällig ist Behns ambivalente
Haltung gegenüber der Institution Ehe, die von ihr zwar als Mittel der sozialen
und finanziellen Absicherung der Frau akzeptiert, jedoch unter moralischen
Gesichtspunkten zunehmend in Frage gestellt wird, indem Behn am Komö-
dienende mehrfach die Auflösung unglücklicher Ehen zugunsten glücklicher
Liebesverbindungen ohne Trauschein propagiert.

   Das Private ist bei Behn immer zugleich auch das Politische. Dies zeigt sich
in ihrer Fähigkeit, konventionelle Komödienmotive – wie den sexuellen Betrug
– mit aktueller politischer Bedeutung anzureichern. So verwandelt sie ihre
Londoner Gesellschaftskomödien in satirische Attacken auf die Puritaner und
Whigs und die von ihnen verkörperte republikanische und merkantilistische
Stadtgesellschaft. Der politische Machtkampf wird hier auf die sexuelle Ebene
verlagert, findet im Gegensatz zur heroischen Tragödie nicht auf Schlachtfel-
dern, sondern in den Boudoirs und Salons großbürgerlicher Londoner Häuser
statt. Behns Komödienheldinnen bedienen sich ihrer überlegenen weiblichen
Talente – der Kunst der Intrige und der Verstellung –, um sich mit Hilfe ihrer
Liebhaber aus der ehelichen Unterdrückung zu befreien und sexuelle Erfüllung
zu finden. Behns Helden verkörpern die junge Generation verarmter Royalisten, die ihre natürlichen Qualitäten, ihre Intelligenz, Eloquenz und physische
Attraktivität dazu einsetzen, um ihre in der Zeit des Interregnums eingebüßte
soziopolitische Führungsposition wiederzuerlangen und somit aus Behns roya-
listischer Sicht poetische Gerechtigkeit zu erhalten.

Behns großes Vorbild auf dramatischem Gebiet war William Shakespeare, dessen Werk sie aufgrund seiner Theaterwirksamkeit über alle Maßen schätzte. In ihrer uneingeschränkten Bewunderung für Shakespeare nimmt Behn innerhalb der Dramenkritik der Restaurationszeit eine unkonventionelle Haltung ein, da unter dem Einfluß französischer Dramentheoretiker den Vertretern eines regelhaften, klassizistischen Dramas – wie in England Ben Jonson – allgemein der Vorzug vor der dramatischen „Unorthodoxie" Shakespeares gegeben wurde. Unter ihren Zeitgenossen hebt Behn lediglich John Dryden hervor, den sie in erster Linie jedoch nicht als Dramatiker schätzte, sondern als dramentheoretische Autorität sowie in seiner erhabenen Position als Hofdichter achtete.

Ab Mitte der 1680er Jahre widmet sich Behn verstärkt der lyrischen Dichtung, 1684 erscheint ihre gefeierte Gedichtsammlung „Poems on Several Occasions". Hinter der konventionellen Form pastoraler Schäferlyrik verbergen sich in Gedichten wie „The Golden Age" oder „The Willing Mistress" erstaunlich freizügige und realistische Schilderungen weiblichen sexuellen Empfindens und der Beziehungen zwischen den Geschlechtern. Behns sensibles Gespür für Leidenschaft und Erotik erwarben ihr den Ruf als bedeutendste Liebeslyrikerin ihrer Zeit.

Im selben Zeitraum entstehen Behns Prosawerke, der dreiteilige Briefroman „Love Letters Between A Nobleman and his Sister" sowie ihre Erzählungen „Oroonoko; or The Royal Slave", „The History of the Nun", „Agnes de Castro" und „The Fair Jilt", um nur die bekanntesten zu nennen. Noch vor Daniel Defoe schuf Behn damit eine Frühform des englischen Romans. Ihre Geschichte des afrikanischen Prinzen Oroonoko, der als Sklave nach Surinam verschleppt wird, wo er einen Sklavenaufstand anführt, bevor er ein grausames Ende findet, ist neben der Komödie „The Rover" ihr populärstes Werk. Voller dramatischer Ausdruckskraft und detaillierter Naturbeschreibung verbindet die Erzählung das Bild vom edlen Wilden mit aktuellen politischen Bezügen.

Aphra Behns Pionierrolle als erste Berufsschriftstellerin Englands verlangte nach einer Neu-Definition des Autorinnen-Bildes. Aus zahlreichen Selbstzeugnissen – Begleittexten zu ihren Dramen und Gedichten – läßt sich Behns künstlerisches Selbstverständnis rekonstruieren. Da Aphra Behn in all diesen Texten bewußt für ein Publikum schreibt, kann man in diesem Zusammenhang von einer Selbstinszenierung als Autorin sprechen. Einem permanenten Rollenspiel gleich präsentiert sich Behn ihrem Publikum in einer Reihe von Selbstbildern, von denen die wichtigsten im folgenden vorgestellt werden sollen.

Für die erste professionelle Dramatikerin Englands mußte ihr weibliches Pendant am Theater, die Schauspielerin, ein naheliegendes Identifikationsmodell darstellen. Behn war mit den Schauspielerinnen Emily Price und Elizabeth Barry befreundet und widmete der ehemaligen Schauspielerin und königlichen Mätresse Nell Gwyn ihre Komödie „The Feign'd Curtizans" (1679).

Aphra Behns Identifikation mit der Rolle der Schauspielerin konzentrierte sich naturgemäß auf die dramatische Gattung der Pro- und Epiloge, wobei sich das gleiche Geschlecht von Schauspielerin und Autorin als besonders reizvoll erweisen mußte. Die Schauspielerin ist als Pro- oder Epilogsprecherin die Verkörperung, sozusagen das *alter ego* der Autorin auf der Bühne und fungiert als Vermittlerin zwischen der Autorin und dem – zumeist in der Rolle des Liebhabers porträtierten – Theaterpublikum. Ihre Dichtkunst als weibliche Verführungskunst zu definieren und ihre Autorinnenrolle mit der der Schauspielerin zu assoziieren, mag Behn am Anfang ihrer literarischen Karriere als geeignete Strategie erachtet haben, um Aufmerksamkeit zu erlangen und ein vorwiegend männliches Publikum für sich zu interessieren. Zweifellos profitierte sie bei der Vermarktung eindeutig erotischer Literatur wie ihren Liebesgedichten, den Übersetzungen französischer Galanterien – „A Voyage to the Island of Love" und „The Lover's Watch" – sowie dem mehrteiligen Briefroman „Love Letters between a Nobleman and his Sister" von ihrem teils selbstgeschaffenen, teils von männlichen Verehrern und Satirikern angedichteten Ruf als amouröse Verführerin.[7]

Ein weiteres Selbstbild Aphra Behns ist die Pose einer höfischen Dilettantin. Entsprechend ihrer von Loyalität zum Hause Stuart geprägten politischen Einstellung orientiert sich Behn an dem höfischen kulturellen Ideal, das literarisch von der Gruppe der *court wits*, der dichtenden Höflinge, vertreten wurde. Viele dieser adligen Dichter waren Karl II. während der Zeit des Interregnums ins Exil auf den Kontinent gefolgt und blieben auch nach der Restauration 1660 enge Vertraute des Königs. Aphra Behn setzt diesen treuen Royalisten und ihrem Lebensgefühl mit ihrer wohl bekanntesten und überaus erfolgreichen Komödie „The Rover; or, The Banish'd Cavaliers" (1677) ein literarisches Denkmal. Dem Kavalier-Ethos als männlichem Idealbild huldigt Aphra Behn in ihren Dramen und ihrer Lyrik. Sie schätzt den typisch aristokratischen Ehrenkodex der *cavaliers* – Edelmut, Tapferkeit, Großzügigkeit und Eleganz, in der englischen Restaurationszeit stets gepaart mit *wit*, geistreichem Witz, und deutlich hedonistischen Zügen. Den auf den Philosophien von Lukrez und Epikur basierenden Libertinismus der *court wits* mit seiner sexuellen Freizügigkeit und Freude an sinnlichen Genüssen versucht sich auch Behn zu eigen zu machen, auch wenn sich daraus für sie als Frau und Autorin wegen der unverändert vorherrschenden sexuellen Doppelmoral vielfältige Probleme ergeben.

Behns Werke kann man als einen Versuch sehen, dieses ursprünglich maskulin geprägte Bild des *cavalier* zu feminisieren. Als Autorin beansprucht sie – ebenso wie ihre selbstbewußten Komödienheldinnen – die Freiheiten ihrer männlichen Vorbilder, der Kavaliere. Die feminine Qualität der höfischen Literatur mit ihrer Betonung von Natürlichkeit, Empfindsamkeit, Leichtigkeit und *wit* macht diese zudem besonders attraktiv für eine Autorin wie Aphra Behn.

Im Bezug auf die Autorenrolle muß das höfische Ideal jedoch in Konflikt geraten mit der von Behn eingeschlagenen Karriere als professionelle Dramatikerin. Wie alle anderen für das Theater tätigen Berufsschriftsteller konnte sie keineswegs dem Idealbild des Dandy-Dilettanten bzw. seines weiblichen Pendants, der adligen Dichterin, entsprechen, die in Muße, ohne finanzielle Interessen oder ernsthafte literarische Ambitionen lediglich zum Zeitvertreib schrieben, die Publikation ihrer Werke ablehnten und sich nicht an ein öffentliches Publikum, sondern einen elitären Freundeskreis Gleichgesinnter wandten. Folglich schauten die adligen Dichter auf die von Publikumsgunst und Theatereinnahmen abhängigen „armen Schreiberlinge der Bühne" in einer Mischung aus Mitleid und Spott herab und verhöhnten sie oft genug in ihren Verssatiren.

Andererseits gehörten die literarisch interessierten Adligen neben dem König und seinem Bruder, dem Herzog von York, zu den wichtigsten Förderern des Theaters, das somit unter starken höfischen Einfluß kam. Auf adlige Patronage waren die professionellen Dramatiker in der Restaurationszeit neben den Einnahmen aus Theateraufführungen – den für den Dramatiker reservierten Einnahmen des dritten Aufführungstages („third day") – und der Publikation der Stücke weiterhin in hohem Maße angewiesen. Die Berufsschriftsteller ließen sich daher häufig dazu verleiten, ihre finanziellen Absichten zu verleugnen und durch Imitieren der Dilettanten-Pose ein künstlerisches Ideal vorzuspiegeln, dem sie in Wirklichkeit nicht entsprechen konnten.

Ein klares Bekenntnis zum Berufsschriftstellertum ist bei Aphra Behn insbesondere im Bezug auf ihre dramatische Tätigkeit zu finden. In der „Epistel an den Leser" zu „The Dutch Lover" (1673) präsentiert sich Behn als faire Geschäftsfrau, die ihren Leser-Konsumenten nicht durch Etikettenschwindel täuscht. Im Vorwort zu „Sir Patient Fancy" verkündet sie: „ich schreibe für Brot und es geniert mich nicht, dies zuzugeben." Die Kehrseite dieser Kommerzialisierung waren künstlerischer Werteverlust und sinkende Qualitätsstandards. Die Ansprüche des Publikums, so Behn in ihrem Prolog zu „Sir Patient Fancy", seien so gering, daß es sich nicht mehr lohne, qualitativ hochwertige Theaterstücke zu schreiben. Einhergehend mit dem Verfall des Publikumsgeschmacks und der Qualität der Stücke ist ein allgemeiner Prestige- und Autoritätsverlust der Dichter. Die professionellen Dramatiker, vielfach vertraglich mit strengen Konditionen an eines der beiden Theater gebunden und finanziell abhängig vom Publikumsgeschmack, büßen mehr und mehr künstlerische Freiheiten ein. Kunst ist käuflich geworden, und die Dramatiker – degradiert zu willfährigen Sklaven der Bühne – prostituieren sich für ihr Publikum. Besondere Relevanz erhalten diese sexuellen Konnotationen im Bezug auf eine professionelle Autorin wie Aphra Behn. Die Kombination von unmoralischer Theateröffentlichkeit und Textpublikation mit der unverhohlen auf den Verkauf der literarischen Ware abzielenden Eigenwerbung in Vorworten mußte im Fall der professionellen Dramatikerin Assoziationen zum ältesten weiblichen 'Gewerbe', der Prostitution, hervorrufen.

Neben ihrer Tätigkeit als professionelle Dramatikerin profilierte sich Behn in einem weiteren öffentlichen Bereich, der traditionellerweise männlichem Zugriff vorbehalten war – der Politik und politischen Propaganda. Nach ihrem aktiven Einsatz als Spionin für König und Vaterland, der für sie im Schuldgefängnis endete, beschränkte sich Behn auf die literarische Unterstützung der royalistischen Sache. Nach dem Erlebnis des Bürgerkrieges, der darauffolgenden Puritanerherrschaft und der politischen Krise der Jahre 1679–83 betrachtete Behn, wie viele ihrer Zeitgenossen, republikanische Tendenzen und religiösen Nonkonformismus als Angriffe auf die staatliche Ordnung und den sozialen Frieden, die im politisch-gesellschaftlichen Chaos zu enden drohten. Die Monarchie erschien ihr als einziger Garant für Stabilität in einer politisch turbulenten, von vielfältigen sozialen und ideologischen Umbrüchen zerrissenen Zeit. Ihre politischen Ansichten als überzeugte Royalistin, die eine Auflösung der traditionellen Strukturen aus Tory-Sicht verurteilte, mußten dabei jedoch in Konflikt geraten mit ihren persönlichen Anliegen als Frau und Künstlerin und dem daraus resultierenden gesellschaftskritischen Ansatz.[8]

In ihren politischen Pro- und Epilogen, die durch separate Publikation in Pamphletform große Verbreitung fanden, bezog Behn Stellung zur aktuellen Tagespolitik und präsentierte sich als streitbare Vorkämpferin für die royalistische Sache. Während des sogenannten „Popish Plot", einer vermeintlich von Jesuiten angezettelten Verschwörung im Herbst 1678, und der folgenden „Exclusion Crisis" 1679–81, als vom Parlament der Ausschluß des katholischen Bruders von König Karl II., Jakob, Herzog von York, von der Thronfolge debattiert wurde, trat Behn als Anhängerin der königstreuen Tories und Autorin politischer Theaterstücke, Balladen und Satiren öffentlich in Erscheinung. Es war nicht ungefährlich, im aggressiven Klima zeitgenössischer politischer Auseinandersetzung eine solch exponierte Stellung einzunehmen: Dichter blieben von gewalttätigen Attacken nicht verschont, es drohten ihnen kostspielige Klagen wegen Majestätsbeleidigung oder gar Verhaftung, wie Behn im August 1682 am eigenen Leib erfahren mußte – ihre allzu deutliche Verurteilung des rebellischen königlichen Bastards und Lieblingssohnes von Karl II., James Scott, Herzog von Monmouth, im Epilog zu der Tragödie „Romulus and Hersillia" führte zum Arrest von Behn und der Schauspielerin, die den Epilog vorgetragen hatte.[9]

Das erst vor einigen Jahren in der Bodleian Library, Oxford, entdeckte Manuskript „Astrea's Booke for Songs & Satyrs"[10], eine Sammlung zeitgenössischer politischer Satiren und Balladen, teilweise in Behns Handschrift, belegt eindrucksvoll ihre aktive Beteiligung an der Verbreitung politischer Propaganda in den Jahren 1685–89. In diesem Zeitraum erschienen auch Behns Staatsgedichte, in denen sie die Mitglieder der königlichen Familie des Hauses Stuart feierte[11], sowie ihr politischer Skandalroman in drei Teilen, „Love Letters between a Nobleman and his Sister" (1684–87). Der Briefroman behandelt nach einer wahren Begebenheit die sexuelle Illegitimität einer inzestuösen Liebesbeziehung vor dem politischen Hintergrund der Rebellion des königlichen Bastards Monmouth.

Die zunehmende Enttäuschung ihrer politischen Hoffnungen, die 1688 im Sturz ihres verehrten Königs Jakob II. und seiner Flucht ins französische Exil gipfelten, äußerte sich einerseits in Verbitterung, in wiederholten Klagen über den degenerierten Zustand zeitgenössischer Kunst, über fehlende Patronage und den Verrat heroischer Visionen. Andererseits reagierte Behn darauf mit literarischem Eskapismus, indem sie utopische Gegenwelten entwarf wie in der von der italienischen *commedia dell'arte* beeinflußten Farce „The Emperor of the Moon" oder ihrer pastoralen Lyrik, insbesondere im Idealbild des Goldenen Zeitalters.

Mit zunehmender Reife und literarischer Erfahrung wuchs bei Aphra Behn das Bedürfnis nach Anerkennung als ernstzunehmende Dichterin. Sie sehnte sich nach Ruhm als Lohn ihrer künstlerischen Leistungen. Die Bildsprache barocker Kunst bot vielfache Möglichkeiten der Identifikation mit männlichen und weiblichen Helden: Weibliche Allegorien aus der klassischen Mythologie wie die Personifizierung der schönen Künste als Musen, die abstrakte Tugenden personifizierenden antiken Göttinnen, kämpferische Amazonen sowie die populäre Geschichte der Dichter-Nymphe Daphne eigneten sich besonders als Identifikationsfiguren. Neben diesen mythologischen Figuren, Heiligen und Charakteren der biblischen Geschichte waren auch historische Heroen und Heroinen wie Alexander der Große, Julius Caesar, Königin Elisabeth I. oder Johanna von Orléans zu dieser Zeit häufig gewählte Rollenvorbilder. Das besonders in der französischen Kunst des 17. Jahrhunderts zentrale Thema des Triumphs der Heldin beeinflußte auch die englische Kultur der Restaurationszeit.[12] Zeitgenössische französische Romanzen von D'Urfé, La Calprenède und Madeleine de Scudéry enthielten zahlreiche Geschichten von Heldinnen, die teilweise von einer weiblichen Ich-Erzählerin vorgetragen wurden. Ferner existierte bereits eine lange literarische Tradition der Frau als Heldin einer Liebesgeschichte, so ist beispielsweise Ovids „Heroides" eine Sammlung von Briefen leidenschaftlicher, tragischer Heldinnen.

Den Status einer Heldin verlieh sich Aphra Behn durch die poetische Identität „Astraea". Damit folgte sie der im 17. Jahrhundert unter Dichterinnen verbreiteten Mode, einen Schäfernamen als Pseudonym anzunehmen. In Anlehnung an die Heldinnen anakreontischer Dichtungen nannten sie sich „Orinda", „Ephelia" oder „Ardelia", was einerseits dem Schutz des Familiennamens und somit ihrer weiblichen Reputation diente, und andererseits ein spielerisches

Hineinversetzen in eine überzeitliche literarische Phantasiewelt erleichterte.
Behns Pseudonym „Astraea" scheint der gleichnamigen pastoralen Romanze
„L'Astrée" (5 Bände 1607–1627) von Honoré D'Urfé entnommen zu sein. Eine
andere mögliche Quelle ist die mythologische Figur Astraea, Göttin der Gerechtigkeit und Muse eines verlorenen Goldenen Zeitalters. Dieser Bezug auf
die mythologische Astraea verbindet Behns Künstlernamen mit der Herrscher-
Symbolik der englischen Monarchie des 16. und 17. Jahrhunderts. Elisabeth I.,
„die jungfräuliche Königin", ließ sich als Astraea feiern. Die Rückkehr Karls II.
und Wiederherstellung der Monarchie fand in der allegorischen Darstellung
von Astraeas Rückkehr auf die Erde und ihrer Verkündigung eines neuen Zeitalters des Friedens und der Gerechtigkeit seine bildliche Entsprechung. Aphra
Behn verwendete das Pseudonym „Astraea" erstmals in ihrer geheimen Korrespondenz als Spionin im Dienste des Königs während des zweiten englisch-
holländischen Krieges 1666/67. Behn behielt ihren Künstlernamen „Astraea",
den sie vorwiegend in Verbindung mit ihrem lyrischen Werk verwendete,
während ihrer gesamten schriftstellerischen Karriere bei. Als Göttin-Muse
Astraea verlieh Aphra Behn ihren literarischen Werken heroische Größe und
stellte sie bewußt in den Dienst der königlichen Sache.

Weitaus häufiger als mit weiblichen Heldinnenbildern identifizierte sich
Behn jedoch mit männlichen Traditionen und Vorbildern – wohl bedingt
durch ihren Wunsch nach Anerkennung seitens der männlichen Dichterauto-
ritäten. In ihrem Bemühen, der Dichtkunst und der Person des Dichters größere Würde und Erhabenheit zu verleihen, betonte Behn zunehmend die ge-
sellschaftspolitische Relevanz ihres literarischen Schaffens und bediente sich
traditionell männlicher literarischer Gattungen. Als Verfasserin von Elegien,
Widmungsschreiben und Lobgedichten, mit denen sie prominente Persönlichkeiten aus allen Bereichen des öffentlichen Lebens feierte, präsentierte sich
Behn in den 1680er Jahren als Dichterin von höchster Autorität. Behn schrieb
Grabgedichte[13] für den Maler John Greenhill (1676), für die Dichter John Wilmot, Graf von Rochester (1680), George Villiers, Herzog von Buckingham und
Edmund Waller (beide 1687) sowie für König Karl II. (1685). In ihren Lobge-
dichten für zeitgenössische Dichter und Gelehrte glorifiziert sie diese als göttliche Genies, Propheten, Priester und Könige. Dadurch verleiht sie nicht nur den
konkreten Adressaten ihrer Lobgedichte, sondern allgemein der Persona des
Dichters göttliche Autorität. Obgleich diese Huldigungen den Genrekonventionen gemäß stets in der gebührenden Demutshaltung vorgetragen werden, ist
die Selbstheroisierungsabsicht der Autorin dabei nicht zu verkennen.

Ein Beispiel für Behns Heroisierung als Autorin durch Identifikation mit
einem männlichen Helden ist ihre Erzählung „Oroonoko; or, The Royal Slave"
(1688). Im Schlußsatz der Erzählung präsentiert sich Behn in der Rolle der
Chronistin als Clio, Muse der Geschichte, und Ruhmesgöttin Fama, die ihren

Helden Oroonoko vor dem Vergessen der Nachwelt bewahrt: „So starb dieser große Mann, der ein besseres Schicksal verdient hätte, und einen erhabeneren Geist als meinen, sein Lob zu schreiben: Doch ich hoffe, daß die Reputation meiner Feder beachtlich genug ist, um seinen ruhmreichen Namen alle Zeiten überleben zu lassen"[14].

In Behns reiferen Jahren zeigt sich immer häufiger ihr gewachsenes Selbstbewußtsein und Vertrauen in die eigene künstlerische Kompetenz – ob in scheinbar beiläufigen Bemerkungen wie „Poesie (mein Talent)"[15], „meine eigene Heimatprovinz der Poesie"[16] oder in erstaunlich direkter Form bei der eigenen Einschätzung ihrer dramatischen Fähigkeiten im 1687 publizierten Vorwort zu ihrer Komödie „The Lucky Chance":

Und dieses eine möchte ich zu sagen wagen, obwohl es meiner Natur widerstrebt, denn es ist eitel: wären die Stücke, die ich geschrieben habe, unter männlichem Namen erschienen, und hätte niemand gewußt, daß sie von mir stammten, dann, so appelliere ich an alle unvoreingenommenen Richter der Vernunft, hätten sie sicher gesagt, daß diese Person so viele gute Komödien geschaffen hat, wie irgendein Mann, der in unserer Zeit geschrieben hat. [17]

In ihren Prosaerzählungen verleiht Behn als allwissende Erzählerin und Augenzeugin ihren Geschichten durch autobiographische Details Authentizität und verweist mit der Autorität der bekannten Dichterin auf andere ihrer Werke. Robert Adams Day[18] vertritt in diesem Zusammenhang die interessante These, daß es sich bei Behns erster Biographie, einer Mischung von Fakten und Fiktion, um eine von ihr selbst verfaßte Autobiographie handelt. Die Verknüpfung der fiktiven Persona der Autorin mit der realen Person Aphra Behn führte jedoch dazu, daß Leben und Werk gleichgesetzt und gemeinsam moralischer Kritik unterworfen wurden.[19]

Deutlichster Ausdruck von Behns Bestrebungen nach künstlerischer Anerkennung ist die Schlußpassage ihres Vorwortes zu „The Lucky Chance", das man als ihr künstlerisches Manifest bezeichnen könnte:

Alles, was ich erbitte, ist das Privileg für meinen männlichen Teil, den Dichter in mir, (…) auf den erfolgreichen Pfaden wandeln zu dürfen, die meinen Vorgängern so lange schon Erfolg beschert haben, und dieselben Maßstäbe anzulegen, die mir sowohl die antiken als auch die modernen Dichter gesetzt haben (…). Wenn mir wegen meines Geschlechts diese Freiheit verwehrt wird, und Ihr Euch selbst gewaltsam alle Macht aneignen wollt, dann lege ich meine Feder nieder, und Ihr werdet nie mehr etwas von mir hören, (…) denn ich bin nicht damit zufrieden, nur für die Einnahmen eines dritten Tages zu schreiben. Ich halte Ruhm genau so lieb und wert, als wäre ich als männlicher Held geboren; und wenn Ihr mich dessen beraubt, kann ich mich von der undankbaren Welt zurückziehen, und ihre wechselhafte Gunst verschmähen.[20]

Indem Behn den Dichter in sich als „männlichen Teil" bezeichnet, leugnet sie nicht weibliche literarische Fähigkeiten oder Kreativität, reagiert jedoch mit

ihrer Aneignung männlicher Autorität – die Dichterrolle als Teil ihrer Persönlichkeit – auf die einengende Festlegung auf die Rolle als Frau. Sie fordert für
sich als Künstlerin einen Platz in der literarischen Tradition, die zwangsläufig
eine männliche Tradition ist. Um diesen Platz einzunehmen, ohne ihre Weiblichkeit zu verleugnen, muß sie auf einer Art künstlerischer Androgynität bestehen. Sie gibt sich nicht mehr länger mit dem rein kommerziellen Erfolg ihrer
literarischen Werke zufrieden, sondern fordert selbstbewußt Ruhm als angemessenen Lohn ihrer künstlerischen Leistungen. Da sie in dieser Angelegenheit
nicht wie eine Frau, sondern wie ein Held empfindet, erscheint ihr Ausschluß
aus männlichen Dichterkreisen um so ungerechter und schmerzlicher. Doch
der angedrohte Rückzug aus der Welt der Literatur war Behn realistischerweise
aus finanziellen Gründen gar nicht möglich.

Behns letztes Selbstbild als Künstlerin erscheint in ihrer Übersetzung des
sechsten Buches, „Of Trees", von Abraham Cowleys ursprünglich lateinischem
Werk, welches 1689 unter dem Titel „Of Plants" publiziert wurde. Behn fügte
Cowleys Versen über den Lorbeerbaum einige eigene Zeilen hinzu, die am
Rande gekennzeichnet sind durch die Worte „die Übersetzerin spricht in ihren
eigenen Worten"[21]:

> Und nach Monarchen melden die Dichter ihren Anspruch an,
> Als nächstwürdige Deine wertvollen Kränze zu tragen.
> Verachte mich nicht in dieser Zahl,
> Mich, die Bescheidenste dieser ruhmreichen Schar.
> Ich fordere mit doppeltem Recht die Fülle Deiner reichen Gaben,
> Aufgrund meines Geschlechts und in *Apollos* Namen:
> Laß mich wie *Sappho* und *Orinda* sein,
> Oh ewig heil'ge Nymphe, durch Dich geschmückt;
> Und gib meinen Versen Unsterblichkeit.[22]

Nach Ovids „Metamorphosen" wird die Nymphe Daphne vom lüsternen
Apoll verfolgt und verwandelt sich in einen Lorbeerstrauch, um der Vergewalti-
gung durch den Dichtergott zu entgehen. Der Lorbeerkranz symbolisiert seit-
dem den Sieg und als Dichterkrone poetische Genialität. Hier bedient sich
Behn der im 17. Jahrhundert populären mythologischen Geschichte von Daphne und Apoll und interpretiert sie auf unkonventionelle Weise in ihrem Sinne.
Behn erhebt doppelte Ansprüche auf die Dichterkrone, die ihr als Frau und
Geschlechtsgenossin Daphnes sowie als Dichterin und Stellvertreterin Apollos
zusteht. Sie stilisiert sich hier zum weiblichen *poeta laureatus*, dem lorbeerbe-
kränzten Hofdichter ihrer Zeit, und bringt ihr Verlangen nach unsterblichem
Nachruhm zum Ausdruck.

Es erscheint angemessen, daß Aphra Behn als letzten Akt ihrer öffentlichen
Selbstdarstellung ihre eigenen Gedanken in den ursprünglich auf Latein verfaßten Text eines respektierten männlichen Dichters einfügt, den sie durch ihre

englische Paraphrase der großen Mehrheit weiblicher Leser erstmals zugänglich macht. In diesem wenige Wochen vor ihrem Tod publizierten Text bekennt sich Behn sowohl zur männlichen Tradition Cowleys als auch zu einer weiblichen Tradition, die von Sappho und Orinda (Katherine Philips) repräsentiert wird. Behn erbittet sich von ihrer Verbündeten Daphne Aufnahme in die Reihen der in ihren Augen berühmtesten Dichterinnen aller Zeiten – Sappho und Orinda – und fordert den Lohn, der sonst nur männlicher Kunst zuteil wird, ewigen Ruhm. Zuletzt kommt Behn der ersehnten Aufnahme in den Dichterhimmel sehr nahe: Ihr Grab befindet sich im Kreuzgang der Westminster Abtei – in unmittelbarer Reichweite, doch bezeichnenderweise außerhalb der berühmten „Poets' Corner".

Was die Beurteilung Behns durch ihre Zeitgenossen betrifft, hatte sie es als Frau sicherlich schwerer, in den bestehenden, rein männlichen literarischen Zirkeln der Zeit künstlerische Anerkennung zu finden. Im Gegensatz zu der Gruppe der „Female Wits" in den 1690er Jahren – Mary Delariviere Manley, Catherine Trotter Cockburn, Mary Pix – hatte Behn keine zeitgenössischen Mitstreiterinnen, deren freundschaftlicher Unterstützung sie gewiß sein konnte.

Öffentliche Würdigungen Behns finden sich erst relativ spät in ihrer künstlerischen Laufbahn und stehen in direktem Bezug zu ihren lyrischen Werken. Nach Behns Tod erschien die „Elegy Upon the Death of Mrs. A Behn; The Incomparable Astrea", verfaßt von einer anonymen „Young Lady of Quality"[23]. Für die Autorin ist Behns Tod ein Ereignis von epischer Dimension. Sie beklagt den immensen Verlust, den Aphra Behns Tod für die weibliche Tradition der Dichtkunst darstellt, mit der Metapher des verwaisten Dichterthrones. Keine außer Behn traut sich und ist fähig, den Dichterlorbeer zu tragen, der nun am Boden verwelkt. Entgegen den herkömmlichen Konventionen übt Behns Elegikerin jedoch deutliche moralische Kritik an der Autorin und ihrer freizügigen Kunst. In ihrer Darstellung der „Mysterien der Liebe" überträfe Behn zwar Ovid, aber ihre allzu sinnlichen Beschreibungen seien zu verurteilen. Ferner bedauert sie, daß Behn so lebte, wie sie schrieb, was sie als „Verfehlung" und „Sünde" bezeichnet.

Eine bedeutende Rolle in der kritischen Auseinandersetzung der Restaurationszeit spielten Verssatiren und Schmähgedichte. Sie enthielten meist Verunglimpfungen sehr persönlicher, oftmals obszöner Natur, und keine prominente Persönlichkeit blieb davon verschont. Aphra Behns häufige Erwähnung in den meisten dieser ab Mitte der 1670er Jahre entstandenen Satiren ist daher als Zeichen ihrer großen Prominenz und Bestätigung ihrer selbstgewählten Rolle als eine der führenden professionellen Autoren der Zeit zu werten, auch wenn ihr die zunehmende Schärfe der Schmähungen und persönlichen Kränkungen in den von Armut und Krankheit geprägten letzten Jahren ihres Lebens sicherlich zusetzte.

Eine beliebte Form der Diskreditierung weiblicher Autorschaft war die Unterstellung, ein Mann habe – im Gegenzug für entsprechende sexuelle Gefälligkeiten – die literarischen Werke für die Autorin verfaßt. Zeitgenössische Satiren nennen die mit Behn befreundeten Dramatiker Thomas Otway und Edward Ravenscroft sowie ihren zeitweiligen Liebhaber, den bisexuellen Juristen John Hoyle, als wahre Autoren einiger ihrer Werke.

Der frauenfeindliche Satiriker Robert Gould unterstellt Behn alias „Sappho" in „The Poetess, A Satyr", ihre dürftigen Einnahmen als Dichterin durch Prostitution aufzubessern. Die „Epistle to Julian" (1687/88) eines anonymen Autors – ebenso Robert Gould? – verspottet Behns zunehmende Gebrechlichkeit als gerechte Strafe für sexuelle Promiskuität. Aus der Dichterkönigin der Lobgedichte wird hier die Dichter-Hure[24]:

> Bessert sich diese lüsterne Dirne, diese Dichter-Hure,
> Berühmt-berüchtigt in Whitefriars, Ihr wißt, wen ich meine,
> nach berechtigtem Tadel, oder fährt sie unbeirrt fort,
> mit ihrem Ausfluß, nimmt Klistiere, erbricht sich, entleert sich und schreibt.
> Lange schon lähmt sie der Ischias zudem,
> Ihre Glieder sind verrenkt, ihre Züge schmerzverzerrt,
> Und daher laß ich alle scharfen Bemerkungen sein,
> Denn Armut, Poesie und Syphilis sind Plagen genug für eine allein.

Hinsichtlich Behns Gesundheitszustand entsprach die Schmähschrift allerdings der Wahrheit – in einem Brief, den sie ihrer Elegie auf den Ende 1687 verstorbenen Dichter Edmund Waller beifügt, entschuldigt sich Behn für ihre unleserliche Handschrift „geschrieben mit lahmer Hand, die kaum einen Federkiel halten kann" und schreibt weiter „ich kann nur sagen, daß ich sehr krank bin und diese vergangenen zwölf Monate schon sterbenselend dahinsieche"[25]. Am 16. April 1689 stirbt Aphra Behn nach langer Krankheit, trotz ihrer enormen künstlerischen Produktivität und großen Popularität verarmt sowie politisch desillusioniert nach Sturz und Vertreibung ihres verehrten Königs Jakob II. infolge der 'Glorious Revolution'.

Während einige ihrer Werke bis Ende des 18. Jahrhunderts große Popularität genossen, geriet Behn um die Wende vom 18. zum 19. Jahrhundert zunehmend in Vergessenheit. Die viktorianische Literaturkritik verdammt sie zusammen mit ihren männlichen Zeitgenossen aus moralischen Gründen. Die Wiederentdeckung der Autorin Aphra Behn in diesem Jahrhundert, die erst in den letzten 10 bis 15 Jahren zu einer kritischen Beschäftigung mit ihrem Werk führte, ist Vita Sackville-West und Virginia Woolf zu verdanken. Durch Sackville-Wests Biographie „Aphra Behn: The Incomparable Astrea" (1927) auf Behn aufmerksam geworden, würdigte Virginia Woolf sie in „A Room of One's Own" (1929) als Symbolfigur der professionellen, modernen Autorin: „Alle Frauen zusammen sollten Blumen auf den Grabstein von Aphra Behn streuen (…), denn sie war es, die ihnen das Recht verschaffte, ihre Meinung frei heraus zu sagen."[26]

Gabriele Rippl ——————————

Anne Killigrew
(ca. 1660–1685)

Anne Killigrew. Stich von Isaac Beckett nach einem Selbstporträt Killigrews.
Frontispiz der „Poems" von 1686.

Die Dichterin und Malerin Anne Killigrew hat auf ihre eigene Person und ihre Rolle als Künstlerin wiederholt in Texten und Gemälden aufmerksam gemacht. Ihr literarisches Werk, ein Band Gedichte (1685), liegt uns heute in der von Richard Morton 1967 besorgten Faksimile-Ausgabe vor. Den Gedichten ist als Frontispiz der hier abgebildete, von Isaac Beckett (1653–1719) ausgeführte Stich nach der Vorlage eines Selbstporträts Killigrews beigegeben, das die Künstlerin als kompetente Malerin ausweist. Der Stich zeigt eine junge, modische Frau mit einem lockenumkränzten Kopf und entspricht den damaligen Konventionen für Frauenporträts. Von diesen Malkonventionen weicht jedoch der leicht melancholische Blick und der Ausschnitt von Killigrews Kleid ab, der wesentlich weniger gewagt als üblich ausfällt. Wer war diese Frau, die sich in ihren Gedichten und Gemälden selbst darstellte und als ernst zu nehmende Künstlerin präsentiert?

Diese Frage ist nicht leicht zu beantworten, denn es sind kaum biographische Informationen über Anne Killigrew erhalten. Dies ist insofern erstaunlich, als Killigrew aus einer bekannten Familie der Restaurationszeit stammt, deren männliche Mitglieder Dichter und Höflinge waren. Als wichtigste Quelle gilt der Historiker und Antiquar Anthony Wood (1632–1695), der gegen Ende des 17. Jahrhunderts eine biographische Skizze über Dr. Henry Killigrew, Annes Vater, verfaßte.[1] Dieser Skizze, die er in seine biographische Kompilation über Gelehrte und geistliche Würdenträger Oxfords („Athenae Oxonienses", 1691–1692) aufnahm, hängte er einige Zeilen über Anne Killigrew an. Immerhin benutzte Wood als Grundlage für seine biographische Skizze Briefe, die er direkt von Annes Vater und ihrem Onkel, William Killigrew, erhalten hatte. John Drydens (1631–1700) berühmte eulogistische Ode auf die jung verstorbene Anne Killigrew „To the Pious Memory of the Accomplisht Young Lady· Mrs Anne Killigrew, Excellent in the two Sister-Arts of Poësie, and Painting", die der Dichter auf Wunsch seines Freundes Henry Killigrew verfaßt hatte, liefert weitere Hinweise. Aus diesen spärlichen Informationsquellen ergibt sich folgendes Bild: Anne Killigrew wurde in der St. Martin's Lane in London kurz vor der Restauration um das Jahr 1660 geboren. Da die Killigrews enge Beziehungen zum Königshaus unterhielten, sind Annes Leben und Werk geprägt durch das Geschehen am Hofe Karls II., der für seine Ausschweifungen in finanzieller, sexueller und religiöser Hinsicht berüchtigt war. Anne Killigrew muß klug, geistreich und künstlerisch begabt gewesen und zudem durch ihre jugendliche Unschuld, Tugendhaftigkeit und tiefe Religiosität aufgefallen sein. Es überrascht daher nicht, daß Dryden sie in seiner Ode nicht nur als göttliche Muse und klassische Dichterin in der Nachfolge Sapphos, sondern auch als christliche Nonne stilisiert, die sich vom leichtlebigen, zügellosen Verhalten ihrer Zeitgenossen als leuchtendes Beispiel abhob. Am 16. Juni 1685, nur wenige Monate nach dem Tod Karls II. und der Machtübernahme durch Jakob II. und Maria von Modena, stirbt Anne Killigrew nur fünfundzwanzig Jahre alt in London an den Folgen einer Pockenerkrankung.

Über Anne Killigrews Mutter sind keine Informationen vorhanden, vom Vater weiß man, daß er vor den Bürgerkriegen der 1640er Jahre einer der Domherren von Westminster Abbey gewesen war, eine Position, die er während der politischen Umbruchszeit verlor. Er war dann als Geistlicher der königlichen Truppen und als Kaplan von James, dem Herzog von York, tätig, gewann jedoch nach der Restauration seine alte Stellung in Westminster Abbey zurück und wurde zum Almosenpfleger und Vorsteher des Savoy benannt, das damals ein Lazarett war. Vermutlich hatte Anne Killigrew selbst zum Hof engen Kontakt, denn es wird vermutet, daß sie wie die Dichterin Anne Kingsmill, spätere Finch, Gräfin von Winchilsea, Hofdame von Maria von Modena, der katholischen Ehefrau Jakob II., war.

Anne Killigrews Vater und seine beiden Brüder William und Thomas hatten nicht nur zum Stuart-Hof sondern auch zum Theater enge Verbindungen. Die Theater Londons, die vor den Bürgerkriegen unter der Patronage des Hofes gestanden und ein wichtiges Zentrum frühneuzeitlicher Geselligkeitskultur dargestellt hatten, waren 1642 von den parlamentarischen Machthabern geschlossen und erst nach der Thronbesteigung Karls II. 1660 wiedereröffnet worden. Eine der ersten Amtshandlungen des Königs war es, Patente für zwei Londoner Theater zu vergeben, davon eines an Thomas Killigrew. Dieser war erfolgreicher Autor von Komödien, die – ganz nach dem Geschmack der Restaurationsepoche – von derb-obszönem Charakter waren.[2] Sir William Killigrew veröffentlichte Tragödien, Komödien, Prosatexte und Gedichte, und Henry Killigrew, Annes Vater, hatte bereits 1638 ein Stück mit dem Titel „The Conspiracy" („Die Verschwörung") verfaßt, das er 1653 überarbeitete und unter dem Namen „Pallantus and Eudora" publizierte.

Anne Killigrew kam also aus einer gut situierten Familie mit künstlerischen Ambitionen. Wie ihre Bildung im einzelnen aussah und welche neueren Autoren sie beim Verfassen ihrer „Poems" beeinflußt haben, ist leider nicht bekannt. Auch wenn es im 17. Jahrhundert alles andere als üblich war, Frauen eine gute Ausbildung zukommen zu lassen, zeigen Killigrews Gedichte und Gemälde doch, daß sie über griechische und römische Mythologie Bescheid wußte, eine profunde Bibelkenntnis hatte und die philosophischen Debatten ihrer Zeit zumindest ansatzweise kannte. Vermutlich erfuhr Anne Killigrew durch ihr familiäres oder höfisches Umfeld eine Förderung ihrer Talente, sie beklagt sich jedoch in ihrem Gedicht „Upon the saying that my Verses were made by another"[3] über die feindliche Haltung der Öffentlichkeit: Zum einen wird nicht gut geheißen, daß sie als Frau Gedichte verfaßt, zum anderen vermutet, daß sie als Frau gar nicht die Urheberin so guter Werke sein kann.

Anne Killigrews dichterisches Werk umfaßt zahlreiche Gedichte, die sie zu Lebzeiten in Manuskriptform am Hofe zirkulieren ließ, und die nach ihrem Tod von ihrem Vater publiziert wurden, danach jedoch langsam in Vergessenheit gerieten. Daß ihr Name im kulturellen Gedächtnis Englands Jahrhunderte lang weiterlebte, ist der Ode Drydens zu verdanken. Kein Dryden-Kommentator hat es versäumt, auf diese Ode einzugehen, aber keiner von ihnen befaßte sich mit dem Werk der besungenen Anne Killigrew selbst. Erst im Zuge der neueren Forschung zur Frühen Neuzeit kam es zu einer Wiederentdeckung der Gedichte Killigrews. Richard Morton publizierte sie knapp 300 Jahre nach Killigrews Vater zum zweiten Mal.[4]

Killigrews dichterisches Werk umfaßt verschiedene lyrische Gattungen wie Epigramm, pastoraler Dialog und Ode und wendet sich sowohl an Freunde als auch an hochstehende Personen des Hofes („To My Lady Berkeley", „On the Birth-Day of Queen Katherine"). Viele ihrer Gedichte prangern Laster wie Geldgier und untreue Liebe an und lassen aufgrund der anklingenden Enttäuschung und Bitterkeit vermuten, daß Killigrew über eigene Erfahrungen am Restaurationshof schreibt. Killigrews Gedichte zeichnen sich durch sprachliche Gewandtheit und eine durchaus individuelle Handhabung literarischer Bildlichkeit aus, die jeden Kritiker dazu zwingen, ihre Verfasserin als Dichterin ernst zu nehmen. Ihr intensiver moralischer Appell und ihre tiefe Religiosität heben Killigrews Texte von denen vieler Zeitgenossen und Zeitgenössinnen (etwa Aphra Behns) klar ab. Dabei handelt es sich keineswegs um einen anachronistischen Reflex, sondern um die Vorwegnahme einer literarischen Entwicklung des 18. Jahrhunderts. Neben dem „delectare", dem Unterhalten und Erfreuen der Rezipientinnen und Rezipienten, besinnt man sich nun verstärkt auf den Auftrag des „prodesse", des Belehrens und Erbauens. Diese Gegenbewegung zur Restaurationsliteratur ist bereits in Killigrews Gedichten angelegt.

Der Titel des ersten Gedichts in Killigrews „Poems" lautet „Alexandreis" und bezieht sich auf den mächtigsten Herrscher aller Zeiten, auf Alexander den Großen, ein Thema, das sich während der Restaurationszeit großer Beliebtheit erfreute. Von den 88 Zeilen fünf-hebiger gereimter Jamben, aus denen „Alexandreis" besteht, sind nur die einleitenden zwölf Alexander und scinen Taten selbst gewidmet. Die folgenden sechsundzwanzig Zeilen sind ein Musenanruf und stellen Killigrews poetologische Überlegungen vor, denen die Dichterin große Aufmerksamkeit schenkt. Die Göttin der Dichtung wird um Inspiration gebeten, damit Killigrews „gefrorener" Stil durch poetisches Feuer entfacht werde. Daß Killigrew es als Frau wagt, Alexander den Großen zu besingen, wird von ihr als Anmaßung bezeichnet, jedoch dadurch gerechtfertigt, daß die Muse selbst sie inspiriert habe. Eigentlich würde man hier erwarten, daß sich Killigrew als dichtende Frau der Erhabenheit der Taten Alexanders nicht gewachsen sieht und deshalb einen Bescheidenheitstopos aufruft. Das Gegenteil ist der Fall, wenn sie betont, daß die großartigen Taten Alexanders, d.h. die Größe und Erhabenheit des dichterischen Gegenstands, ihre eigenen schwachen Zeilen in göttliche Verse verwandeln. Die restlichen 50 Zeilen des Gedichts beschreiben die Amazonenkönigin und deren Truppe, die sich auf dem Weg zu einem Treffen mit dem Feldherrn befinden. Obwohl das Gedicht an der Stelle abbricht, wo Penthesilea das Wort an Alexander richtet, hinterläßt es durch seinen Musenanruf und die eindringliche Beschreibung der kriegerischen Amazonen einen lebendigen Eindruck.

Im nächsten Gedicht, dem eulogistischen, aus vierhebigen Jamben bestehenden „To the Queen", bezieht sich Killigrew auf das vorhergehende Alexander-Gedicht und betont, daß die Erfolge des Feldherrn im Vergleich mit dem erhabenen Gegenstand, den die Königin darstellt, Schall und Rauch seien.[5] Die Besungene verkörpert Tugend, Schönheit und eine tiefe Religiosität, die sich von dem Intrigantentum, den Frivolitäten und von der allgemeinen Dekadenz des Restaurationshofes abhebt. Da Frauen während der Restaurationsepoche selten aufgrund ihrer Tugendhaftigkeit und Klugheit Lob zuteil wurde, sondern weibliche laszive Schönheit und sexuelle Verfügbarkeit gefragt waren, muß Killigrews verbales Porträt der Königin als Antwort auf das dekadente höfische Leben gelesen werden (vgl. „On a Young Lady", „Über eine junge Dame", S.77f.).

Einige Gedichte Killigrews stehen in der seit der Antike lebendigen Tradition pastoraler Dichtung, die auch im 17.Jahrhundert noch eine zentrale Rolle spielte. Die in Hofkreisen beliebte Schäferdichtung wurde lange als idealisierter Entwurf einer glücklichen, friedlichen und naturnahen Gegenwelt zur tatsächlichen, von Kriegen geschüttelten, brutalen Lebenswirklichkeit und als Zeugnis für die Sehnsucht des Menschen nach einem goldenen Zeitalter verstanden. In der neueren Forschungsliteratur wird jedoch darauf hingewiesen, daß bereits Vergils „Eklogen" nicht in der Mimesis einer vorgegebenen Hirtenwelt aufgehen, sondern der Thematisierung poetologischer Probleme Raum geben – die Dichtung wird zum Gegenstand der Dichtung.[6] Diese Feststellung trifft auch auf Anne Killigrews pastorale Gedichte zu. So ist „Love, the Soul of Poetry" („Liebe, die Seele der Poesie", 22f.) ein durch und durch poetologisches, metareflexives Gedicht, das die Liebe als *das* Hauptthema der Dichtung propagiert. Das pastorale Setting mit seinen Schafherden, lauschigen Hainen und fröhlich plätschernden Quellen wird von Killigrew in diesem Gedicht nur noch versatzstückhaft in der ersten Strophe zitiert, um dann das Loblied auf die erfahrene

Liebe zu singen. Zudem führt Killigrew – ähnlich wie ihre Zeitgenossin Aphra Behn[7] – in ihren pastoralen Gedichten einen „gender turn" durch, der die strikten Gattungskonventionen der Pastoraldichtung stört. Die in der Gattung angelegte Geschlechterproblematik wird in den Mittelpunkt gerückt, und die Erfüllung des männlichen Liebesbegehrens zunehmend verunmöglicht. Auffallend häufig klagen Killigrews Nymphen außerdem ihr Liebesleid, das ihnen durch untreue Schäfer zugefügt wurde. War deren Verlangen einmal gestillt, dann wandten sie sich ab und verführten neue, unerfahrene Nymphen. Die in der pastoralen Dichtung angeblich wechselseitige Liebeserfüllung und Gleichheit der Geschlechter wird von Killigrew als problematisch vorgeführt, denn männliches Begehren und männlicher Besitzanspruch gehen zu Lasten der Frauen. Während also die verliebten Nymphen bei Killigrew kein Liebesglück zu besingen haben, sondern vielmehr die liebliche Landschaft Arkadiens mit ihren Seufzern und Wehklagen füllen, lassen sich die noch freien Nymphen Killigrews keineswegs durch die auf ihr Liebesrecht pochenden Schäfer einschüchtern. Im Gegenteil: wiederholt wird betont, wie wichtig es für das Glück der Nymphen ist, sich den Schäfern zu verweigern und ihre Leidenschaft durch Vernunft zu zügeln. In der pastoralen, und damit auch der höfischen Welt, in der Frauen besonders gefährdet sind, rät Killigrew zur Keuschheit und gefühlsmäßiger Unabhängigkeit und untergräbt damit pastorale Gattungskonventionen samt den zugrundeliegenden Geschlechterauffassungen.[8] Das zeigt sich besonders deutlich an drei Gedichten mit dem identischen Titel „A Pastoral Dialogue". Schon im ersten von ihnen (11–14) wirbt die Schäferin Dorinda (der Name ist eine Anspielung auf Orinda, d.h. auf Katherine Philips) um den Schäfer und nicht umgekehrt. Die beiden anderen Gedichte mit gleichem Titel (57–62 und 63–75) sind mehrere Seiten lang und im dritten pastoralen Dialog wird arkadische Liebe vom Sänger Melibæus erneut als universales Übel verdammt. Als Gegenmittel für die Fesseln der Leidenschaft und der Willensschwäche wird die Vernunft angeführt, die Killigrew in auffallender Weise in den Mittelpunkt rückt. Dies, gepaart mit Plädoyers für moralisches Verhalten, bringt die Gattungskonventionen ebenso ins Wanken wie die starke Betonung der Religiosität und der inneren Werte der Nymphe im zweiten pastoralen Dialog.

Nicht nur in den pastoralen, sondern auch in zahlreichen anderen Gedichten Killigrews läßt sich ein melancholischer Grundton ausmachen. In „The Discontent" („Die Unzufriedenheit", 51–56) und „On Death" („Über den Tod", 13–14) wird der Tod sogar als Erlösung von weltlichen Leiden gefeiert. Dennoch hat das aus sechs Strophen bestehende Gedicht „The Discontent" einen humorvollen Anfang, denn Killigrew vergleicht ihre eigenen unpolierten Versfüße mit den tatsächlichen Füßen irrender Menschen. Je holpriger die Verse, desto lebendiger sieht die Dichterin die menschlichen Irrwege dargestellt. Ansonsten skizziert das Gedicht ein wenig erfreuliches Bild vom Menschen: Dieser hat kaum Tugenden aufzuweisen, ist Knecht seiner Gier nach irdischen Gütern, strebt nach falschem Ruhm und zettelt Kriege an. „On Death" ist ein zweistrophiges Gedicht aus insgesamt 34 fünfhebigen jambischen Zeilen, dessen Stimmung besonders dunkel ist. Es feiert den Tod als edlen, hilfreichen Heilsbringer, der dem irdischen Jammer der Menschen ein Ende bereitet. Er wird als Quelle uneingeschränkten Segens besungen, den das Leben auf Erden nicht bereitstellt, warum also sollte man ihn fliehen? In „The Miseries of Man" (32–43) werden Armut, Krankheiten, der Verlust geliebter Menschen, Gefangenschaften und Kriege im einzelnen beschrieben, und in der beeindruckenden Strophe über die Natur des Menschen entwickelt sie eine negative Anthropologie. Der Mensch, dessen Zerstörungswut vor seinesgleichen nicht Halt macht, wird als Wesen gebrandmarkt, das selbst die Blutrünstigkeit des Wolfes und des Bären bei weitem übertrifft. Während der englische Staatsphilosoph Thomas Hobbes (1588–1679) noch geurteilt hatte, daß der Mensch im ungebundenen Ausleben seiner Triebe seinem Mitmenschen zum Wolf wird („homo homini lupus"), verschärft Killigrew den berühmten Vergleich Hobbes und zeichnet ein noch düstereres Bild der menschlichen Natur. Als einziges Heilmittel für menschliche Leidenschaften und Triebe wird erneut die Vernunft angeführt. Mit ihrem Lob auf die Vernunft scheint Anne Killigrew auch hier Tendenzen vorwegzunehmen, die in der auf die Restaurationszeit folgende Aufklärung wichtig werden sollten.

Unter Killigrews Gedichten finden sich drei kürzere Texte, die Ekphrasen, d. h. Bildbeschreibungen, darstellen. Diese waren in der Renaissance sehr beliebt und es überrascht nicht, daß gerade die doppelt begabte Killigrew in ihrer Dichtung eigene Gemälde thematisiert. Sie tut dies auf eine bestimmte Weise: Sowohl in „St. John Baptist Painted by her self in the Wilderness, with Angels appearing to him, and with a Lamb by him" (27), als auch in „Herodias Daughter presenting to her Mother St. John's Head in a Charger, also Painted by her self" (27–28) und „On a Picture Painted by her self, representing two Nimphs of Diana's, one in a posture to Hunt, the other Bathing" (28–29) verleiht Killigrew den stummen gemalten Figuren eine Stimme und ihrem Text in der Folge Präsenz und Aktualität. Johannes der Täufer präsentiert sich selbst, indem er seine gottgefällige, bescheidene Lebensweise preist und Exzesse, Großsucht und Verschwendung verurteilt, und die Nymphen besingen die eigene Keuschheit, Tugendhaftigkeit und Unabhängigkeit. Damit schließt dieses Gedicht an die anderen moralisierenden, gesellschaftskritischen Gedichte Killigrews an. Während sie den Inhalt der Gemälde zu verdoppeln scheinen und sich komplementäre Deckungen zwischen Bibel- bzw. mythologischem Text, Killigrews Gemälden und ihren Gedichten zeigen, ist „Herodias' Daughter" (Herodes' Tochter) ein durch und durch rhetorisches Gedicht, das eine Rezeptionsanweisung für den Betrachter des Killigrewschen Gemäldes bereit hält, welche die übliche Ikonographie für dieses neutestamentarische Bildsujet erheblich steigert. Salomé wendet sich in einer dramatisch gestalteten Szene mit einer triumphierenden Rede an ihre Mutter und verkündet dieser freudig den Tod ihres Feindes Johannes. Es kommt zu einer Intensivierung von Salomés Hybris, und aufgrund der Diskrepanz zwischen deren Machtgeste und dem Wissen der Leser, daß die Macht des Propheten keineswegs durch seine bloße Ermordung zur Strecke zu bringen ist, entsteht dramatische Ironie.

Diesen Gedichten ist es zu verdanken, daß man heute überhaupt weiß, was für Bilder Killigrew malte. Da sie in ihren ekphrastischen Gedichten jedoch in erster Linie auf die Bildgegenstände und die Textvorlagen (Bibel und Mythologie) Bezug nimmt, bleiben formale Fragen nach Maltechnik, Farbsymbolik u. ä. unberührt. Dies ist, gerade weil es sich bei allen drei Gedichten um Ekphrasen verschollener Gemälde handelt, bedauerlich. Die Tatsache, daß Anne Killigrew an keiner Stelle auf formale, medienspezifische Aspekte eingeht, macht auch deutlich, wie stark Killigrew die Malerei noch den ihr vorausgehenden Texten verpflichtet sah. Gerade weil im 17. Jahrhundert die ut-pictura-poesis-Debatte erneut heftig geführt wurde und Maler zu beweisen versuchten, daß ihre Kunst gleich viel wert sei wie die Dichtung (die seit der Antike tradionellerweise als höhere Kunst galt), überrascht es, daß bei Killigrew die Dichtung den Paragone, den Wettstreit zwischen den Schwesterkünsten Malerei und Dichtung, so eindeutig für sich entscheidet.

Von Sir Peter Lely, dem Hofmaler Karl II. und führenden Porträtisten seiner Zeit (bei ihm hatte Killigrew vermutlich auch Malstunden genommen), existiert ein Doppelporträt der Schwestern Mary Herzogin von Beaufort und Elizabeth Gräfin Carnarvon. Letztere hält ein kleines, selbstgemaltes Blumenbild auf ihrem Schoß.[9] Das Anfertigen von Blumengemälden wurde im 17. Jahrhundert als angemessene weibliche Tätigkeit betrachtet. Interessanterweise aber malte Killigrew nicht wie Elizabeth Carnarvon Blumen, sondern wandte sich Malgattungen zu, die als „männlich" gelten können. Dazu sind ihre Historienbilder mit biblischen und mythologischen Sujets zu rechnen, die in der Gattungshierarchie weit über den Blumenbildern oder anderen Stilleben rangierten und es der Malerin erlaubten, ihr Wissen und ihre Bildung zur Schau zu stellen. Anne Killigrews Wahl dieses Genres ist insofern beachtlich, als Malerinnen, gerade was die Historienmalerei anbelangt, seit jeher mit großen Schwierigkeiten zu kämpfen hatten. Auch im 17. Jahrhundert galt es für Frauen, die in einem institutionalisierten Rahmen das Handwerkszeug lernten, noch als Tabu, (männliche) Aktzeichnungen anzufertigen. Dadurch konnten sie in der angesehenen Figurenmalerei nur selten Fertigkeiten entwickeln und biblische, mythologische und historische Szenen waren für sie kaum zu realisierende Bildsujets.

Laut Dryden schuf Killigrew Porträts, pastorale Szenen, Gemälde mit Nymphen und Satyren sowie phantastische Landschaften mit griechischen und römischen Ruinen in Form von Statuen, Friesen und Säulen, die dem barocken Geschmack am Zerfall entsprachen und an die damals außerordentlich beliebten Gemälde Nicolas Poussins und Claude Lorrains erinnern. Der Standort vier ihrer Gemälde, ein Porträt Jakob II. (das sich im Besitz der englischen Königin befindet), ein Selbstporträt (Privatbesitz), „Venus attired by the Graces"[10] („Venus wird von den Grazien angekleidet", ebenfalls Privatsammlung) und „Venus und Adonis" (Stich von Lens, Yale Center for British Art), ist heute bekannt.[11] Wie „Venus und Adonis" ist ein weiteres Selbstporträt nur noch in Form eines Stichs von Beckett erhalten. Killigrews eigene Gedichte, Drydens Ode und das Verkaufsregister des Besitzes von Anne Killigrews Bruder Henry von 1727 verweisen auf zusätzliche Werke wie Porträts von Maria von Modena", von Johannes dem Täufer, von Nymphen und Satyrn sowie von Judith und Holofernes. Darüber hinaus könnte ein Porträt ihres Onkels Thomas Killigrew von ihr stammen, genauso wie Landschaftsdarstellungen, historische Gemälde und Stilleben.

Neben dem Ganzkörperporträt von James, dem Herzog von York, welches lange der Lely-Schule zugerechnet wurde, hat Anne Killigrews eigenes Selbstporträt zu ihrem Ruhm als Malerin beigetragen. Nachdem Anthonis van Dycks Porträtkunst den englischen Geschmack in der ersten Hälfte des 17. Jahrhunderts bestimmt hatte, steht sie in der zweiten Jahrhunderthälfte unter dem Zeichen Sir Peter Lelys. Lely (1618–1680) kam vermutlich 1643 nach London, wo er sich zu einem Maler entwickelte, der den höfischen Prunk wie kein anderer darzustellen wußte. Seine Frauenbildnisse weisen zunehmend einen erotisch-sinnlichen, verführerisch-lasziven Charakter auf, der sich am besten an seiner Serie von „Windsor-Schönheiten" in Hampton Court ablesen läßt, einer Galerie der zehn schönsten Frauen bei Hof, die vermutlich zwischen 1662 und 1665 entstand. Die meisten seiner Frauendarstellungen sind Dreiviertelporträts, die die Modelle sitzend zeigen und mythologische, heilsgeschichtliche sowie pastorale Sujets aufgreifen.[12] Für Lelys Werk sind die Einbettung der Figuren in Landschaft sowie die Verwendung pastoraler Motive wie Blumen und (Hirten-) Stab von großer Bedeutung, denn seine Auftraggeber sind an einem höfisch verfeinerten Milieu galanter Schäfer und anmutiger Schäferinnen interessiert. Das imaginäre Arkadien – das zeigten schon die Interpretationen von Killigrews Gedichten – übte eine große Faszination aus. Die Übernahme pastoraler Porträts signalisierte bildlich die Zugehörigkeit zum höfischen Milieu. Während bei van Dyck noch das eher geschlechtsneutrale „Ideal einer überlängten, anmutigen Statur, überschlanker Hände und langer schmaler Nase im ovalen Gesicht"[13] vorherrscht, weicht dieses dem wenig individuelle Züge aufweisenden, normativen Frauentypus Lelys. Seine gleichförmigen, modischen weiblichen Gesichter sind von dichten Locken umrahmt und der Hals durch eine eng anliegende Perlenkette geschmückt. Oft wird die sinnliche Haltung seiner meist sitzenden, halbliegenden Modelle, die neben der Königin hochstehende weibliche Mitglieder des Hofes, Mätressen des Königs und später auch Schauspielerinnen umfassen, zudem von ihren entblößten Schultern und Brüsten (mit ihrer modisch blassen Haut) und den mehr ent- als verhüllenden, lose fließenden Hauskleidern unterstrichen. Typisierungen überdecken bei Lely die individuellen Züge seiner Modelle, deren üppige körperliche Schönheit dem Betrachter dargeboten wird und von der Frivolität des Restaurationshofes zeugt. Während Dryden von Lely sagte, daß er zwar viele anmutige Bilder gemalt habe, von denen jedoch keines Ähnlichkeiten mit seinen Modellen aufwies, lobte der Dichter im Zusammenhang mit Anne Killigrews Porträt Jakob II. die Ähnlichkeit zwischen Modell und Abbild.

Anne Killigrews „Selbstporträt" in Öl auf Leinwand, entstanden zwischen 1680 und 1685, macht deutlich, daß die Malerin mit dem vom Stuart-Hof geschätzten, großartigen Porträtstil vertraut ist.[14] Es stellt eine bemerkenswerte, die eigene Person bestätigende Behauptungsgeste dar. Wie eine Autobiographie, so ist auch ein Selbstporträt nie die neutrale Wiedergabe einer objektiven Realität, sondern immer eine Selbststilisierung, ein „self-fashioning", ein Statement. Wie bei ihrem Porträt Jakobs II. handelt es sich hier ebenfalls um ein Ganzkörperporträt, das von der durch Lely geprägten Norm des Dreiviertelporträts abweicht. In der Mitte des Bildes steht Killigrew, die ihr Locken umrahmtes Haupt leicht nach links neigt. In ihrer linken Hand, die auf dem Sockel einer Urne ruht, hält sie ein Schriftstück, das ihre Dichtkunst symbolisiert. Über ihr befindet sich etwas nach links versetzt ein Gemälde, das sich vom dunklen Hintergrund kaum abhebt, in jedem Fall aber eine Anspielung auf ihre Tätigkeit als Malerin darstellt. Auf der großen, zur barocken Szenerie gehörenden Urne in der rechten Bildhälfte sowie dem antiken Reliefbruchstück in der unteren linken Ecke sind Frauenfiguren und Putten angebracht. Wie ihre Zeitgenossin, die bekannte, professionell arbeitende Malerin Mary Beale in einem ihrer Selbstporträts, so verwendet auch Anne Killigrew die Urne als modisches Sinnbild barocker Vanitasgedanken. Während sich das Bild rechts außen in eine Landschaft öffnet und ein Stück Himmel freigibt, ist die linke Bildhälfte als barockes Interieur mit schweren, gerafften Vorhängen gestaltet. Die Architekturstaffage mit dem Landschaftsausblick ist dem zeitgenössischen Betrachter aus der Porträtmalerei der italienischen Renaissance geläufig. Kannelierte Säulen und Vorhänge sind im 17. Jahrhundert gern verwendete Würdemotive, die sich auch in Peter Lelys Darstellung von Barbara Villiers, Herzogin von Cleveland, als Madonna mit Kind[15] und als Maria Magdalena[16] finden oder in seinem Porträt von Elizabeth Writhesley, Gräfin von Northumberland.[17] Killigrews Präsentation der eigenen Person in diesem Selbstporträt weist Ähnlichkeiten mit Lelys Frauendarstellungen auf, unterscheidet sich jedoch auch in bestimmten Aspekten von ihnen. Ihr Gesicht ist sicherlich ein konventionelles Frauengesicht, wie man es gegen Ende des 17. Jahrhunderts allenthalben findet. Ihre langgezogene Figur entspricht dagegen eher dem älteren van Dyckschen Ideal. Insgesamt vermittelt dieses Gemälde einen disziplinierteren Eindruck als Lelys Darstellungen üppiger weiblicher Schönheiten: Der Ausdruck der in der bombastisch barocken, bühnenhaften Ausstattung der Bildkulisse etwas verloren wirkenden Anne Killigrews ist melancholisch und ihre Brust ist weniger entblößt als dies bei Lelys Frauenfiguren der Fall ist.

In Anne Killigrews Dichtung wie in ihrer Malerei meldet sich eine Frau zu Wort, die sich selbst wichtig nimmt. Autobiographien zu verfassen und sein Selbstporträt zu malen, mag für Männer selbstverständlich sein, bei Frauen ist es eine bemerkenswerte Geste und radikale Abweichung von den im 17. Jahrhundert gültigen weiblichen Verhaltensnormen. Wir wissen nicht, ob Anne Killigrew – wäre sie nicht so früh gestorben – geheiratet und Kinder bekommen hätte. Bis zu ihrem Tod im Alter von etwa 25 Jahren folgte sie jedenfalls ihrem Ideal, als Dichterin und Malerin den Ruhm zu erlangen, der ihr gebührt – dazu hofft auch dieser Artikel beizutragen.

Susanne Scholz

Anne *Finch,*
Gräfin von Winchilsea
(1661–1720)

Peter Cross: Anne Finch. Wasserfarben auf Pergament, ca. 1690.
National Portrait Gallery, London.

In ihrem Gedicht „Die Einführung" („The Introduction") charakterisiert Anne Finch, Gräfin von Winchilsea, die Situation schreibender Frauen wie folgt:

> Doch ach, wenn eine Frau auch nur zur Feder greift,
> Ist sie vermessen, fragt man, was sie sich erkühnt,
> Sagt man, daß keine Tugend solchen Fehler sühnt.
> Es heißt, wir irrten ab von Weiberart und -stil;
> Manieren, Mode, hübsche Kleider, Tanz und Spiel,
> Auf diese Dinge solln wir unsre Sinne lenken;
> Denn Schreiben, Lesen, Fragenstellen oder Denken
> Will unsre Schönheit trüben, unsre Reize mindern,
> Eroberungen unsres Herzens gar verhindern,
> Doch ödes Walten an des braven Hauses Herd
> Gilt oft als unser Bestes, unser höchster Wert.[1]

Als Einführung in eine Sammlung ihrer eigenen Werke lenkt dieses Gedicht den Blick der Lesenden sowohl auf die Weiblichkeit der Autorin als auch auf die besondere Rezeption, der ihre Texte – als diejenigen einer Frau – unterliegen. In einer möglicherweise strategischen, jedoch keinesfalls koketten Antizipationsgeste wird Kritik damit gleichzeitig zur Kenntnis genommen und abgewehrt. Dabei ist „Die Einführung" sozusagen ein Versuch unter Freunden, denn es ist nicht zufällig eine Manuskriptsammlung, der dieses Gedicht vorangestellt wurde. In der einzigen zu Finchs Lebzeiten im Druck veröffentlichten Ausgabe ihrer Gedichte, „Miscellany Poems, Written by a Lady" von 1713 fehlt dieses Gedicht bezeichnenderweise.

Gegenüber den hier bereits in der „Einführung" vorweggenommenen Vorwürfen der Selbstüberhebung über die durch das Geschlecht auferlegten Grenzen behauptet Anne Finch in ihren Gedichten immer wieder ihre Berechtigung zu schriftstellerischer Tätigkeit. Sie bedient sich dabei unterschiedlicher Taktiken, argumentiert rational, polemisiert und ironisiert oder demonstriert ganz einfach ihre Meisterschaft.

Virginia Woolf nennt in ihrem frühen feministischen 'Klassiker' „Ein Zimmer für sich allein" (1929) Anne Finch als eine Dichterin, deren poetische Ausdrucksmöglichkeiten durch die (expliziten und verinnerlichten) Vorurteile einer patriarchalischen Umwelt empfindlich eingeschränkt worden seien. Wie nahezu allen Dichterinnen vergangener Zeiten verstelle ihr der Unmut über die eigene gesellschaftliche Benachteiligung den Weg zu der Läuterung des Geistes, die wahre Dichtkunst erst ermögliche:

Offenkundig hat ihr Geist keineswegs „alles Hemmende verbrannt und den Zustand der Weißglut erreicht". Er wird im Gegenteil von Groll und Haßgefühlen geplagt und zermürbt. Die Menschheit ist für sie in zwei Parteien gespalten. Männer sind „der Gegner"; Männer sind verhaßt und gefürchtet, denn sie haben die Macht, ihr den Weg zu versperren zu dem, was sie tun möchte – nämlich schreiben. (MS S. 70)

Tatsächlich zeigt sich, daß sich Anne Finch ihrer Situation als schreibende Frau in einer männlichen (Literatur-)Welt sehr bewußt war. Jedoch sind ihre diesbezüglichen Äußerungen weniger von Empörung darüber erfüllt als von einer quasi resignierten, aristokratisch-herablassenden Haltung gegenüber denjenigen, die die Autorschaft von Frauen aufgrund ihres Geschlechts diskreditieren. Sie schickt sich an, den schmerzlich empfundenen Ausschluß von gesellschaftlichem und literarischem Einfluß zur Entstehungsbedingung ihrer Dichtung umzudeuten.

In Anne Finchs Lebensgeschichte erscheinen als prägende Faktoren vor allem ein Gefühl der Deplaziertheit und der kulturellen Marginalität, die sich nicht nur aus ihrem Geschlecht, sondern auch aus ihrer historischen, sozialen und kulturellen Verortung ergeben. Jedoch konnte sie für sich in Anspruch nehmen, was viele ihrer schreibenden Geschlechtsgenossinnen entbehrten: ein weitgehend gesichertes Einkommen, die Unterstützung ihres sozialen Umfelds und ein 'Zimmer für sich allein'. Mit den bloßen Räumlichkeiten ist es allerdings noch nicht getan, und so soll es im folgenden darum gehen, wie Anne Finch im Spannungsfeld von politisch-biografisch bestimmten Zwängen, einem eher frauenverachtenden literarischen Milieu und ungeeigneten literarischen Traditionen sich – wörtlich und metaphorisch – einen 'eigenen Raum' erschreiben konnte, einen Raum, der zwar räumlich wie symbolisch am Rand der Gesellschaft verortet war, der eben diese Marginalität aber zur grundlegenden Voraussetzung für weibliches Schreiben ummünzte.

Daß Anne Finch in der vor-feministischen Literaturwissenschaft wenig Beachtung gefunden hat, liegt nicht allein an ihrem Geschlecht. Wie andere wissenschaftliche Disziplinen orientiert sich auch die Literaturwissenschaft am (erst aus der Rückschau festgestellten) Fortschritt und privilegiert damit die Neuerer gegenüber den Traditionalisten.

Aber nicht nur aus einem heutigen literaturkritischen Blick auf die Epoche der Restauration und des frühen 18. Jahrhunderts wirkt Anne Finch ein wenig deplaziert. Ihre dichterische Auseinandersetzung mit überlieferten Genres und Stoffen läßt sie selbst ihrer eigenen Zeit leicht antiquiert erscheinen. Diese Exzentrizität allein auf ihr Geschlecht zurückzuführen, wäre sicher zu kurz gegriffen, doch Finchs Selbstaussagen, ihre Biographie und auch die Betrachtung ihres sozio-kulturellen und historischen Umfelds zeigen, daß Geschlechtskodierungen und gesellschaftliche Erwartungen an Frauen eine nicht unwesentliche Rolle spielen. Daß die Kategorie 'Geschlecht' (im Sinne des anglo-

amerikanischen Konzepts von *gender*) das Schreiben, Lesen und Auslegen von
Literatur wesentlich beeinflußt, weiß die feministisch orientierte Literaturwissenschaft schon seit langem. Bereits bei Virginia Woolf und auch in den Analy-
sen früher feministischer Literaturwissenschaftlerinnen wird Anne Finch als
Beispiel einer Autorin hervorgehoben, der ihre fragile Position im zeitgenössischen Literaturbetrieb bewußt war und deren poetische Auseinandersetzung
mit einer weiblichen Lebenswirklichkeit zum Ausschluß aus einem männlich
dominierten Kanon geführt hat. Es soll hier nicht bestritten werden, daß die
Lebensumstände von Frauen sich in Inhalt und Stil ihres Schreibens nieder-
schlugen und noch niederschlagen und daß es sich dabei um Erfahrungen
handelt, die den Kriterien der Kanonbildung in einer patriarchalen Kultur in
vielen Fällen nicht genügen. Ich möchte aber im folgenden die Werke von Anne
Finch weniger als Ausdruck weiblicher Erfahrung und als besonders authentisches Abbild ihrer Lebenswirklichkeit betrachten, sondern anhand ihrer Dichtung Strategien des Umgangs mit einer widrigen politischen und gesellschaftlichen Situation sowie Verfahrensweisen der poetischen Selbstfindung aufzeigen.
Zu bedenken sind dabei als prägende Faktoren sicher das mittlerweile klassische Dreigestirn von Rasse-Klasse-Geschlecht der Autorin. Zu bedenken ist
aber auch ihre Zugehörigkeit zu einer royalistischen, d. h. auch in republikanischen Zeiten königstreuen Familie, das Festhalten an aristokratisch-konservati-
ven Wertvorstellungen in einer Zeit der Neuerungen und des Umbruchs, die
Unsicherheiten der Revolution von 1688/89, in der die Finches auf der 'falschen' Seite standen, sowie die Marginalisierung durch das darauf folgende
Exil. Und schließlich sind auch die kulturellen Vorlieben und literarischen
Moden der Restaurationszeit und des 'augustäischen Zeitalters' zu bedenken,
die dazu beitrugen, daß sich Anne Finch, nicht in den gängigen literarischen
Moden und Formen der Zeit heimisch fühlen konnte. Alle diese Faktoren trugen dazu bei, daß ihre Dichtungen 'vom Rand her' geschrieben zu sein scheinen. Sie sind – aus der Gegenwartsperspektive gesprochen – weder besonders
progressiv noch besonders emanzipatorisch, aber ihnen wohnt das Bewußtsein
inne, daß es kulturelle Einschreibungen und nicht Naturgegebenheiten sind,
die zur Marginalisierung von Frauen im Literaturbetrieb führen, oder, um es
mit ihren Worten zu sagen, daß Frauen „der Erziehung mehr als der Natur Nar-
ren" sind:

> Wie tief sind wir gestürzt durch falsches Regiment,
> Wie arm sind wir an Bildung und reich nur an Talent;
> Der Geistesgaben Schulung bleibt strikt uns untersagt,
> Denn dumm will man uns haben, willfährig wie die Magd;
> Und schwingt sich eine auf, zu schaun der Höhen Pracht,
> Von wärmrer Phantasie und Ehrgeiz angefacht,
> Der Gegner leidet's nicht, daß sie ihm lange trutzt,
> Und Hoffnung trägt nicht weit, wenn Furcht die Flügel stutzt.[2]

Als Kind der Restaurationszeit – sie wurde 1661 als drittes Kind des Landadeligen William Kingsmill und seiner Frau Ann Haslewood in Sydmonton in Hampshire geboren – wuchs Anne Kingsmill in einem sozialen Klima des Umbruchs und der Neuorientierung auf. Obwohl beide Eltern innerhalb der ersten Lebensjahre verstarben, war für die Erziehung der drei Kinder gesorgt, alle erhielten eine – bei Mädchen durchaus unübliche – humanistische Bildung. Von Anne ist bekannt, daß sie Werke in Lateinisch, Griechisch, Französisch und Italienisch lesen konnte und auch Übersetzungen aus diesen Sprachen anfertigte. Über ihre Jugendzeit weiß man wenig; Anne und ihre Schwester Bridget lebten abwechselnd bei ihrer Großmutter väterlicherseits in London und auf dem Landsitz der Familie Haslewood in Maidwell in Kent. Ihr Geburtsjahr 1661 war auch das Jahr des triumphalen Einzugs von Karl II. in London, es markierte, nach einer Ära des Dogmatismus und der Sittenstrenge während des Bürgerkriegs und des *Commonwealth*, den Beginn einer Zeit der Sinnesfreude und Vergnügungssucht, des Hedonismus und der Frivolität. Angesichts der Unbrauchbarkeit 'feudaler' Distinktionsmerkmale mangelte es nach dem Bürgerkrieg und dem republikanischen Intermezzo des *Commonwealth* an Kriterien zur Markierung gesellschaftlicher Zugehörigkeiten, und so kam dem – vermeintlich natürlichen – Unterschied zwischen den Geschlechtern bei der gesellschaftlichen Sinnstiftung eine wichtige Rolle zu. Die besondere Dringlichkeit einer inneren Konsolidierung in der Restaurationszeit, von der Rückkunft der Stuartkönige 1661 bis zur Glorreichen (weil unblutig vollzogenen) Revolution 1688/89, ist darauf zurückzuführen, daß sich durch den Bürgerkrieg die Machtverhältnisse in einem bis dahin unvorstellbaren Ausmaß gewandelt hatten. Adel und König hatten Macht eingebüßt, Kaufmannsstand und 'Bürgertum' hatten an gesellschaftlichem Einfluß gewonnen. Im Dienste der Naturalisierung der neuen Machtverhältnisse wurde nun vielfach auf das ausgedehnte Repertoire der Geschlechtsmarkierungen zurückgegriffen. Im Drama, in Zeitschriftenessays und im Gedicht wurde etwa der aggressiv-expansionistische Überseehändler als Paradebeispiel britischer Männlichkeit dargestellt, während der blutleere Adelige als 'weibisch' abgewertet wurde. Auch der Machtverlust des Hofes erscheint in literarischen Repräsentationen häufig als Verweiblichung.

Diesen Kult der Oberflächlichkeit und Selbstdarstellung betrachtete die junge Anne Kingsmill, die einundzwanzigjährig Hofdame bei Maria von Modena, der italienischen Ehefrau des Herzogs von York geworden war, mit skeptischer Zurückhaltung, aber, wie ihre Gedichte zeigen, ohne moralisierenden Unterton. Am Hof traf Anne auch ihren späteren Ehemann, den vier Jahre älteren Heneage Finch. Finch war Offizier und Mitglied des Parlaments und gehörte zum persönlichen Haushalt von Jakob, dem Herzog von York und Bruder des Königs. Er stammte zwar aus einem alten Adelsgeschlecht, hatte aber als zweiter Sohn eines ebenfalls zweiten Sohnes wenig Aussichten auf eine gehobene gesellschaftliche Position und verfolgte daher, wie bei jüngeren Söhnen üblich, eine militärische Karriere. Nach ausdauernder Werbung willigte Anne Kingsmill in die Heirat ein, die am 15. Mai 1684 stattfand. Die Ehe blieb kinderlos. Nach der Heirat gab Anne Finch ihren Hofdienst auf und wandte sich intensiver dem Schreiben zu. Die Finches lebten in Westminster Palace, und Anne profitierte vom literarisch inspirierenden Milieu am Hof, an dem John Dryden und die sogenannten *court wits* wie William Wycherley und George Etheredge den Ton angaben und an dem der Einfluß des kürzlich verstorbenen John Wilmot, Earl of Rochester noch stark zu spüren war. Trotz der intellektuellen Stimulation, die von einer solchen literarisch aufgeschlossenen Umgebung ausging, stellte Anne Finch schnell fest, daß es für eine schreibende Frau weder eine Tradition weiblicher Autorschaft, noch brauchbare literarische Vorlagen gab. Die erotisierte und teilweise äußerst frauenfeindliche Liebeslyrik der Restaurationszeit bot einer Autorin wenig Möglichkeiten, sich dichterisch zu entfalten, und die 'klassischen' Genres wie etwa die epische Dichtung blieben ihr aufgrund ihrer informalen Bildung verschlossen. Noch weniger schickte sich die dramatische Form, die die Autorin oder den Autor den kritischen Blicken der Öffentlichkeit preisgab, zumal nach Rochesters Diktum „Hure kaum ein schmählicheres Wort ist als Dichterin"[3]. So schrieb sie zunächst nur für gute Freunde, wie die letzten Zeilen der „Einführung" mit leisem Bedauern hervorheben:

> Den wen'gen Freunden nur und deinen Sorgen singe,
> Denn Lorbeerhaine warn dir nicht bestimmt hinieden;
> Das Dunkel sei dir Heimstatt, und sei du dort zufrieden.[4]

Anne Finch war sich der Einschränkungen, die eine von Männern dominierte Gesellschaft schreibenden Frauen auferlegte, sehr bewußt. Sie verbarg daher während ihrer Zeit als Hofdame ihre schriftstellerischen Ambitionen mit der Begründung, sie möchte nicht als „reimende Ehrenjungfer" der Lächerlichkeit preisgegeben werden. Erst nach der Eheschließung und durch die tatkräftige Unterstützung ihres Ehemannes wagte sie es später, Manuskriptkollektionen ihrer Gedichte unter ihren Freunden zirkulieren zu lassen und schließlich 1713 einen Band ihrer Werke in Druck zu geben. Mit offensichtlichem Erfolg, denn 1717 nahm Alexander Pope acht ihrer Gedichte in seine Sammlung „Poems on Several Occasions" auf. Bereits 1694 hatte Henry Purcell eins ihrer Lieder vertont („'Tis strange this Heart"), das auf diese Weise einen großen Bekanntheitsgrad erreichte. In den Jahren vor der Revolution, zwischen 1684 und 1688, entstanden etwa 20 bis 25 Gedichte, darunter viele Lieder, Gelegenheitsgedichte für befreundete Menschen, pastorale Episoden, Naturgedichte und Liebesgedichte an „den vielgeliebten Gatten einer glücklichen Frau".

Mit der Thronbesteigung von Jakob II. im Jahr 1685 wurde Anne Finchs frühere Herrin Königin von England und die Finches bewegten sich in den ersten Kreisen am Hof. Diese gesellschaftliche Privilegierung fand mit der Revolution von 1688/89 ein jähes Ende. Als Royalist und Offizier war Heneage Finch in die Ereignisse unmittelbar involviert, denn nach einem ersten gescheiterten Fluchtversuch begab sich Jakob II. unter den Schutz des Grafen von Winchilsea, Heneage Finchs Vater; am 14. Dezember 1688 gelang ihm die Flucht nach Frankreich. Heneage Finchs Flucht mißglückte, er wurde als Hochverräter und Jakobit festgenommen und erst 1691 wieder mangels Beweisen freigelassen. Für die Finches brachen schwierige Zeiten an, sie verließen London und lebten in Eastwell auf dem Landsitz ihres Neffen Charles, des dritten Grafen von Winchilsea, der (als erster Sohn des älteren Bruders des verstorbenen Grafen) den Titel geerbt hatte. Der erzwungene Rückzug brachte zwar für Anne Finch zunächst die Verbannung vom Zentrum gesellschaftlicher und literarischer Aktivität, gleichzeitig bot er ihr aber die Möglichkeit, diese Erfahrung in ihrer Dichtung zu verarbeiten. Ihre Umgebung, reduziert auf einige wenige enge Beziehungen zu gleichermaßen marginalisierten Personen, ihre Freundschaften mit anderen, ebenfalls 'exilierten' Literaten wie Jonathan Swift und Alexander Pope und ihr Rückzug aufs Land boten ihr dazu sowohl Themen als auch literarische Vorlagen.

Besonders bemerkenswert aus dieser Zeit sind eine Reihe von Gedichten, die die literarische Tradition des *beatus ille* aufnehmen und die man als 'Rückzugsgedichte' bezeichnen könnte. Charakteristisch für das *retirement poem* ist seine dezentrale Perspektive: Der Blick vom Rand auf die Aktivitäten und Sitten der Gesellschaft ermöglicht eine dichterische Auseinandersetzung mit den gängigen Wertvorstellungen, wobei die marginale Position des lyrischen Ich, sein Ausschluß von der dominanten Kultur grundlegend für seine Urteilsfähigkeit ist. Unter diesen von der pastoralen, präziser gesagt, der georgischen Tradition inspirierten Gedichten sind besonders „Eine nächtliche Träumerei" („A Nocturnal Reverie") und „Bittschreiben für einen vollkommenen Zufluchtsort" („A Petition for an Absolute Retreat") hervorzuheben. Letzteres etwa münzt ganz charakteristisch den erzwungenen Rückzug in die grundsätzliche Bedingung der (dichterischen) Freiheit um:

> Gib' mir, holdes Schicksalswort,
> Gib mir noch in diesem Leben
> Den vollkommenen Zufluchtsort
> Wo Pfade ziehn, wo Bäume sich erheben,
> Daß die Welt mag niemals finden
> Durch Schatten und Wege, die sich winden
> Meine Freiheit unberührt.[5]

Bei dem besungenen Rückzug handelt es sich jedoch nicht um eine quasiromantische Flucht ins Innere der Dichterin, sondern es geht dem lyrischen Ich

um die Verwirklichung einer Harmonie zwischen Natur, Mensch und Gott, die
unter den Bedingungen gesellschaftlichen Lebens und einer gefallenen Men-
schennatur nur schwer zu verwirklichen ist. In solchen Augenblicken der Harmonie, in denen, wie es in „Eine nächtliche Träumerei" heißt, „ihr kurzes Freu-
denfest die Kreaturen feiern / Das nur solange währt, wie Menschenherrschaft
schläft"[6], scheint auch die durch den Sündenfall ebenfalls beeinträchtigte
Wahrnehmungsfähigkeit kurzzeitig wiederhergestellt zu sein. Ihn poetisch einzufangen ist allerhöchste Kunst, denn er gibt sich als Moment jenseits von
menschlicher Begrifflichkeit, in dem Transzendenz und damit ein Blick 'von
außen' möglich ist:

> Wenn in gelass'ner Ruh die Seel' sich wendet,
> Und wenn kein gleißend Licht erleuchtend blendet,
> Nur leise sinnend sich der Geist erhorcht
> Ein Ding, zu unerhört für Menschenwort,
> Wenn sich die freie Seel' umfängt in Selbstgenügen,
> Die Elemente sich harmonisch fügen,
> Wenn alles Treiben heiliger Ruhe weicht
> Freut sich die Seel' der niedern Welt und denkt sie sich ihr gleich:
> In solcher Nacht laß draußen weilen mich
> Bis daß der Tag anbricht, und alles sich vermischt.[7]

Das Unsagbare zu sagen ist unmöglich, und so setzt Anne Finch hier ihren
Versuch, den magischen Moment zumindest einzufangen, gegen die Verzerrun-
gen, denen der menschliche Blick auch in solchen Momenten unterliegt. Es ist
ihr nämlich durchaus bewußt, daß die anvisierte Harmonie zwischen 'höherer'
Welt der Vernunft, des Geistes, der Seele und 'niederer' Welt der Kreaturen nur
scheinbar erreicht ist, daß sie dabei wiederum einer – für die Seele momentan
heilsamen – Täuschung aufsitzt: Sie denkt sie sich eben nur gleich, aber das ist
sie natürlich aufgrund des kategorialen Unterschieds zwischen Mensch und
Kreatur nicht.

Wegen ihrer genauen Naturbeobachtungen in „Eine nächtliche Träumerei"
hatte William Wordsworth Anne Finch als Vorläuferin des romantischen Natur-
erlebens gepriesen, dabei jedoch ihre Hinwendung zu einer von außen (und
nicht wie beim romantischen Ich von innen) zu erwartenden Vollendung außer
acht gelassen. Tatsächlich kommt dieses Gedicht zunächst ganz traditionell im
Gewand der pastoralen Dichtung daher. Es verbindet genaue Naturbeobach-
tung mit dichterischem Selbstbezug auf eine Art und Weise, bei der die kulturell bestimmten Positionen von Subjekt und Objekt, von Ich und Ding sich
verwischen. „Eine nächtliche Träumerei" wie auch „Bittschreiben für einen
vollkommenen Zufluchtsort" entwerfen den pastoralen Rückzugsraum als irdi-
sches Paradies, das – obgleich historisch in Raum und Zeit verankert – die Bedingungen der gefallenen Welt zeitweise außer Kraft setzt. Dabei verlangt das

lyrische Ich, anders als das auf Einsamkeit bedachte romantische Ich, im „Bittschreiben" nach einem „Partner, der mir entspricht" – ein Anklang an die paradiesische Schöpfungsgeschichte, mit dem Unterschied, daß hier Eva einen
Adam ersehnt, der Fleisch von ihrem Fleisch und vor allem Geist von ihrem
Geist ist und die Freuden und Leiden des Aus-der-Welt-Seins mit ihr teilt.

Der so besungene Rückzug aus den Niederungen der Politik und des gesellschaftlichen Lebens wird sozusagen doppelt inszeniert, in der unbezwungenen
Natur und im Gedicht. Dabei berührt Finch ein zentrales Paradox der pastoralen Dichtung bzw. Philosophie: die dargestellte Natur nämlich, die Imagination
eines idealen ländlichen Lebens frei von den korrumpierenden Einflüssen von
Stadt und Hof, wird in Form eines Kunstwerkes realisiert; die Kunst aber
ist Produkt einer hochentwickelten, verfeinerten Gesellschaft. Außerhalb der
Dichtung hat die Natur keine Stimme, jede Darstellung der Natur aber ist bereits Kunst. Die im Pastoral entworfenen Wertgegensätze von Natur und Kunst,
Land und Stadt, arkadische Reinheit und höfische Korruption, Kontemplation
und Aktion werden durch dieses zentrale Paradox in einen kreativen Span-
nungszustand versetzt, in dem die Polaritäten kurzzeitig aufgehoben sind: ein
paradiesischer Moment, der Vergangenes und Gegenwärtiges, Göttliches und
Menschliches in sich vereint. Daß auch der Gegensatz 'weiblich-männlich' in
die genannte Reihe problemlos einzufügen ist, erhöht für Finch noch die
Brauchbarkeit einer literarischen Vorlage, die quasi implizit auf die kulturelle
Konstruiertheit dieser Gegensätze verweist.

Das durch die Revolution erzwungene 'Exil' der Finches währte bis in die ersten Jahre des neuen Jahrhunderts. Danach lebten sie sowohl auf dem Landsitz
Eastwell in Kent als auch in ihrem Stadthaus in der Londoner Cleveland Row,
nahe St. James' Palace. Als Charles Finch 1712 plötzlich starb, ging der Titel des
Grafen von Winchilsea auf Heneage Finch über und Anne wurde Gräfin von
Winchilsea. Dieser soziale Aufstieg brachte den Finches allerdings keine Verbes-
serung ihrer finanziellen Situation, denn der Landsitz war verschuldet, Charles
war in Erbstreitigkeiten verwickelt gewesen und schließlich konnte Heneage
Finch seinen Sitz im Oberhaus nicht antreten, da er sich – wie viele seiner roya-
listischen Zeitgenossen – weigerte, der neuen Königin die Treue zu schwören.
Noch zweimal versuchte Heneage Finch nach der Revolution ein politisches
Comeback und kandidierte für die Tories für einen Sitz im Unterhaus, beide
Male unterlag er jedoch seinem Whig-Konkurrenten.

Trotz aller politischen und persönlichen Widrigkeiten scheint es Anne Finch
gelungen zu sein, sich ein stabiles soziales Umfeld zu schaffen und zu erhalten.
Neben den bereits erwähnten literarischen Freundschaften mit bekannten
Dichtern ihrer Zeit pflegte sie auch eine große Zahl an Freundschaften mit be-
nachbarten Aristokratinnen und weiblichen Verwandten, denen sie häufig in
Form von Gedichten Tribut zollte. Ihre Gelegenheitsgedichte können sowohl

als Ausdruck aristokratischer und weiblicher Fürsorge wie auch als Freund-
schafts- oder Liebesgaben verstanden werden. Sie boten Gelegenheit zu dichterischer Tätigkeit wie auch zur Darstellung von persönlichen Beziehungen und
Loyalitäten.

Angesichts ihrer Gewohnheit, Gedichte auf geliebte Menschen zu verfassen,
nimmt es nicht wunder, daß sich darunter auch eine große Anzahl von Liebesgedichten an ihren Ehemann befinden. Dabei konnte sie die in der Liebeslyrik
der Restaurationszeit vorherrschende Position des erotischen Eroberers sowohl
aus Schicklichkeitsgründen als auch wegen der impliziten Maskulinität dieser
Position nicht einnehmen. Die dort inszenierte scharfe Trennung von Subjekt
und Objekt, in der das lyrische Ich sich gerade durch die Degradierung der Geliebten zum 'Ding' ermannt, hätte ihr wahrscheinlich auch widerstrebt, denn
all ihre Werke zeigen, daß es ihr um die Durchlässigkeit dieser Grenze, um die
Einordnung des Menschen in ein harmonisches Ganzes und nicht seine Über-
hebung als sinnstiftendes, gottähnliches Subjekt ging. Ihre Liebeslyrik zeigt
vielmehr, in Absetzung von den frivol-erotisierten Werken ihrer Zeitgenossen
und gegen den an Tugend nicht gerade interessierten Zeitgeist, Liebe nicht als
Machtspiel, sondern als Wechselspiel mit einem geliebten Gegenüber. Dazu bediente sie sich auf durchaus innovative Weise traditioneller Formen, wie etwa
der Sonette Edmund Spensers und Philip Sidneys. Der Bezug auf eheliche
Liebe und die dichterische Umschreibung nicht von amourösen Abenteuern,
sondern von „Hymens Kosungen und Fesseln" erlaubten es Anne Finch, sich
mit leichter Hand und in aller gebotenen Zurückhaltung als erotisches Subjekt
zu stilisieren und damit der gängigen inhärent maskulinen eine weibliche Spre-
cherfigur entgegenzusetzen. In „Ein Brief an Daphnis" („A Letter to Daphnis"),
einem ihrer frühen Liebesgedichte (1685) spricht sie den Ehemann in der poetischen *Persona* Daphnis an:

> Dies für meines Lebens Kron' und Zier ich schreibe,
> (Vielgeliebter Gatte einem glücklichen Weibe),
> Für ihn, des' innige Liebe fand die Kunst
> Zu sichern sich der Widerspenstigen Gunst,
> Und der der Welt durch zärtlichen Beweis entdeckt,
> Daß auch im Ehemann ein Liebhaber versteckt.[8]

Unter Rückgriff auf die pastorale Tradition, der die Daphnis-Figur ent-
stammt, entwirft sie die Ehe als einen Rückzugsort, von dem aus sie sowohl als
dichterisches als auch als erotisches Subjekt erscheinen und die (geschlechtlich
markierten) Grenzen zwischen beiden fließend machen kann – ein quasi utopi-
sches Moment, das mit der Realität der Institution Ehe im 17. und 18. Jahrhundert nicht viel gemein hat.

Nicht ohne selbstironischen Seitenblick auf ihre leicht antiquierte Vorlagen-
wahl und im Bewußtsein gesellschaftlicher Erwartungen, Moden und Zwänge

zeugen ihre Liebesgedichte aber auch von einer geschickten Aneignung der literarischen Tradition und einer selbstbewußten Betonung der eigenen Kreativität. Dafür mag „To Mr. F., now Earl of Winchilsea" als Beispiel gelten. Im Untertitel weist sich das Gedicht zunächst als Auftragsarbeit des Gatten aus: „An Mr. F. ... der beim Aufbruch Ardelia gebeten hatte, bis zu seiner Rückkehr am Abend ein Gedicht über ein selbst gewähltes Thema zu schreiben". Das Engagement der dichtenden Ehefrau erscheint damit nicht als Überschreitung der ihr zugewiesenen Rolle, sondern als pflichtgetreue Erfüllung eines Auftrags. Beim Schreiben wird Finchs poetischer *Persona* Ardelia allerdings deutlich, daß es für eine Frau fast unmöglich ist, ein Liebesgedicht zu verfassen, denn die Rolle des erotischen Abenteurers kann sie nicht ausfüllen und die eheliche Liebe gilt als äußerst unpassendes Sujet. Sie ruft also die Musen um Beistand an und es zeigt sich, daß alle auf dieses Ansinnen mit schockiertem Erstaunen reagieren. Da man aber mit Ardelia befreundet sei, so die Musen, schicke es sich wenigstens, sich zu entschuldigen. Sie erfinden also Ausreden, in denen Finch ihre Kritik an den gesellschaftlichen Wertvorstellungen und den literarischen Moden den Musen selbst in den Mund legt. Es müsse verhindert werden, so Erato, die Muse der Liebesdichtung, daß Kunde von Ardelias Ansinnen sich in der Stadt verbreite, vor allem dort, wo „Abendschönlinge" sich träfen, um die Verführung schöner Frauen zu planen bzw. sich ihrer Erfolge zu rühmen. Die Erwähnung eines Ehemanns würde die Institutionen und Orte, die solche Treffen möglich machten, vor allem Kaffeehaus und Theater, zerstören: „Wer könnt' an diesem Ort gestatten / Der sein Gewand trägt mit Verstand / Erwähnung eines Gatten?"[9] Am Theater ist für eheliche Liebe und Tugend kein Platz, hier geht es um Selbstdarstellung und gesellschaftliche Anerkennung, in deren Dienst eine andere Art von Liebe kultiviert wird, eine, die sich am schönen Schein nährt. Pegasus sei von den vielen Preisgedichten (auf den ungeliebten Wilhelm) erschöpft, lassen die wohlerzogenen Musen entschuldigend vorbringen, er könne Ardelia also nicht zu Hilfe eilen. Melpomene, die Muse der Tragödie, schreibe vom Krieg und sei überhaupt nur noch dem neuen Königshaus verpflichtet. Thalia, die Muse der Komödie und der pastoralen Dichtung, sei vertraglich gebunden, nur noch den Zeitgeschmack zu bedienen, lediglich Urania gefällt das Thema überhaupt. Sie ist bereit, Ardelia einen Rat zuzuflüstern, und so verweist sie, in Anlehnung an Philip Sidneys mittlerweile als antiquiert geltende Liebesdichtung „Astrophil and Stella", Ardelia auf die Stimme ihres Herzens.[10] Wie schon vorher Erato, die Ardelias Vorhaben in eine Reihe mit den Epen um Troja und mit frühen Balladen, quasi den Stiftungstexten europäischer Dichtung, gestellt hatte, verhilft auch Urania mit dem impliziten Bezug auf einen der größten Liebesdichter der Renaissance der Dichterin zu einer Tradition und verweist gleichzeitig darauf, daß sie der Hilfe von außen nicht bedarf, daß ihr Können ‚von innen' kommt und sie sich, um ihrer eigenen Stimme treu zu bleiben, über gesellschaftliche und literarische Konventionen hinwegsetzen und dafür auf Dichterruhm verzichten muß.

Lorbeerhaine sind Anne Finch also nicht beschieden gewesen, obgleich sie sie – auch ihrer eigenen Meinung nach – verdient hätte. Verweise auf die eigene Position als Dichterin in einer von Männern dominierten Literaturwelt finden sich in ihrem Werk häufig, mal (selbst-)ironisch und mit leichter Hand, mal als defensive Zwischen- oder Randbemerkung, mal als trotzige Reaktion auf die von ihr erwarteten Tätigkeiten. Das Gedicht mit dem programmatischen Titel „Die Entschuldigung" („The Apology") etwa zeichnet nach einem kämpferischen Auftakt zunächst Parallelen zwischen weiblichen Lastern und der vom lyrischen Ich verteidigten Vorliebe für das Schreiben. In einer dramatischen Anrede an einen ablehnenden, aber stumm bleibenden Leser bzw. Zuhörer führt sie in kurzen satirischen Vignetten vor, wie andere Frauen sich lächerlich machen, indem sie sich schminken oder trinken und kommt zu dem Schluß, daß man ihr also das 'Reimen' auch gestatten könne.

> Es stimmt, ich schreibe, und sage mir, warum
> Darf ich allein mich nicht zum Narren machen,
> Auf Musenwegen wandeln mit den Neun,
> Und mich an vorgespiegelten Ideen erfreun?
> Warum soll's meinem Stift als Fehler gelten
> Wie Myra ihr Gesicht zu malen ein Gedicht?
> Wenn Lamia zu dem mächtigen Humpen flitzt
> Und ausgeborgter Geist ihr Aug' erhitzt,
> Warum soll's mich als eitel denunziern
> Daß ich mit Dichtkunst wärm' mein träges Hirn?[11]

Jede Frau hat ihre Schwäche, so das trotzig-kokettierende Argument des Gedichts, das nichtsdestotrotz die dichterische Überlegenheit der Verfasserin, nicht nur über ihr Geschlecht, sondern auch über jene, die ihr Schreiben als Selbstüberhebung kritisieren, hervorhebt. Die Unterstellung, daß ihre Verse genauso harmlos seien wie Kosmetik oder alkoholische Stimulanzien, wird unterlaufen durch den Kontrast von 'Gesicht' und 'Gedicht', der auf den wesentlichen Unterschied zwischen den genannten Aktivitäten verweist und dabei eben jene Geschlechterstereotype stützt, die er vorgeblich kritisiert. Es geht ihr keineswegs um eine Neubewertung dessen, was für Männer und Frauen jeweils als angemessen gilt, und sie läßt gängige Vorurteile über die Trivialität weiblicher Beschäftigungen unangetastet. Das Schreiben aber, darum geht es ihr, sei nicht ausschließlich Männern vorbehalten. Weit entfernt davon, Meisterschaft zu reklamieren, argumentiert sie verharmlosend, es bleibe doch schließlich jedem und jeder selbst überlassen, wie sie ihre Zeit verbrächten. Die der Poesie zugeschriebene Harmonisierung des Kontrasts von Natur und Kunst gelingt hier – anders als in der pastoralen Dichtung – nicht, vielmehr tritt im Vergleich mit den kosmetischen

Künsten der Illusionscharakter der Fiktion offen zutage: Was das lyrische Ich erzeugt, ist nicht überhöhte, sondern nachgeahmte Natur. Der Verdacht liegt nahe, daß die Auseinandersetzung mit dem gesellschaftlichen Vorurteil gegen schreibende Frauen sich da, wo Finch ein Rückzug in arkadische Gefilde nicht möglich ist, einer poetischen Harmonisierung entzieht. Möglicherweise muß man also Virginia Woolf recht geben, wenn sie behauptet, der Ärger über die Verhältnisse trübe die Schönheit der Dichtung; vielleicht ist es auch einfach nur die satirische Form, die der dichterischen Harmonie im Wege steht.

Daß ihre Werke als die einer Frau gelesen würden und damit anderen Beurteilungskriterien unterlägen als die ihrer männlichen 'Kollegen', war Anne Finch – als Kind einer äußerst geschlechtsbewußten Epoche – zu jeder Zeit deutlich. Während Virginia Woolf diesem Bewußtsein und der daraus erwachsenden Empörung eine hemmende Wirkung auf die dichterische Produktion unterstellte, scheint Anne Finch daraus literarische Strategien entwickelt zu haben, die ihre poetische Entfaltung mehr begünstigten als unterdrückten. Das zeigt sich auch an dem Gedicht „Der Spleen" („The Spleen"), für das Anne Finch bei ihren Zeitgenossen berühmt war und das alle bereits aufgezählten Motive ihrer Dichtung – den Rückzugsgedanken, Gesellschaftskritik, geschlechtliche und poetische Identität – zu einer Synthese zusammenführt. Zeit ihres Lebens litt Anne Finch an dieser Krankheit, die man damals Melancholie oder den „Spleen" nannte und die man heute wohl als Depression bezeichnen würde. „Der Spleen" ist das bekannteste einer Reihe von Gedichten, in denen Anne Finch sich mit der Krankheit, aber auch dem literarischen Topos der Melancholie auseinandersetzt, in denen sie die Eitelkeit menschlicher Bestrebungen, Leid, Nacht und Tod zum Gegenstand lyrischer Betrachtung macht. In Form einer pindarischen Ode geschrieben, einer Form also, die einen hehren Gegenstand und dichterisches Pathos, im 18. Jahrhundert gleichzeitig aber auch schon dessen satirische Subversion verheißt, beschreibt das Gedicht die Krankheit als ein Geflecht von körperlichen und seelischen Symptomen und ironisiert die Aneignung der Modekrankheit zu Zwecken der Selbstdarstellung. Die Melancholie war schon lange ein Gegenstand nicht nur dichterischer Betrachtung gewesen, sie erfuhr aber im frühen 18. Jahrhundert einen neuen Boom. Ärzte sprachen angesichts der Vielzahl an Erkrankten von der „englischen Krankheit", an der nicht ausschließlich, aber vor allem Frauen litten. Kaum eine Frau, die etwas auf sich hielt, blieb von den „vapours" verschont. Die Medizin der Zeit führte das auf die schwächere Konstitution und höhere 'psychische' Anfälligkeit von Frauen zurück. Sicher haben wir es bei diesen Erklärungen auch mit der vielfach konstatierten Pathologisierung des Weiblichen in einer aufgeklärten, männlich-rationalen Gesellschaft zu tun, die ihre vernunftbasierte Überlegenheit genau auf den Ausschluß der Materie, des Körperlichen und des Weiblichen gründete.[12]

Während einerseits die Melancholie, in Form hysterischer Anfälle, zur
Modekrankheit müßiger Damen avancierte, gab es noch eine andere Tradition
des Melancholikers, die sich auf Aristoteles zurückführen ließ und die die Melancholie als Grundbedingung des Dichtergenies betrachtete. In „Der Spleen"
wendet sich Anne Finch gegen jede Form der Kultivation von Melancholie und
möchte die tatsächliche Krankheit von kulturellen Imaginationen vom Melan-
choliker unterschieden wissen. Die imaginative Flexibilität des melancholischen Musters zog offenbar, quasi als Kehrseite der Medaille, die Abwertung
der Krankheit als nicht ernstzunehmendes Frauenleiden nach sich. Finch rügt
die Auswüchse sowohl der 'hysterischen' als auch der genialischen Selbstreprä-
sentation als Melancholiker/-in und betont demgegenüber den tatsächlichen
Leidensdruck der Betroffenen.

„Der Spleen" beschreibt in drei Strophen die Symptome der Krankheit,
Wahnvorstellungen, Ohnmachten, wechselnde Gemützustände, Schlaflosig-
keit, Todesangst und drohende Demenz, um dann eine subjektive Wendung zu
nehmen. In der vierten Strophe weist sich das lyrische Ich selbst als an der
Krankheit leidend aus, nicht ohne vorher bereits auf einen weiteren berühmten
Melancholiekranken, Brutus nämlich, verwiesen zu haben: Eine Erinnerung an
die Lesenden, daß nicht nur Frauen, sondern auch große Männer von der
Krankheit befallen werden können:

> Über mich jedoch hast du viel Macht gewonnen
> Ich fühl' sie, während ich noch mit dir ringe,
> Ich fühl', wie meine Verse schwinden, ihr Ebenmaß zerronnen.
> Durch deinen trüben Schleier seh' ich alle Dinge
> so schwarz, so schrecklich auch wie dich. [13]

Zum einen läßt dieses Eingeständnis das Niederschreiben des Erlebten als
Bewältigungsstrategie erscheinen, zum anderen kann die Dichterin in ihrer
Darstellung der Krankheit größtmögliche Authentizität für sich in Anspruch
nehmen, die wiederum ihrer sozialkritischen bzw. satirischen Urteilskraft
Glaubwürdigkeit verleiht.

Im Gegensatz zur melancholischen Pose vieler ihrer dichtenden Zeitgenossen, etwa Robert Blairs „Grab", Thomas Wartons „Freuden der Melancholie"
oder Thomas Grays „Elegie geschrieben auf einem Landfriedhof" schwelgt
Anne Finch weder in Selbstmitleid, noch schreibt sie der Melancholie ihre
dichterische Begabung zu. Daß „Der Spleen" aber doch, wenn auch nicht im
Rahmen der traditionellen Verknüpfung von Melancholie und Genie, ihrer
dichterischen Selbstermächtigung dienstbar gemacht wird, verdankt sich vor
allem Finchs Meisterschaft bei der Bannung ihrer Symptome in den poetischen
Text. Wenn sie von ihrer bevorzugten Tätigkeit, dem Schreiben spricht, gehen
dichterisches Selbstbewußtsein und die Angst vor dem Verlust der ihr eigenen
Kreativität eine ingeniöse Verbindung ein:

Am Ungewöhnlichen entzünde ich mein Feuer,
Find Freude abseits vom gemeinen Brauch,
Will äffen nicht mit geisterbleichem Tand
Der Rose unnachahmliches Gewand.[14]

Die vermeintliche Schwächung der dichterischen Fähigkeiten durch die Krankheit wird hier konterkariert durch die vollkommene Schönheit ihrer dichterischen Beschreibung. Wie schon ihre pastorale Dichtung spielt auch „Der Spleen" die Materialität der (Krankheits-)Phänomene gegen die menschengemachte Willkür gesellschaftlicher Zuschreibungen – 'Natur' gegen 'Kultur' – aus und hebt den Gegensatz im Paradox der bedichteten Krankheit auf. Wieder wird der Dichtkunst die Fähigkeit zur Überwindung der *conditio humana* zugesprochen: Wenn nämlich die Melancholie der Erbsünde gleichgesetzt und die Perfektion des Paradieses der gefallenen Welt des Melancholikers kontrastiert wird (Z. 25–42), dann bietet die vollendete Harmonie der dichterischen Darstellung des Leidens auch die – zumindest temporäre – Möglichkeit seiner Überwindung (die im Gedicht als durch die Vision des Paradieses hervorgerufene Ohnmacht dargestellt wird): „Narzissenduft besiegt das schwache Hirn, / Ohnmacht umfängt mit würzigem Schmerz die Stirn".[15] Die tatsächliche Ohnmacht mag die Dichterin lähmen, die darauf gemünzten Verse sind jedenfalls perfekt, so perfekt, schreibt Virginia Woolf, daß Pope sie später als seine eigenen ausgab.

Zu den Posen, die im weiteren Fortgang des Gedichts satirisch abgehandelt werden, gehören der Dummkopf, der sich als melancholischer 'Intellektueller' geriert, um sich interessant zu machen, die Kokette, die unter dem Schutz der Krankheit ihren Favoriten unschickliche Einblicke gewährt, sowie all jene, die ihre persönlichen Unzulänglichkeiten der Krankheit unterschieben, wie etwa der übellaunige Ehemann, der Trinker oder die herrische Ehefrau. Auch der Arzt, der trotz eingestandener Unfähigkeit durch das Leiden seiner Patientinnen reich wird, entgeht nicht dem tadelnden Blick. Heftigste Kritik erfährt schließlich der frömmelnde und weltverachtende puritanische Eiferer, der die melancholische Pose nutzt, um sich in Selbstgerechtigkeit über die Mitgläubigen zu erheben und ihnen so den Zugang zum rechten Glauben verstellt. Trotz dieser für Finch eher ungewöhnlich beißenden satirischen Kritik bemüht sie sich in „Der Spleen", das ja nicht als primär satirisches Werk eingeführt wird, um die Balance zwischen öffentlichem Moralisieren und privater Konfession, zwischen subjektiver Emotion und objektiver Ratio. Ihr Beitrag zur Tradition der melancholischen Literatur ist von einem Ringen um die Herrschaft des Verstandes geprägt und lehnt jede Kultivierung von Leid, Verzweiflung und Todessehnsucht ab. Sogar gegen Ende ihres Lebens, als die Ausbrüche der Krankheit sie mehr und mehr schwächten, nährte sich Finchs Dichtkunst nie am Morbiden. Ihre letzten Gedichte, etwa „Nach einem heftigen und gefährlichen

Krankheitsschub im Jahr 1715" („Written after a violent and dangerous fit of sicknesse in the year 1715") oder „Flehen um die himmlischen Freuden" („A Supplication for the Joys of Heaven", 1717/18), zeugen trotz melancholischer Grundstimmung von der Gewißheit kommenden Heils und eines erfüllten Lebens. Anne Finch starb am 5. August 1720 in ihrem Londoner Stadthaus und wurde auf eigenen Wunsch auf dem Landsitz der Familie in Eastwell in Kent begraben.

Virginia Richter ——————— M————
Delarivier M anley
(ca. 1667/75–1724)

Delarivier Manley gehörte zu den populärsten Autoren des frühen 18. Jahrhunderts. Ihr bekanntestes Buch, „The New Atalantis" (1709), erschien innerhalb eines Jahrzehnts in zahlreichen Auflagen, wurde ins Französische und ins Deutsche übersetzt und von dem Dichter Alexander Pope als ein Synonym für Unvergänglichkeit betrachtet. Die Geschichte der Insel Atalantis, ein Schlüsselroman über die Liebes- und Machtintrigen der englischen Hofgesellschaft, brachte der Autorin allerdings auch einen Gefängnisaufenthalt und einen Strafprozeß ein (in dieser Reihenfolge). Durch Manleys Privatleben zogen sich zahlreiche Skandale, vor deren Verwertung in ihren Schriften sie nicht zurückscheute. Zugleich war sie eine bedeutende politische Journalistin, eine Pionierin auf dem Gebiet der weiblichen Publizistik, eine schlagkräftige Propagandistin für die Sache der Tory-Partei, eine Mitarbeiterin und Freundin des satirischen Giganten der Zeit, Jonathan Swift. Heute ist diese schillernde Schriftstellerin, die einmal zu den meistgelesenen Europas gehörte, nur noch Spezialisten für englische Literaturgeschichte bekannt. Die feministische Forschung der letzten zwanzig Jahre hat sie zwar durchaus wahrgenommen, aber im Vergleich etwa zu ihrer Vorläuferin Aphra Behn hat Delarivier Manley noch nicht die ihr gebührende Beachtung gefunden.

Es fängt mit dem Namen an: Sie selbst verwendete meistens die Form Delarivier,[1] aber auch De la Rivier. Ihre Freunde nannten sie Dela, in den autobiographischen Bearbeitungen ihrer Lebensgeschichte benutzte sie die Pseudonyme Delia und Rivella.[2] Die 'verbesserte' französische Form ihres Vornamens, Delariviere, ist in der modernen Sekundärliteratur gängig, wurde aber von den Zeitgenossen nicht verwendet. Weiter kompliziert wird die Situation durch einen Artikel im renommierten „Dictionary of National Biography" aus dem Jahr 1893, in dem die Autorin der „Atalantis" vermutlich zu Unrecht mit dem Eintrag der Geburt einer Mary Manley in Verbindung gebracht wird, so daß auch die Form Mary de la Riviere Manley Verbreitung gefunden hat.

Ebenso ungewiß wie ihr Vorname ist Manleys Geburtsdatum und, davon abhängig, der Ort ihrer Geburt. Manleys eigene Angaben dazu sind ungenau; vermutlich wurde sie aber ca. 1671 oder 1672 (frühestens 1667, spätestens 1675) auf der Kanalinsel Jersey geboren, auf der ihr Vater Sir Roger Manley den Posten eines Kommandanten der königlichen Befestigungsanlagen innehatte.

Die Familie Manley hatte während des Bürgerkriegs fest auf der Seite des Königshauses gestanden. Sir Roger war 1648 ins Exil nach Holland gegangen und erst nach der Wiederherstellung der Stuart-Monarchie 1660 nach England zurückgekehrt. Delarivier Manley gehörte somit schon durch Familientradition zur Partei der Königstreuen, eine politische Position, die sie zeitlebens nicht aufgab. Das Bewußtsein, einer alteingesessenen und geachteten Familie anzugehören, war bei ihr sehr ausgeprägt. Roger Manley, der auch militärhistorische Schriften verfaßte, ließ seiner Tochter eine verhältnismäßig gute Bildung angedeihen, zu der sogar – für ein junges Mädchen damals recht ungewöhnlich – ein dreimonatiger Aufenthalt Delariviers bei einer französischen Hugenotten-Familie gehörte, bei der sie Französisch lernen und sich von Liebeskummer ablenken sollte.

Das Thema der romanhaften Liebesverstrickungen zieht sich von früh an durch Delarivier Manleys Leben. Sollte sie tatsächlich 1672 geboren worden sein, war sie 13 Jahre alt, als sie sich in den Fähnrich James Carlisle verliebte, der mit seinem Regiment kurze Zeit in Landguard Fort stationiert war, das zu dieser Zeit dem Kommando von Sir Roger Manley unterstand. In den „Abenteuern von Rivella" beschreibt der Erzähler die Gefühle der Heldin als heftig bis zur Verzweiflung – 'Rivella' bestiehlt sogar ihren Vater, um 'Lysanders' Spielschulden zu bezahlen. Der schöne Fähnrich wird jedoch rasch versetzt und die unglücklich Verliebte auf Bildungsreise geschickt. Ebenso folgenlos bleibt die Liebe eines jungen Nachbarn, Sir John Tidcomb; Manley erwidert seine Gefühle nicht, doch sie bleiben Freunde. Unter dem Pseudonym Sir Charles Lovemore macht sie diesen treuen Verehrer zum Erzähler der „Abenteuer von Rivella" – ein geschickter Kunstgriff, da sie so dem wohlwollenden, respektablen Freund sowohl die Rechtfertigungen für ihr Fehlverhalten als auch die Lobpreisungen für ihren Charakter in den Mund legen kann.

Der geradlinige Verlauf von Delarivier Manleys Leben wird durch zwei rasch aufeinander folgende Ereignisse aus der Bahn geworfen: den Tod ihres Vaters 1687 und die Glorreiche Revolution von 1688. Beide Begebenheiten tragen dazu bei, daß Delarivier Manley nicht das zurückgezogene Leben einer Ehefrau eines Landadeligen à la John Tidcomb führen wird, sondern die Bühne des politischen und literarischen London betritt. Die Nachfolgekrise im Königshaus beeinflußt Manleys Leben ganz direkt: Die auch im Hinblick auf künftige Heiratschancen vorteilhafte Stelle einer Ehrenjungfrau der Königin war ihr schon fest zugesagt, als Königin Maria von Modena England für immer verläßt. Jakob II. wird zur Abdankung gezwungen; nicht sein kleiner katholischer Sohn wird sein Nachfolger, sondern die protestantische Tochter Mary aus erster Ehe, die nun mit ihrem Mann Wilhelm von Oranien den Thron besteigt. Damit sind die katholischen und absolutistischen Neigungen der Stuart-Dynastie endgültig zurückgedrängt – eine neue politische Ära beginnt, in der nicht mehr der Wille des Königs, sondern der Einfluß der Minister und der Parteien entscheidend sein wird. Ihrer Herkunft und Erziehung gemäß wird Delarivier Manley die konservative Tory-Partei unterstützen, die einer absoluten Monarchie von Gottes Gnaden anhängt. Ihre Gegner sind die liberalen Whigs, die eine größere Kontrolle des Monarchen durch das Parlament sowie eine protestantische Thronfolge fordern.

In dieser politischen Umbruchphase ist Delarivier Manley, die jetzt etwa 14 oder 16 Jahre alt ist, als Waise schutzlos zurückgeblieben. Es beginnt ein Lebensabschnitt, von dem zu recht gesagt werden kann, daß das Leben die Kunst imitiert und zugleich Stoff für Romane hervorbringt: Manley wird das Opfer einer bigamistischen Scheinheirat. Nach dem Tod von Sir Roger werden Delarivier und ihre jüngere Schwester Cornelia von ihrem Cousin John Manley aufgenommen. Er gaukelt seinem älteren Mündel vor, seine erste Frau sei gestorben, inszeniert eine Hochzeitsfeier und schwängert sie prompt. Die junge Frau erfährt erst dann, daß ihre Ehe ungültig ist, als sie gegen die Isolation protestiert, zu der sie um der Geheimhaltung willen von ihrem 'Mann' gezwungen wird. Manley beschreibt ihre Erfahrungen in der autobiographischen Erzählung von Delia, die in den zweiten Teil von *New Atalantis* eingebettet ist. Delia schildert ihren Schock nach dem Geständnis des falschen Ehemanns 'Don Marcus':

> Aber ach! meine Überraschung und mein Gram waren jenseits von Worten, jenseits der Wohltat von Tränen. Grauen! Entsetzen! verlorenes Ehrgefühl! die Meinung der Leute! zehntausend Sorgen drängten in meine verwundete Vorstellungskraft! Ich betrachtete den wissentlichen Verräter mit schrecklicher Bestürzung. (...) Oh hätte ich ihn doch damals in allen Straßen von *Angela* (London) angeklagt! als den Verräter meines Ruhms! den Zerstörer einer alten, angesehenen Familie! die (in ihren Frauen) immer unbefleckt geblieben ist! Dann hätte ich mich wohl vor dem Vorwurf verwahrt, mich wissentlich an meinem Verderben beteiligt zu haben. (NA 720)[3]

In dieser Episode verfolgt Manley eine doppelte Rechtfertigungsstrategie: Einerseits schildert sie die Schwierigkeiten ihrer Situation – ihre Jugend, Unerfahrenheit und Verlassenheit – und appelliert so direkt an das Mitgefühl der Leser. Andererseits nimmt sie die mögliche Verurteilung ihres Verhaltens durch bigotte Mitmenschen vorweg, indem sie die ablehnende und sogar gelangweilte Reaktion der Zuhörer – „ich bin des gezierten Treibens des schönen Geschlechts müde", erwidert Astrea, die Verkörperung der Gerechtigkeit (NA 724) – auf Delias tragische Geschichte darstellt. Die Sympathielenkung des Textes unterstützt so geschickt die Parteinahme des Lesers für die schuldlos-schuldige Delia.

Der Schritt war jedoch unwiderruflich. Als unverheiratete Mutter hat Manley keine Chance mehr auf die 'bürgerliche Karriere' einer Ehefrau. Sie lebt noch einige Zeit mit John Manley zusammen, bekommt 1691 ihren Sohn, der dann aus ihrer Biographie spurlos verschwindet; es ist nicht bekannt, von wem das Kind, vermutlich ihr einziges, aufgezogen wird – etwa von John Manley und dessen legitimer Ehefrau? Da ihr Ruf nun ruiniert ist, versucht Delarivier Manley, sich eine Existenz in jenen Kreisen aufzubauen, die nicht einer strikten bürgerlichen Moral unterworfen sind.

In den Jahren 1693–94 lebt sie zunächst als Gesellschafterin von Barbara Villiers, der Herzogin von Cleveland, der früheren Geliebten von König Karl II. Hier lernt Manley nicht nur einige Vertreter der adligen Gesellschaft kennen, die sie in ihren Romanen, Theaterstücken und Pamphleten beschreiben wird, sie erwirbt auch allerhand Insiderwissen über die Liebesverhältnisse und politischen Intrigen am Hof von Karl II. und Jakob II. und auch über die trüben Anfänge der künftigen Stars am politischen Himmel, John und Sarah Churchill, später Herzog und Herzogin von Marlborough.

Doch die Gunst der Herzogin von Cleveland ist nicht von langer Dauer: Delarivier Manley wird entlassen und zieht sich, um kostengünstiger zu leben, aufs Land zurück. Nach zwei Jahren kehrt sie nach London zurück – und nicht mit leeren Händen. 1696 werden gleich zwei ihrer Theaterstücke uraufgeführt: die Komödie „The Lost Lover" (Der verlorene Liebhaber) am Drury-Lane-Theater und die Tragödie „The Royal Mischief" (Das königliche Unheil) am damals besten Londoner Theater, Bettertons Lincoln's Inn Field. Während die Komödie kein großer Erfolg ist, kommt „The Royal Mischief" auf respektable sechs Aufführungen und bringt der Autorin einen kleinen Profit ein. Manley verwendet hier bereits die Methode, die auch ihre Romane so erfolgreich – und berüchtigt – machen wird: Sie greift auf Stoffe und Personen aus dem wahren Leben zurück und scheut sich nicht, die erotischen Szenen sehr deutlich auszumalen. „The Royal Mischief" schildert, verfremdet durch einen morgenländischen Schauplatz, die Beziehung zwischen Karl II. und der Herzogin von Cleveland – Manley schlägt also zwei Fliegen mit einer Klappe: Sie kann dem Publikum eine heiße Geschichte anbieten und zugleich an ihrer früheren Patronin Rache für ihre kühle Entlassung nehmen.

Manley hat sich somit gleich bei ihren ersten literarischen Versuchen einen Namen machen können. Die Nachteile ihrer Bekanntheit und den Schmerz, den eine spitze Feder zufügen kann, erfährt sie aber bald am eigenen Leibe. Die Kompanie des Drury-Lane-Theaters bringt die anonyme Satire „The Female Wits" (Die geistreichen Frauen) heraus. Neben den Dramatikerinnen Catherine Trotter und Mary Pix wird hier vor allem Manley als eine eingebildete, zänkische, ruhmsüchtige Möchtegern-Dichterin desavouiert.[4] Der Stachel sitzt so tief, daß sich Manley vorübergehend vom Drama abwendet und ihre literarische Produktion auf Prosatexte konzentriert.

Schon 1696 erschien ihre Briefsammlung „Letters written by Mrs. Manley". Diese Briefe, die Manleys Reise in den Westen Englands schildern, wurden allerdings ohne ihre Zustimmung veröffentlicht und bald wieder zurückgezogen. Sie wurden erst nach ihrem Tod unter dem Titel „A Stagecoach Journey to Exeter" (Eine Reise nach Exeter in der Postkutsche) wieder aufgelegt. Nach dieser fruchtbaren Periode vergehen neun Jahre, in denen Manley nicht literarisch tätig ist. Sie lebt mit dem Rechtsanwalt und Vorsteher des Fleet-Gefängnisses John Tilly zusammen. Gemeinsam betreiben sie zahlreiche, zum Teil zwielichtige Geschäfte, die in den „Abenteuern von Rivella" geschildert werden, bis Manley den von Schulden geplagten Tilly freigibt, damit er sich durch die Heirat mit einer reichen Witwe sanieren kann. Während ihrer Zeit mit Tilly knüpft Manley weitere Kontakte zur literarischen Szene, etwa zu dem jungen Richard Steele, dem späteren Herausgeber der moralischen Wochenschrift „The Tatler", und der Dichterin Sarah Fyge Egerton. Mit beiden Literaten streitet sie sich, und von beiden zeichnet sie boshafte satirische Porträts in ihren Romanen.

Nach dieser langen Pause tritt Manley wieder mit literarischen Texten an die Öffentlichkeit. 1705 erscheint anonym – Manleys Autorschaft ist nicht gesichert – der Schlüsselroman „Secret History of Queen Zarah and the Zarazians" (Geheime Geschichte der Königin Zarah und der Zarazianer). Mit Königin Zarah ist Sarah Churchill gemeint, die als Hofdame, Freundin und Beraterin von Königin Anne und als Ehefrau des Kriegshelden John Churchill, des Herzogs von Marlborough, zu unerhörtem Einfluß gekommen ist. In der „Geheimen Geschichte" wird mit Detailkenntnis die schmutzige Wäsche der Marlboroughs gewaschen, etwa John Churchills Aufstieg, den er seiner Geliebten, der Königsmätresse Barbara von Cleveland verdankt. Nicht nur sein Undank gegenüber der alternden Geliebten und seine Untreue gegenüber seinem Förderer, Jakob II., den Churchill während der Glorreichen Revolution fallenließ, werden hier wieder hervorgeholt. Vor allem der gegenwärtige unziemliche Einfluß des Ehepaars auf die als gütig, aber schwach beschriebene Königin Anne, und auch der Ehrgeiz und die Geldgier der Favoritin werden bloßgestellt. Das Erscheinungsdatum der politischen Satire ist genau kalkuliert: Im Herbst 1705 finden Parlamentswahlen statt. Die Darstellung der Intrigen und Laster der höfischen Gesellschaft erreicht allerdings nicht ihr Ziel, einen Sieg der Whig-Partei verhindern zu helfen.

Wenn die „Geheime Geschichte der Königin Zarah" tatsächlich von Delarivier Manley stammt, dann hat sie damit ihr Lebensthema gefunden: den Kampf für die Sache der Konservativen im allgemeinen und die Attacke gegen Sarah Churchill im besonderen. Nachdem Manley ein von den „Märchen aus 1001 Nacht" inspiriertes Theaterstück, „Almyna", herausgebracht hat – es wird im Dezember 1706 im Haymarket-Theater aufgeführt und gilt als ihr bestes Drama –, wendet sie sich dem politischen Journalismus zu. 1709 veröffentlicht sie die Zeitschrift „Female Tatler", in der sie in der Persona von 'Mrs. Crackenthorpe', einer frechen, sich allwissend gebenden Klatschbase, die Tagesereignisse kommentiert. Im selben Jahr erscheint ihr politisch wie literarisch erfolgreichster Text, „Secret Memoirs and manners of several persons of quality of both sexes, from the New Atalantis, an island in the Mediterranean" (Geheime Erinnerungen und Sitten verschiedener Personen von Stand, beiderlei Geschlechts, aus dem Neuen Atalantis, einer Insel im Mittelmeer). Wieder sind die einflußreichen Whig-Politiker und die Günstlinge Königin Annes, allen voran Sarah Churchill, Ziel ihres satirischen Angriffs. Deren Reaktion folgt auf dem Fuß: Der Verkauf des zweiten, im Oktober 1709 erschienen Bands von „New Atalantis" wird von der Zensur unterdrückt und die Herausgeber und Drucker verhaftet. Die zunächst anonym gebliebene Autorin bekennt sich zu ihrem Werk und wird am 29. Oktober in Haft genommen. In „Rivella" schildert sie, in der dritten Person, das Verhör, dem die standhafte Autorin unterzogen wird. Vor allem wird sie nach ihren Informationsquellen befragt:

Ihre Verteidigung war voller Demut und Kummer darüber, daß sie Anstoß erregt hatte; zugleich stritt sie ab, daß andere Personen mit ihr im Bunde waren, oder daß sie andere Absichten hegte als zu ihrer eigenen Unterhaltung und Zerstreuung während ihres Aufenthalts auf dem Lande zu schreiben, ohne bestimmte Vorwürfe oder konkrete Personen im Sinn zu haben. Als ihr dies nicht geglaubt wurde, und das Gegenteil durch zahlreiche Umstände und Ähnlichkeiten sehr schlüssig geltend gemacht wurde, sagte sie, es müsse sich um eine Eingebung handeln, da sie angesichts ihrer Unschuld keine andere Erklärung dafür geben könne; der Sekretär gab zurück, daß Eingebung einem guten Zweck zu dienen pflege, ihre Schriften aber wären völlig nichtswürdig. Sie sagte ihm, mit reumütiger Miene, dies möge so sein, aber genauso sei es wahr, daß es böse Engel ebenso wie auch gute gäbe; so daß sie trotzdem durch Eingebung geschrieben haben könne. (AR 849)

Trotz ihrer geschickten Verteidigung wird Rivella alias Delarivier in Haft genommen und 'barbarisch behandelt' (AR 850), dann aber auf Kaution freigelassen. Im Februar 1710 wird das Verfahren niedergeschlagen. Unerschrocken schiebt Manley zwei weitere Bände im Stil des „Neuen Atalantis" nach. Diesmal situiert sie ihren Schlüsselroman über die englischen Zustände im Europa Karls des Großen, unter dem Titel „Memoirs of Europe, towards the close of the eighth century, written by Eginardus, secretary and favourite to Charlemagne; and done into English by the translator of the New Atalantis" (Erinnerungen von Europa, gegen Ende des achten Jahrhunderts, verfaßt von Eginardus, Sekretär und Günstling Karls des Großen; ins Englische übertragen vom Übersetzer des Neuen Atalantis).

Nach dieser Großtat – zusammen umfassen die vier Bände von „New Atalantis" und „Memoirs of Europe" über 1600 Seiten – wendet sich Manley wieder der konkreteren politischen Arbeit zu. Zum einen bietet sie ihre Dienste dem konservativen Premierminister Robert Harley an; zum anderen beginnt sie, mit Jonathan Swift zusammenzuarbeiten.[5] Die politische Lage hat sich inzwischen gewendet. Nicht mehr die Verbündete der Whigs, Sarah Churchill, sondern die Tory-Parteigängerin Mrs. Abigail Masham ist nun die engste Vertraute der

Königin. Im Herbst 1710 wurde die Whig-Regierung gestürzt; bei den darauf folgenden Parlamentswahlen errangen die Konservativen einen überwältigenden Sieg. Bis zum Tod Königin Annes bleibt das politische Terrain heiß umkämpft. Delarivier Manley greift publizistisch mit mehreren Pamphleten ein; sie wird außerdem kurzfristig Swifts Nachfolgerin als Herausgeberin der konservativen Zeitschrift „The Examiner".

Jonathan Swift ist sicherlich nicht nur der bedeutendste Satiriker des frühen 18. Jahrhunderts, sondern auch der schärfste, wortgewaltigste Kämpfer für die Sache der Tories. Daß Swift Manley als Mitstreiterin schätzte, zeigt sich etwa daran, daß er beim Premierminister Harley Manleys Bitten um finanzielle Entlohnung für ihre Arbeit unterstützte (Harley zahlte ihr schließlich £ 50). Die eigentlichen Autorenhonorare waren sehr gering, und die Belohnungen, die die Anhänger der jeweils siegreichen Partei für ihre Bemühungen zu erwarten hatten, nämlich gutbezahlte Regierungsämter, waren Manley als Frau verschlossen. Swifts etwas doppelbödige Wertschätzung für Manley wird auch dadurch bezeugt, daß er ihr einige heikle Themen für Streitschriften überließ, an denen er sich nicht selbst die Finger verbrennen wollte.

Ein bezeichnendes Beispiel dafür ist das Pamphlet, das Manley in Swifts Auftrag anläßlich eines Anschlags auf den Premierminister verfaßte. Im März 1711 stach der Marquis de Guiscard Robert Harley nieder und verletzte ihn schwer – ein idealer Anlaß für ein Flugblatt, das den Verwundeten zum Helden stilisieren sollte. Die Aufgabe war angesichts der schwelenden Rivalitäten innerhalb der Tory-Partei sehr heikel: eine hemmungslose Glorifizierung Harleys würde seinen innerparteilichen Rivalen Henry St. John verärgern. Manley erfüllte den von Swift an sie weitergereichten Auftrag auf diplomatische Weise, indem sie in „A True Narrative of What Passed at the Examination of the Marquis of Guiscard (...)" (Ein wahrer Bericht darüber, was sich während der Befragung des Marquis de Guiscard ereignete) zunächst den Charakter des Attentäters analysiert, dann die Bedeutung Königin Annes als Symbol der nationalen Einheit feiert und erst dann den Tathergang schildert, bei dem in ihrer Version sowohl Harley als auch St. John als Helden wegkommen.

1714 stirbt die Königin. Die Zeit der Tory-Herrschaft geht damit zu Ende. Auch Delarivier Manley zieht sich weitgehend vom politischen Schreiben zurück. Ihr nächstes größeres Projekt sind die autobiographischen „Abenteuer von Rivella". Die Entstehungsgeschichte dieses Schlüsselromans ist bezeichnend für Manleys Unternehmungsgeist. Als sie hört, daß der Lohnschreiber Charles Gildon im Auftrag des Druckers Edmund Curll an ihrer Lebensgeschichte arbeitet, macht sie Curll den Vorschlag, sie selbst würde ihre 'wahre Geschichte' verfassen. Damit behält sie die Kontrolle über ihr Bild in der Öffentlichkeit und kann außerdem selbst Profit aus ihrem ebenso sensationellen wie tragischen Leben ziehen. Manleys Coup mit Curll wirkt um so dreister, wenn man bedenkt, daß sie zu dieser Zeit mit dessen Konkurrenten, dem Drucker John Barber, zusammenlebt.

In den ihr verbleibenden zehn Lebensjahren führt Manley ein ruhigeres Leben. Sie schreibt nur noch zwei bedeutendere Texte: das Drama „Lucius, The first Christian King of Britain" und die siebenteilige Romansequenz „The Power of Love". Diese weniger politischen Texte bescheren ihr noch einen letzten Erfolg. Delarivier Manley ist jedoch schon seit längerer Zeit kränklich. Sie stirbt am 11. Juli 1724 in John Barbers Haus in London.

Manleys bedeutendstes Werk sind ihre „Geheimen Erinnerungen (…) aus dem Neuen Atalantis". Der zweiteilige Roman über die korrupten Sitten auf der Mittelmeerinsel Atalantis beginnt mit einem fast schon postmodern anmutenden Spiel mit aufeinander verweisenden Quellentexten. Der 'anonyme Übersetzer' ins Englische gibt vor, das Manuskript sei ursprünglich in einem unreinen Italienisch, das auf den Mittelmeerinseln gebräuchlich sei, verfaßt, dann von einem 'unternehmungslustigen Franzosen' in dessen Muttersprache übertragen worden. Ein Freund des englischen Übersetzers sei in Brüssel auf die französische Version gestoßen und habe sie nach Großbritannien mitgebracht. In diesem Rahmen verweist der Text also auf einen zeitlich und räumlich weit entrückten Entstehungsort; zugleich sind die Bezüge zu real existierenden Personen der gehobenen englischen Gesellschaft nicht zu übersehen. Für diejenigen Leser, die die dargestellten Vorbilder nicht gleich identifizieren konnten, kursierten Schlüssel – für die man natürlich noch einmal zahlen mußte.

Der Roman wird durch eine lockere Rahmenhandlung zusammengehalten. Die Göttin Astrea, eine Allegorie der Gerechtigkeit, und ihre Mutter, die Tugend, bereisen die Insel Atalantis. Trotz der Warnungen ihrer Mutter über den niedrigen moralischen Standard der Menschen möchte sich Astrea über die Sitten, besonders bei Hofe, informieren, um einen ihr anvertrauten Prinzen besser erziehen zu können. Die beiden etwas weltfremden Göttinnen werden auf ihrer Tour von der Verkörperung des Klatsches, Madame Neuigkeit (Lady Intelligence), angeführt. In lockerer episodischer Reihung werden die Lebensgeschichten der Menschen geschildert, die den drei Reisenden – die sich bei Bedarf unsichtbar machen und so die Gespräche belauschen können – begegnen.

Die meisten Episoden erzählen jeweils die Geschichte eines unschuldigen Mädchens, das von einem erfahrenen Mann verführt und verlassen wird. Manley wiederholt also gleichsam ihre persönliche Lebenstragik in zahllosen fiktionalen Varianten. Doch im Gegensatz zu späteren Verarbeitungen dieses im 18. Jahrhundert äußerst populären Stoffes, wie etwa Samuel Richardsons Romanen „Pamela" und „Clarissa", stellt hier die weibliche Tugend nicht einen beinahe sakralen, unbezwingbaren Bereich dar. Bei Manley sind auch die jungen Mädchen von Sinnlichkeit und sexueller Neugier erfüllt; ihre Verführung hat zwar fast immer tragische Konsequenzen, doch zunächst führt das Überschreiten des Keuschheitsgebots zu einer Erweiterung des Wissens und zur Entdeckung eines befriedigenden Reichs der Lust. In einer der bekanntesten Episoden aus dem ersten Band, der Geschichte von Charlot, wird ein zur Tugend erzogenes adliges Fräulein von ihrem Vormund, einem Herzog, verführt. Der Herzog versucht zunächst, sie intellektuell zu korrumpieren, indem er ihr bis dahin verbotene erotische Literatur zu lesen gibt: Liebesgedichte von Ovid, Petrarca und Tibull. Dem Lesen im allgemeinen wird ein großer Einfluß auf das moralische Verhalten zugesprochen: Solange noch die Keuschheit Charlot leiten soll, werden ihr 'gefährliche Romane' – solche wie „New Atalantis" – vorenthalten (NA 305); der Herzog selbst kann seine Skrupel über die Verführung Charlots erst überwinden, als er bei Machiavelli die passende Rechtfertigung gefunden hat (333). Nach der stimulierenden Klassikerlektüre ist Charlot in ihren moralischen Vorstellungen verunsichert und zu ersten Zärtlichkeiten bereit:

> Aber die drängenden Küsse des Herzogs überwältigten die Gedanken an alles andere, außer an das neue und träge Gift, das sich in ihr Herz stahl, und sich schnell und unbemerkt durch all ihre Adern ausbreitete; sie schloß ihre Augen in schmachtender Wonne! gab den Besitz ihrer Lippen und ihres Atems dem verliebten Eindringling preis; erwiderte seine gierigen Berührungen und, in einem Wort, überließ ihren ganzen Leib seinen Armen, vor Wonne dahinschmelzend! (NA 336 f.)

Doch es ist nicht etwa Charlots Bereitschaft zur Hingabe, die zu ihrem Ruin führt. Zunächst verbringt sie mit dem Geliebten eine glückliche Zeit der erotischen Erfüllung. Ihr Fehler besteht darin, daß sie nicht bereit ist, die Verliebtheit des Herzogs auszunutzen, ihn zur Heirat zu bewegen, um ihre gesellschaftlich prekäre Lage zu verbessern. Indem sie nur auf die Liebe vertraut, verkennt Charlot völlig, daß sie in einer von Machtstreben und Eigennutz beherrschten Gesellschaft lebt, in der Liebe nur eine vorübergehende Ablenkung darstellt, wenn sie nicht durch materielle Interessen zusätzliches Gewicht erhält. Erwartungsgemäß wird der Herzog ihrer müde und verläßt sie um einer älteren, weniger anziehenden Gräfin willen, die ihn aber besser zu manipulieren versteht.

Die enge Beziehung zwischen Eros und Macht wird in einer anderen Episode von „New Atalantis" noch deutlicher herausgearbeitet. Es handelt sich um eine der zahlreichen Versionen über den Aufstieg John Churchills, der hier unter dem Namen Graf Fortunatus auftritt. Fortunatus, ein junger, mittelloser Adliger, wird zum Geliebten der königlichen Mätresse, Herzogin De L'Inconstant (Cleveland). Diese unterstützt ihn großzügig und fördert seinen Aufstieg bei Hof und in der Armee. Fortunatus verliebt sich jedoch in die junge Jeanitin (Sarah Jennings), heiratet sie heimlich und braucht nun einen Vorwand, um die Herzogin loszuwerden. Er arrangiert eine Begegnung seiner Geliebten mit seinem Freund Germanicus, unter Umständen, die die Untreue der Herzogin De L'Inconstant geradezu unumgänglich machen:

(…) auf dem Bett waren in verschwenderischer Fülle Orangen- und Zitronenblüten ver-
streut, und um die Szene zu vollenden, lag dort der junge Germanicus in einer Beklei-
dung und einer Pose, die zu beschreiben nicht sehr schicklich wäre; er war frisch dem
Bade entstiegen und in ein loses Gewand aus rosa Taft gehüllt (…) er hatte sich auf das
Bett geworfen und gab vor zu schlafen, nur mit seinem Hemd und Nachtrock bekleidet,
die er so unschicklich arrangiert hatte, daß, schlafend wie er schien, sein ganzer Leib den
Augen der liebeshungrigen Herzogin preisgegeben war; seine Gliedmaßen waren eben-
mäßig geformt, seine Haut glänzte weiß, und die Freude, die ihm das anmutige Eintre-
ten der Dame machte, ließ Vergnügen und Begehren durch seine ganze Gestalt strömen
(…). (NA 305 f.)

Die Herzogin hält Germanicus zunächst für ihren Geliebten Fortunatus;
doch als sie, nachdem das erste Liebesverlangen gestillt ist, ihren Irrtum er-
kennt, ist sie zu einem bewußten Treuebruch bereit und läßt sich auf eine Wie-
derholung des Liebesspiels ein. Als das Paar gerade „bei der äußersten all ihrer
Freuden" (NA 310) angelangt ist, tritt wie mit Germanicus vereinbart Fortunatus herein, beschuldigt die Herzogin der Untreue und bricht die Beziehung zu
ihr ab. Nicht genug damit, er trägt auch dazu bei, sie mit dem König zu ent-
zweien und ihrer Macht zu berauben. Fortunatus' Verrat in der Liebe wiederholt sich auch auf der politischen Ebene. Als der König Tameran (Jakob II.),
der Fortunatus gefördert und ihm sogar das Leben gerettet hat, zur Abdankung
gezwungen werden soll, verbündet sich Fortunatus bedenkenlos mit dessen
Nachfolger, denn „er hielt es für weise, einer einstürzenden Ruine aus dem Weg
zu gehen" (NA 314).

Diese skrupellose Ausrichtung am Eigeninteresse beherrscht das Verhalten
aller Figuren in der Welt von Atalantis. Die zynische Moral wird zwar durch
Aussagen der zuschauenden Göttinnen Astrea und Tugend immer wieder verurteilt, doch unter den menschlichen Gestalten kann sich ihr kaum jemand
entziehen. Insbesondere die Frauen, die bei Manley noch am ehesten zu selbstloser Liebe fähig sind, geraten wie Charlot, aber auch wie die erfahrene, macht-
bewußte Herzogin De L'Inconstant, in größte Gefahr, wenn sie ihre Liebe oder
ihr sinnliches Begehren nicht unter Kontrolle haben. Wie schwerwiegend die
Folgen sein können, wenn eine Frau die weltliche Klugheit vernachlässigt und
den Versprechungen trügerischer Liebhaber vertraut, zeigt am deutlichsten die
folgende kurze Episode. Astrea, Tugend und Madame Neuigkeit sehen auf ihrer
Reise einen Galgen, an den die Leiche einer hingerichteten Frau genagelt
wurde. Sie erkundigen sich nach den Hintergründen und erfahren, daß es sich
um ein Mädchen aus guter Familie handelt, das von einem Soldaten verführt
und schwanger verlassen wurde. Heimlich, „Schmerz um Schmerz, Träne um
Träne, Schrei um Schrei" (NA 424) bringt sie einen Knaben zur Welt: „Damit er
nicht schreien konnte, riß sie bei der Geburt seine Gedärme heraus." (ebd.) Die
Verzweiflungstat wird entdeckt und die junge Frau gehenkt.

In dieser Episode kommen dicht gedrängt die wesentlichen Elemente zusammen, die es erlauben, Manleys Schreiben einer spezifisch feministischen Tradition zuzuordnen. Die Geschichte wird mit großer Empathie für das Leiden der verführten Frau erzählt. Manley macht hier deutlich, wie schwach und angreifbar die soziale Stellung einer jeden Frau ist, in welchem Grad sie vom Schutz und Wohlwollen ihrer männlichen Verwandten abhängt und wie gnadenlos die Gesellschaft einen Fehltritt bestraft. An einer anderen Stelle faßt Astrea die auf Atalantis herrschende Doppelmoral zusammen: „Männer können ihr Ansehen wiedererlangen, sogar nach einer Anhäufung von Lastern, *Feigheit, Raubüberfall, Ehebruch, Bestechung* und *Mord*, aber eine Frau, die einmal vom Pfad der Tugend abgewichen ist, ist zu einer Rückkehr nicht mehr imstande." (NA 355 f.)

Manley kritisiert also freimütig die gesellschaftlichen Verhältnisse, die Frauen viel kleinere Handlungsspielräume zugestehen und ein großes Maß an Verstellung und Vorsicht von ihnen verlangen. Die Geschichte der Kindsmörderin ist zwar ein Extremfall, aber in der Welt von Atalantis ist jede Frau von einem ähnlichen Schicksal bedroht. Frauen werden von Manley jedoch nicht nur als Opfer dargestellt. Wie im Fall der Herzogin De L'Inconstant, jener weltlichen Gräfin, die Charlots Liebhaber heiratet, oder auch Delia (Manley), die sich nach ihrem gesellschaftlichen Ruin nicht der Verzweiflung ergibt, sind Frauen auch Handelnde, die lernen können, ihre Interessen aktiv zu vertreten.

Ein besonders hohes Maß an Handlungsfähigkeit haben in Manleys Texten die weiblichen Nachrichtenträgerinnen oder, anders gesagt, die Klatschbasen. Es wimmelt geradezu von Dienerinnen, Nachbarinnen und Hebammen, die die intimen Geheimnisse weitergeben und damit Bewegung in die menschlichen Beziehungen bringen. Ihnen gegenüber stehen die Neugierigen, die begierig die Skandalgeschichten aufnehmen. Die Tat der Kindsmörderin etwa wird aufgedeckt, weil diese sich ihrer Zofe anvertraut; die Zofe erzählt es dem Milchmädchen, das Milchmädchen ihrem Geliebten, einem Schuster; der Schuster schließlich zeigt das Verbrechen bei einem Friedensrichter an. Die ganze Geschichte wird den reisenden Göttinnen von einer geschwätzigen Landfrau erzählt; auch die erhabenen Zuhörerinnen reagieren eher mit sensationslüsterner Neugier als mit Mitleid oder gar Solidarität.

Madame Neuigkeit ist zu Recht als eine Repräsentantin der Autorin Delarivier Manley interpretiert worden.[6] „New Atalantis" ist ja nicht nur ein erotischer Roman, sondern Teil der Propagandatätigkeit, die Manley besonders in den Jahren 1709–1714 betrieb. Indem die Autorin eine Verkörperung von Klatsch und Tratsch zu ihrer Sprecherin im Text wählt, rückt sie ihre eigene Funktion als Propagandistin, als Übermittlerin (und Erfinderin) von Neuigkeiten in den Vordergrund. Dies geschieht jedoch nicht ohne Ambivalenz: Madame Neuigkeit ist nicht nur eine Figur, die das Fehlverhalten anderer satirisch weitererzählt, sondern die selbst ein Gegenstand von Satire ist. Ihre hemmungslose Neugier wird von den Göttinnen immer wieder getadelt, auch wenn diese, unter dem dünnen Vorwand, Material für die ideale Fürstenerziehung zu suchen, immer wieder dem Klatsch erliegen. Die Beziehung zwischen der Klatschbase und ihren Zuhörerinnen spiegelt damit das Verhältnis zwischen der Autorin und ihren Lesern, die Manleys Sensationsromane mißbilligen mögen, gleichzeitig aber verschlingen – mitsamt den Schlüsseln, die die lebensweltliche Identität der dargestellten Personen preisgeben.

Madame Neuigkeit – wie Manley – bedient also die Neugier, sie hat jedoch auch einen moralischen Anspruch, die Bloßstellung der mitleidslosen Heuchler, der durchaus als ein ernstgemeintes Anliegen Manleys gewertet werden kann:

Aber, Eure Exzellenzen! ist es denn ein Verbrechen, diejenigen bloßzustellen, die *Tugend* nur vortäuschen? diejenigen, die über alle anderen herzogen, und selbst am schuldigsten sind? Habe ich etwa den Gütigen Unrecht getan! die Unschuldigen angeklagt! Dies wäre in der Tat verwerflich; aber der *Libertin* in der Praxis, der Frömmler der Bekundung nach, die, die in der Maske der *Verstellung* den Ruf Tausender zerstören, sollten erbarmungslos, durch irgend eine Art von Vergeltung, selbst bloßgestellt werden; und ich erlaube mir, die Göttliche *Astrea* anzurufen, ob dies nicht *Gerechtigkeit* sei? (NA 541 f.)

Bis zur Mitte des 18. Jahrhunderts blieb Manley eine vielgelesene Autorin; als sich das lieblichere Frauenbild der Empfindsamkeit durchzusetzen begann, galten ihre Romane bald als anstößig und gerieten zunehmend in Vergessenheit. Doch vielleicht war es nicht nur die Prüderie der Zeit, die die deutlich erotischen Darstellungen ablehnte. Vielleicht war es Manleys scharfe Kritik an Heuchelei und Doppelmoral, die das selbstgefällige augustäische Zeitalter nicht mehr ertragen konnte. Dieser unnachsichtig scharfe, aber humorvolle Blick ist es, der Delarivier Manley heute zu einer Autorin macht, deren Wiederentdeckung sich lohnt.

Ina Schabert

Mary *A*stell
(1666–1731)

„Feminae" (Kämpfende Frauen). Aus: Justus Lipsius, Saturnalium sermonum libri duo,
que de gladiatoribus. Antwerpen 1604. Foto: AKG.

A Woman may put on *the whole Armour of God* without degenerating into a Masculine Temper; she may take the *Shield of Faith, the Sword of the Spirit, the Helmet of Salvation, and the Breast-plate of Righteousness* without any offence to the Men, and they become her as well as they do the greatest Hero. I could never understand why we are bred Cowards.[1]

Um 1700 galt Mary Astell als treibende Kraft der aufklärerischen feministischen Bewegung in England. Für jüngere schreibende Frauen wie Judith Drake und Lady Mary Chudleigh war sie das ermutigende Vorbild, für antifeministische Spötter die beliebteste Zielscheibe. Ein halbes Jahrhundert lang lieferte Astells Plan einer Akademie für Frauen kontroversen Gesprächsstoff, ihr Glaube an die intellektuelle Gleichheit der Geschlechter wirkte sich noch auf das Selbstverständnis des Bluestocking Circle im späteren 18. Jahrhundert positiv aus. Ihre Person aber war zwanzig Jahre nach ihrem Tod, als George Ballard Informationen über sie für sein Lexikon gelehrter Frauen, die „Memoirs of Several Ladies of Great Britain" (das erste derartige Nachschlagewerk überhaupt) suchte, fast schon vergessen. Nur weniges ließ sich den überlebenden Zeitzeuginnen entlocken, das von Ballard sodann den Schicklichkeitsvorstellungen seiner Epoche entsprechend ausgeschmückt wurde. Wiederentdeckt als Vorkämpferin für die Rechte der Frau wurde Astell von der Frauenbewegung des späten 19. Jahrhunderts; ihre rationalistisch-egalitäre Position ließ sich deren eigenem Emanzipationsanspruch als historische Bestätigung assimilieren. Florence M. Smith gelang es jedoch in ihrer Monographie (1916), die Festlegung Astells auf die 'Frauenfrage' zu transzendieren und ihr umfassenderes religiöses und politisches schriftstellerisches Engagement in den Blick zu bekommen. Virginia Woolf schenkt in der Streitschrift „Three Guineas" (1938) Astell einen kurzen Moment der Aufmerksamkeit, wenn sie deren nie realisiertes Projekt der Frauenakademie als exemplarisch anführt für die Unwilligkeit der Gesellschaft, für weibliche Bildung Geld auszugeben.

Der anglo-amerikanische literaturwissenschaftliche Feminismus der 1970er und 80er Jahre hat nur geringes Interesse an Astell gezeigt; ihre Person und ihr Werk sind mit den feministischen Vorstellungen einer besonderen weiblichen Identität und den Normen einer spezifisch weiblichen Ästhetik kaum vereinbar. Der radikale Konservatismus und das soziale Elitebewußtsein – Eigenschaften, die Astell mit anderen gelehrten Frauen ihrer Zeit teilt – haben sie den Forscherinnen zusätzlich unsympathisch gemacht. Die Frauenforscherin Ruth

Perry allerdings setzte sich über den Konsens von *political correctness* hinweg; sie veröffentlichte neben Einzelstudien 1986 eine umfangreiche Biographie der Astell. Diese ist konzipiert als *silhouette biography*, ein Genre, das den Informationsmangel in bezug auf die biographierte Person kompensiert, indem es diese in ihrem sorgfältig rekonstruierten sozialen Umfeld als 'Umriß' sichtbar werden läßt. Ebenfalls 1986 brachte die Sozialgeschichtlerin Bridget Hill eine erste, großzügige Textauswahl heraus. 1996 folgten, von der Politikwissenschaftlerin Patricia Springborg besorgt, ergänzende Textausgaben. Springborg erläutert in ihren Einleitungen und weiteren Aufsätzen die religiösen, philosophischen und politischen Schriften Astells im geistigen Spannungsfeld zwischen Descartes und Malebranche einerseits und John Locke andererseits und etabliert sie als eigenständige Denkerin, der ein Platz in der allgemeinen Philosophiegeschichte zusteht.

Wie andere heutige feministische Denkmuster unterläuft Mary Astell auch die Vorstellung, daß weibliches Schreiben Ausfluß einer primären, persönlichen Erfahrung ist und zumindest indirekt autobiographischen Charakter hat. Nach allem, was sich aus den wenigen biographischen Selbst- und Fremdzeugnissen und den vielen und dezidierten Aussagen in ihren Werken schließen läßt, hat Astell ihr Leben rigoros nach den in ihren Schriften geäußerten Überzeugungen ausgerichtet: Ich denke, also handle ich entsprechend.

Solange wir nicht fähig sind, unsere Handlungen selbst zu bestimmen und sie von einem Prinzip aus zu lenken, solange leben wir – obgleich wir uns bewegen und sprechen und ähnliches tun – nicht das Leben eines vernünftigen Wesens, sondern nur das eines Tieres. (S 82)[2]

Über diejenigen, insbesondere diejenigen Frauen, die unwillig oder zu schwach sind, das, was sie mit dem Verstand als richtig erkannt haben, praktisch zu verwirklichen, schüttet sie immer neu Verachtung und Spott aus. Ihrer geplanten Frauenakademie schreibt sie den Vorteil zu, die Mitglieder aus ihren vernunftwidrigen Lebenszusammenhängen herauslösen zu können. Realitäten des Körpers sind selbstverständlich dem Geist zu unterwerfen. Daß sie, als sie sich gegen Ende ihres Lebens infolge einer Krebserkrankung einer Brustoperation unterziehen mußte, gegen alle Usancen sich nicht festbinden ließ, belegt drastisch das ungewohnte Ausmaß ihrer Selbstbeherrschung. Ein extremer Konservatismus (*high Anglican* und *high Tory*), eine cartesianisch-individualistische Gottbezogenheit und eine vernunftbestimmte Freundschaft mit geistig gleichgesinnten und intellektuell gleichrangigen Frauen – dies sind die komplementären Zielsetzungen, die ihr Leben wie ihre Schriften bestimmen. Alles andere scheint für sie bedeutungslos - *idle, trifling, vain* – gewesen zu sein.

Mary Astell stammt aus dem nordenglischen Newcastle. Ihr Vater war in der hochangesehenen und traditionell monarchistischen Bergbaugesellschaft

(*Company of Hostmen*) beschäftigt. Ein Onkel, der Geistlicher war, dürfte ihr eine gute Bildung in den Fächern Philosophie, Mathematik und Logik vermittelt haben. Beide Eltern starben früh; mit 18 Jahren war Mary Astell Vollwaise, zwei Jahre später, 1686, brach sie nach London auf, um eine Karriere als Gelehrte und Schriftstellerin zu beginnen. Die Ereignisse der Glorreichen Revolution von 1688, die den Oranier Wilhelm I. anstelle der Stuarts als Herrscher ins Land holten und England in eine konstitutionelle Monarchie verwandelten, dürften Astells religiöser und politischer Überzeugung zutiefst zuwider gewesen sein. Entfernte Verwandte ersuchte sie offenbar vergeblich um materielle Unterstützung. Anders als mittellosen gebildeten jungen Männern der oberen Mittelschicht (*gentry*) war ihr als junges Mädchen nicht die Möglichkeit gegeben, ihre gesellschaftliche und finanzielle Situation durch eine berufliche Karriere abzusichern. „Der Zugang zu den hochangesehenen öffentlichen Ämtern ist uns versperrt", bedauert sie (H 202)[3]. Ihr Förderer wurde Erzbischof William Sancroft (der Erzbischof von Canterbury, der 1689 seines Amtes enthoben wurde, da er sich weigerte, den Treueeid von Jakob II. auf Wilhelm von Oranien umzuschwören). Ohne Astell persönlich zu kennen, muß er ihr großzügig geholfen haben, wie aus der Widmung ihrer nie gedruckten Gedichtsammlung hervorgeht, die sie ihm als „A Collection of Poems humbly presented and Dedicated to the Most Reverend Father in God William by Divine Providence Lord Archbishop of Canterbury" 1689 (!) zusandte. Eine weitere ideelle und vermutlich auch bescheidene materielle Absicherung gewann sie durch die Freundschaft der hochadligen, begüterten, alleinstehenden Damen Lady Catherine Jones, Lady Elizabeth Hastings und Lady Anne Coventry. Eine tiefe, lebenslange Bindung entstand zwischen Lady Catherine und Astell. Wie jene Aristokratinnen wohnte Mary Astell im vornehmen Londoner Stadtteil Chelsea; es wird vermutet, daß sie dort, gemeinsam mit weiteren gebildeten Frauen wie zum Beispiel der Altenglisch-Spezialistin Elizabeth Elstob und der Frau des Bischofs von Rochester, Catherine Atterbury, einen intellektuell und karitativ engagierten Frauenzirkel gebildet hat. Der 'Chelsea Circle' gründete 1709, unter Mitwirkung Mary Astells, eine Schule für die Töchter der Pensionäre des Chelsea Royal Hospital. Später verband Astell auch eine Freundschaft mit der wesentlich jüngeren Lady Mary Wortley Montagu.

Ein Porträt von Astell ist nicht überliefert. Lady Louisa Stuart, eine Enkelin von Lady Mary, zeichnet ein gutes Jahrhundert nach ihrem Tod das Persönlichkeitsbild auf, das in der Erinnerung ihrer Familie bewahrt worden war. Lady Louisa mokiert sich darüber, daß ein Kommentator Astell als „fair and elegant" bezeichnet hat und stellt fest, sie sei „eine sehr fromme und vorbildliche Frau gewesen und eine profunde Gelehrte, aber so wenig schön und elegant wie alle anderen alten Gelehrten ihrer Zeit; im äußeren Erscheinungsbild eher unattraktiv und abweisend." Astell selbst, so Lady Louisa weiter, hätte zu ihren Lebzeiten ein derartig unpassendes Kompliment brüsk zurückgewiesen, weil sie es als Beleidigung für die weibliche Intelligenz betrachtet hätte.[4] Astell selbst spricht von sich in der Einleitung zu den „Letters Concerning the Love of God" als „jemand, die von der Natur nicht besonders großzügig behandelt worden ist." In den von Ruth Perry zusammengetragenen Urteilen ihrer Zeitgenossen erscheint sie als respekteinflößende und wegen ihrer zupackenden 'unweiblichen' Kritikfähigkeit nicht selten auch gefürchtete Frau.

Der Einstieg in die Gelehrtengemeinschaft (*republic of letters*) gelang Mary Astell über die Korrespondenz mit dem Philosophen und Theologen John Norris. Dessen „Discourses upon the Beatitudes" (1692) sagten Astell zwar grundsätzlich zu, jedoch mit Vorbehalten, die sie dem Autor darzulegen sich berechtigt fühlte. Die briefliche Selbsteinführung der jungen, völlig unbekannten Frau gegenüber dem angesehenen Philosophen bezeugt aufklärerisches Selbstbewußtsein:

Sehr geehrter Herr,

obgleich einige übelwollende Männer mich vielleicht an den Spinnrocken oder in die Küche zurückschicken würden, oder zumindest zum Spiegel und zur Nadel, da sie glauben, daß dies die angemessenen Beschäftigungen eines Frauenlebens seien, so erwarte ich doch Besseres von dem gerechten und klugen Mr. Norris, der nicht so engherzig ist, daß er Gelehrsamkeit nur seinem eigenen Geschlecht vorbehält oder dem unseren neidet. (…) Und es gibt in der Tat schwerwiegende Gründe dafür, daß ich, obgleich ich Ihnen unbekannt bin, mich an Sie wende, damit Sie meine Zweifel beseitigen und meine Urteilskraft durch Belehrung stärken können, da Sie meinen naturgegebenen Durst nach Wahrheit erhöht und mir meine Berufung zur Wissenschaft bewußt gemacht haben. Denn obgleich ich nicht Massen von Büchern gelesen, zahlreiche Sprache erlernt, eine akademische Ausbildung genossen oder irgendwelche sonstigen Hilfen gehabt habe außer meinem eigenen Verlangen nach Wissen, so ist doch das Denken eine Wissensquelle, an der es keinem rationalen Wesen fehlt, sofern man sie einzusetzen weiß. (H 193 f.).

Norris entsprach seinem von Astell entworfenen komplimenthaften Charakterbild und setzte sich mit ihren Einwänden sorgfältig auseinander. Es entspann sich ein philosophischer Briefwechsel zwischen beiden, den er 1695 unter dem Titel „Letters Concerning the Love of God, between the Author of The Proposal to the Ladies and Mr John Norris" veröffentlichte. Das Werk provozierte den Widerspruch von John Locke und seiner philosophischen Vertrauten Lady Damaris Masham und markierte den Beginn einer langjährigen Auseinandersetzung zwischen Lady Damaris und Mary Astell.

Norris' Titel spielt auf die vielbeachtete Erstpublikation Astells an, ihr „Serious Proposal to the Ladies, for the Advancement of Their True and Greatest Interest, By a Lover of her Sex" (1694), in dem sie ihr Projekt einer Frauenakademie erläutert. 1697 erschien das erfolgreiche Werk (Nachdrucke 1695 und 1696) durch einen zweiten Teil ergänzt: „Part II, wherein a method is of-fer'd for the improvement of their minds". 1700 folgen, im Kontext einer kon-troversen Serie zeitgenössischer Ehetraktate, „Some Reflections upon Mar-riage" (Nachdrucke vor 1706, 1706 und 1730); der dritten Ausgabe von 1706 ist ein umfangreiches „Preface" vorgestellt, welches die anti-misogynen und die misogamen Züge des Haupttextes mit virtuoser Polemik verschärft. 1704 wen-det sich Astell mit drei Pamphleten – „A Fair Way with the Dissenters", „Mode-ration Truly Stated" und „An Impartial Enquiry into the Causes of Rebellion and Civil War in the Kingdom" – entschieden gegen die von den Betroffenen geforderte und z.T. bereits praktizierte Milderung der staatlichen Diskriminie-rungen gegen die Puritaner. Eine weitere Streitschrift, „Bart'lemy Fair, or an Enquiry after Wit" (1709) bezieht sich auf Lord Shaftesburys „Letter con-cerning Enthusiasm" und verwehrt sich gegen dessen Verfemung kompromiß-loser Gläubigkeit als Schwärmertum. Ihre eigene religiöse Position artikuliert Astell in definitiver Form in dem Werk „The Christian Religion as Profess'd by a Daughter of the Church of England" (1705). Nach dieser schriftstellerisch äußerst aktiven und erfolgreichen Zeit ist ein seltenes späteres literarisches Zeugnis ihrer letzten beiden Lebensjahrzehnte ein empfehlendes Vorwort zu den „Embassy Letters", die ihr Lady Mary Wortley Montagu im Manuskript zu lesen gab. Astell ermunterte die Autorin vergeblich zur Publikation; die „Let-ters" wurden erst postum 1763 gedruckt. Doch auch in den letzten beiden Le-bensjahrzehnten, so zeigt Ruth Perry, hat Astell in Briefen und in gesellschaft-licher Konversation einen regen intellektuellen Austausch mit theologisch und politisch gleichgesinnten Frauen und Männern gepflegt.

In der folgenden Übersicht über Astells bekanntere Werke soll vor allem die Konsequenz ihres Denkens erläutert werden, das Erkenntnistheorie, Moral, Po-litik und Theologie, Privates und Öffentliches in Zusammenhang setzt. Femini-stische Postulate ergeben sich in der Konsequenz dieser Gesamtschau.

Exklusive Gottesbezogenheit
Eine weltverneinende meditative Grundhaltung kennzeichnet bereits die Ju-gendgedichte Astells. So schreibt sie ein elegant-spielerisches Gedicht von Abraham Cowley, „The Wish", in welchem jener sich aus der „busie world" in ländliche Einsamkeit begeben möchte – oder vielmehr Zweisamkeit, da er sich pastoralen erotischen Genüssen hingeben will – in ihrem Gegengedicht „Soli-tude" zu einer ernsten Absage an die „trifling world" um:

> O happy Solitude, may I
> My time with thee, and some good books employ!
> No idle visits rob me of an hour,
> No impertinents those precious drops devour.

Thus blest, I shall while here below
Antedate Heav'n; did Monarchs know
What 'tis with GOD, & Cherubims to dwell,
With Charles they'd leave their Empires for a Cell.[5]

Die in vernunftgemäßer Direktheit formulierende Lyrik der Aufklärung ist, zumal wenn sie – wie es Astell programmatisch tut – auf geistreiche Wendungen (*wit*) verzichtet, in enttäuschender Weise flach; von einer späteren Generation wurde sie nicht zu Unrecht als gereimte Prosa abgetan. Die Sprecherin wendet sich gegen die galante Konversationskultur ihrer Zeit; sie möchte nur mit guten Büchern Umgang pflegen. In meditativer Einsamkeit glaubt sie, den Himmel antizipieren, sich in die Gegenwart Gottes und seiner Engel versetzen zu können. Eine solche Disposition schreibt sie auch König Karl zu, mit einer Formulierung, die auf Karl V. von Spanien zutrifft, aber hier wohl (auch) den von den Monarchisten als Märtyrer verehrten Karl I. von England meint. Der angeklebt wirkende Vergleich macht auf eine bemerkenswerte Ähnlichkeit aufmerksam; er verweist auf eine Analogie zwischen dem absolutistisch-monarchischen Ich und der isolationistischen, autonomiebedachten Ichmodellierung, mit der gelehrte Frauen um 1700 ihre Diskriminierung positiv umgemünzt haben.[6]

In den Schriften des Neuplatonikers John Norris findet Astell ihr auf den Fluchtpunkt des Göttlichen hin orientiertes Denken radikal bestätigt. Norris war Anhänger des Okkasionalismus, wie ihn Nicolas Malebranche in der Weiterführung von Descartes' Konzept der göttlich garantierten klaren und wahren Ideen entwickelt hatte: Gott ist der Urheber aller menschlichen Wahrnehmungen, „we see all things in God". Während Astell ein Problem darin sieht, daß Gott damit auch der Urheber schmerzhafter und vor allem sündhafter Wahrnehmungen sein muß, stimmt sie Norris in der Hauptsache zu: „Ich denke, es ist zweifellos richtig, zu dem Schluß zu kommen, *daß Gott die einzige bewirkende Kraft (efficient cause) für all unsere Wahrnehmungen (Sensations) ist*." (H 196). Gott ist demnach sowohl der Auslöser als auch das Objekt allen Begehrens. Selbst die misanthropische Konsequenz der Position macht sie sich zu eigen: „wer Gott innig liebt, wird erkennen, wie unziemlich es ist, ihm eine gemeine und enge Seele anzubieten, ein Herz, das an der Erde klebt und ihren schmutzigen kleinen Kreaturen".[7] Die Freundschaft zu Lady Catherine Jones allerdings vermag Astell mit dieser Überzeugung zu verbinden, indem sie sie, als Zuneigung zu einem tief religiösen Menschen, als indirekte Manifestation des Begehrens nach Gottes Präsenz deutet. Nur unter der Bedingung, daß in einer vorgeschalteten Widmung diese Frauenliebe gepriesen wird, erlaubt sie Norris die Veröffentlichung der „Letters Concerning the Love of God".[8]

Religiosität – Bildungsstreben – Frauenfreundschaft
In dem zur gleichen Zeit verfaßten „Serious Proposal to the Ladies" verall-
gemeinert Astell ihren persönlichen Lebensentwurf einer gottbezogenen Existenz, die durch edle weibliche Freundschaft gefördert wird, zu der utopi-
schen Vision einer religiösen Frauengemeinschaft. In ausdrücklicher Vermeidung der Bezeichnung *Monastery* gibt sie dieser den Namen *Religious
Retirement* (S 18). Mit ausgiebigen satirisch verzeichneten Darstellungen des
galanten Lebens als Summe von Banalitäten, Eitelkeiten und kleinlichen Rivalitäten sucht sie die im „Proposal" angesprochenen Damen von diesem Leben
ab- und auf ihre Seite zu bringen. Didaktischem Geschick[9] und zugleich auf-
klärerischer Überzeugung gemäß suggeriert sie, daß sich damit der eigene
tiefe Wunsch der Leserinnen erfülle: „Ich weiß, daß es unter Euch viele gibt,
die Gott so inbrünstig lieben, daß sie nicht genug Zeit mit dem Gottesdienst
verbringen können" (S 18). Eine latent vorhandene Disposition also soll
durch das *Religious Retirement* institutionell gefördert und gefestigt werden.
Durch lange Zeiten des Gebets soll sie vertieft und durch das Studium wohl-
ausgewählter philosophischer Schriften – namentlich genannt werden die
Werke von Descartes und Malebranche – intellektuell abgesichert werden,
denn – so vermerkt sie in einem der für sie charakteristischen feministischen
asides – „ich (…) bin überzeugt, daß Frauen der Gelehrsamkeit ebenso fähig
sind wie Männer und sie ihnen ebenso gut steht" (S 24). Die durch die Anre-
deform des „Proposal" von Anbeginn beschworene Solidarität guter Frauen
in Gott wird in der antizipierten intensivierten und geklärten Form in der
religiösen Akademie hymnisch gefeiert als Seelengemeinschaft, die alle zu
einem mystischen Körper eint: „In einem Wort, diese glückliche Gemeinschaft wird nur ein Körper sein, dessen Seele die Liebe ist, die ihn belebt und
prägt und die sich ständig verströmt in Flammen heiliger Begierde nach Gott,
und Akten des Wohlwollens untereinander." (S 27)
   Daß damit eine Konkurrenzvision zur christlichen Ehe und mehr noch zur
christlichen Kirche beschworen wird, bleibt unausgesprochen. Astells Konzep-
tion der Frauengemeinschaft als *corpus mysticum* analog der Kirche ist eine bemerkenswerte kollektiv-feministische Variante zur individuellen Selbstdeutung
der frommen Frau als Braut Christi. Ausdrücklich will die Autorin der Gesellschaft bzw. den Männern den nützlichen Dienst erweisen, weibliche Tugend
und Frömmigkeit zu stärken, kostspieligen Luxus zu unterbinden, karitative
Aktivitäten zu fördern und alleinstehenden Frauen eine Schutzzone zu bieten.
Insofern erwartet sie – allem Anschein nach ernsthaft – daß ihr Projekt umge-
hend realisiert wird. Natürlich wird der Aufwand für Wohnung, Kleidung und
Essen der Frauen von Astell asketisch bescheiden veranschlagt, so daß nur ein
relativ geringes Stiftungsvermögen erforderlich ist, welches durch Spenden
bald zusammenkommen könnte.

Astell legt ihr „Proposal" vor in einer Zeit, die durch einen allgemeinen
Frauenüberschuß und die – politisch und wirtschaftspolitisch bedingte – Gefährdung der Großfamilien gekennzeichnet war, und in der von daher ein Konsens darüber bestand, daß ein gesellschaftlicher Ort für alleinstehende Frauen
geschaffen werden müsse. Dennoch erntete die Autorin neben zustimmenden
Worten auch herbe Kritik. Anglikanische Einwände richteten sich gegen ein
Projekt, mit dem die nach der Trennung von Rom abgeschafften Klöster in
England wiedereingeführt werden sollten; Einwände von Männern betrafen
den Vorschlag einer nicht auf den Mann hin orientierten weiblichen Lebensform im allgemeinen und die Bestätigung einer ohnehin vorhandenen heirats-
feindlichen Einstellung bei reichen jungen Mädchen im besonderen (wie sie
Cavendish im „Convent of Pleasure" thematisiert). Lady Damaris Masham
führt in ihrer philosophischen Schrift „Discourse Concerning the Love of God"
(1696) die Problematik des Astellschen Entwurfs auf dessen erkenntnistheore-
tische Basis zurück. Der Okkasionalismus, so befindet sie, ignoriert die von
Locke zweifelsfrei etablierten empirischen Grundlagen des Erkennens. Nicht
Gott sondern die Säuglingsflasche ist das primäre Objekt menschlichen Begehrens; erst über einen höchst komplexen geistigen Prozeß kann eine religiöse
Orientierung erreicht werden. Die Position von Norris (Astell bleibt unge-
nannt) ist für das politische Leben abträglich in einem Land, das eine säkulare
Gesellschaftsordnung begründen muß; sie wirkt sich für das persönliche Leben
ebenso verhängnisvoll aus, da sie die Liebe zu Gott mit der Verachtung für
seine Schöpfung verbindet. Sie verkennt, daß der Mensch ein gesellschaftliches
Wesen ist. Sie läßt die gefürchtete religiöse Schwärmerei, die den Bürgerkrieg
des 17. Jahrhunderts verursacht hat, wiederaufleben: „einen Enthusiasmus, der
nicht weniger wild ist als das, was wir erlebt haben, und der in nichts anderem
als Klöstern und Einsiedeleien enden kann".[10]

Die Philosophin

Selbstkritische Disziplin, intellektueller Respekt für das Werk John Lockes
und das Gewicht von Lady Damaris' Einwänden mögen zusammengewirkt
haben, um Astell zu einer Revision ihres philosophisch-religiösen Denkens zu
bringen. Der zweite Teil des „Serious Proposal" gibt sich als Fortsetzung der
Akademieschrift, indem er, solange die Akademiegründung noch nicht erfolgt
ist, den Leserinnen eine Anleitung zum autodidaktischen Studium zur Verfügung stellen möchte. Eine solche Funktion dürfte das Werk trotz seiner komplexen Begrifflichkeit und des teilweise hohen Abstraktionsgrads in der Tat erfüllt haben, andernfalls wäre ein späterer Raubdruck des Hauptteils in der Serie
„The Ladies Library" (1714)[11] wohl kaum erfolgt. Astells Philosophie spezifi-
ziert (obgleich nicht durchgängig) das erkennende Subjekt als Frau: „sie bewahrt in ihrem Geist wie in einer Vorratskammer, aus der man die Dinge nach

Bedarf hervorholen kann, eine klare und einfache Idee von jedem Objekt, das sich ihr jemals gezeigt hat" (S 125). Wenn im aufklärerischen Denken der Geist kein Geschlecht hat, so kann er – dies ist ihre feministische Schlußfolgerung – ebenso gut weiblich wie männlich imaginiert werden.

Der Okkasionalismus wird nun nur noch als Ausdruck von Frömmigkeit, nicht aber philosophisch gutgeheißen (S 117). Die cartesianische Vorrangstellung angeborener, von Gott eingegebener Ideen behält Astell bei („die Wahrheit ist uns unmittelbar gegeben, da wir (…) sie erwerben können, indem wir in unserer eigenen Brust nach ihr suchen" S 118), doch introspektive Erkenntnis ist, so betont sie jetzt, durch andere Denkakte zu überprüfen, zu ergänzen und zu kontextualisieren. Damit wird das Erkennen auch an Welterfahrung gebunden. An die Stelle der göttlich bewirkten Sequenzialität des Okkasionalismus rückt aristotelisch gedachte physische Kausalität; aufklärerische Vernunft (als formale Logik) bildet ein Gegengewicht zu spontan und intuitiv gewonnenen Einsichten und Offenbarungswahrheiten; *prudence* bindet die Vernunft wiederum an unsystematisiertes Erfahrungswissen an. Lockesche Sinneserfahrung gilt allerdings nur als Bewußtseinsinhalt, nicht als Wissen.

Daß Astell ihre Erkenntnisphilosophie mit einer detaillierten Psychologie der Wahrheitsfindung ergänzt, ist ein weiteres Zeichen ihrer diesseitsgerichteten Wendung. Verschiedene Arten von Erkenntnisbegrenzung, Erkenntnisverweigerung und -verfälschung werden durch verschiedenartige Begabungen und gesellschaftliche Einflußfaktoren erklärt. Techniken der Willenslenkung und der Beherrschung der Leidenschaften werden ausgiebig dargelegt und der Leserin zur Einübung empfohlen. Einwirkungen körperlicher Befindlichkeiten auf den Geist werden weiterhin negativ gesehen, aber immerhin ernstgenommen. Die verschiedenartigen Bedingungen des Wissenserwerbs führen zu ganz unterschiedlichen Wissensständen. Astell vermutet, daß der menschliche Geist ebenso viele individuelle Verschiedenheiten wie das menschliche Gesicht aufweisen könne. Folglich wäre ein Höchstmaß an Wahrheit durch ein kollektives Unternehmen zu erlangen, in das jeder und jede das eigene Wissensgut einbringen würde: „da es zuviel für den einzelnen ist, sollte unsere vereinte Kraft sich der Wahrheitssuche widmen" (S 106). Astell selbst hat in ihrer Schrift eine Reihe verschiedener Ansichten berücksichtigt und aufeinander bezogen: neben Werken von Descartes und von Cambridger Neuplatonisten (Norris und Henry More) die Logik und Morallehre von Port Royal (namentlich Antoine Arnaulds „Logic or the Art of Thinking" und Pierre Nicoles „Moral Essays"), neben Mashams „Discourse" Lockes „Essay Concerning Human Understanding", „The Reasonableness of Christianity" und die „Two Treatises on Government" sowie die Locke-Kritik von Edward Stillingfleet.

In der „Conclusion" zum zweiten Teil des „Serious Proposal" meldet Astell noch einmal (und, wie die historische Zukunft erweisen wird, wiederum vergeblich)[12] den Anspruch auf eine Akademie für Frauen an. Sie verwehrt sich gegen die anglikanischen und patriarchalischen Einwände. Wie die Universitäten in Oxford und Cambridge sei ihre Institution (jetzt *Seminary* genannt) als Vorbereitung für ein Leben in der Welt gedacht. Es sei ein Akt ausgleichender Gerechtigkeit, wenn, nachdem – nicht zuletzt von adligen Damen – zahlreiche Colleges für Männer errichtet worden seien, den Frauen eine analoge Einrichtung zur Verfügung gestellt würde. Sowohl in bezug auf diejenigen, die Ehe und Mutterschaft anstrebten, sei das dort erworbene Wissen und die eingeübte Selbstdisziplin von offensichtlichem gesellschaftlichen Nutzen als auch für die Frau, die ledig bleibt, denn – so befindet Astell nun und überwindet damit ihren früheren isolationistischen Selbstentwurf – „die ganze Welt ist für die alleinstehende Dame ihre Familie (…). Persönliche Verpflichtungen engen ihren Geist nicht ein, sondern ihre Wohltätigkeit bewegt sich in weitesten Bereichen" (S 150).

Die spätere Schrift „The Christian Religion as Profess'd by a Daughter of the Church of England" knüpft an die Argumentation des „Serious Proposal" an, priorisiert jedoch mehr als dort die religiösen Ursprünge und Ziele philosophischen Denkens. Damit nähert sie sich wieder den „Letters Concerning the Love of God" und provoziert entsprechend auch wieder Mashams prompten Einspruch unter dem Titel „Occasional Thoughts in Reference to a Virtuous or Christian Life" (1705). Sind *Faith* und *Science* im „Proposal" zwei komplementäre Wissensquellen, so wird nun den introspektiv gewonnenen Glaubensgewissheiten übergeordnete Autorität zugestanden; wurde dort eine vorsichtige Psychologie der Interaktion von Körper und Geist entwickelt, so wird jetzt das Geistige wieder absolut gesetzt. Die Erkundung dieses Bereichs in Form des Erwerbs, der Abklärung und Ausdifferenzierung religiöser Wahrheiten ist die höchste Bestimmung des Menschen, auch des weiblichen:

Wenn Gott nicht gewollt hätte, daß Frauen ihre Vernunft gebrauchen, hätte er ihnen keine gegeben, denn er tut nichts um sonst. Wenn sie ihre Vernunft gebrauchen sollen, so soll sie sich gewiß den höchsten Dingen zuwenden und sich mit dem Wichtigsten beschäftigen, das es gibt, also mit der Religion. (H 197)

Die Frau ist nicht nur zu spekulativem Denken befähigt, sondern dies aufgrund ihrer gesellschaftlich erzwungenen zurückgezogenen Lebensführung in höherem Maß als der Mann. Astell selbst weitet die somit beanspruchte weibliche Denk-Autorität großzügig aus, indem sie in der umfangreichen Schrift nicht nur ihre religiös fundierte Epistemologie ausbaut, sondern diese bis in deren konkrete kirchenpolitische und politische Konsequenzen hinein diskutiert. Insbesondere wendet sie sich gegen das folgenschwere Unternehmen von John Locke und Erzbischof Tillotson, den Anglikanismus zu einer Vernunftreligion umzudeuten, und besteht auf dessen metaphysischer Begründung.

Geschlechterordnung und politische Ordnung
Wiederum in einem umfassenden theoretischen Horizont thematisiert Astell
in der Streitschrift „Some Reflections upon Marriage" die Beziehungen zwischen Frau und Mann in ihren ehelichen und vorehelichen Geschlechterrollen.
Von einem religiösen Kernbereich aus werden für Familie und Staat analoge
Normen geltend gemacht. Grundsätzlich bejaht Astells Schrift die Ehe als Einrichtung, da sie von Gott gewollt ist und die menschliche Nachkommenschaft
absichert. Nach Maßgabe ihres christlich-konservativen Denkens entspräche
sie in ihrer positiven Form einem wohlwollenden, verantwortungsbewußten
aufklärerischen Absolutismus: der Mann würde seine Machtsituation als Ver-
pflichtung begreifen. Wie das Volk nicht für den König, so sei die Frau von
Gott nicht für den Mann geschaffen, sondern zu höheren Zwecken, die der
Souverän bzw. Ehesouverän folglich zu fördern habe.

Allerdings legt der Text in vielseitiger Illustration dar, daß in der gegebenen
gesellschaftlichen Situation die Ehe ausschließlich männlichem Egoismus zu-
dient. Männer kommen durch Heirat bequem in den Besitz eines Vermögens;
zugleich gewinnen sie einen unbezahlten Ober-Diener (*Upper-Servant*, H 130),
der sie materiell umsorgt und ihren Launen schmeichelt. Die Herrschaftssitua-
tion der Ehe gleicht der einer politischen Tyrannei: grenzenloser Willkür auf
der einen entspricht rückhaltlose und rechtlich nicht einschränkbare Unterwerfung auf der anderen Seite. Dennoch ist aus naheliegenden Gründen keiner
der berühmten englischen Freiheitskämpfer (denen Astell als 'Königsmördern'
ohnehin mißtraut) gegen diese Art von Sklaverei und für ein weibliches Wider-
standsrecht zu Feld gezogen:

> Ich vermute, es gibt keinen Mann, dem dieser Zustand nicht sehr gelegen kommt; Will-
> kürherrschaft auf einem Thron mag noch so sehr verabscheut werden, aber nicht einmal
> Milton selbst würde die Freiheit für die armen *weiblichen Sklaven* ausrufen, oder für die
> Rechtmäßigkeit des Widerstands gegen private Tyrannei plädieren. (H 102)

Während Astell andernorts den ideellen Wert der Freundschaft zwischen
Frauen begeistert feiert, verliert sie im neuen Kontext kein Wort über das mögliche Glück einer Freundschaft oder Liebe zwischen Frau und Mann. Das dra-
stische Machtgefälle zwischen den Eheleuten bringt unvermeidlich die Frau in
eine menschlich entwürdigende Situation. Allein dadurch, daß sie ihre Ernied-
rigung als religiöse Prüfung auf sich nimmt und die Zeit ihrer Vernachlässi-
gung zu religiösem und philosophischem Selbststudium nützt, könne sie dem
Ehestand einen Wert abgewinnen.

Die Autorin vermittelt ihre illusionslose Ehebotschaft in doppelter, genus-
und genrebedingter Überfremdung. Als Satire darf die Schrift gegen das aufklärerische Postulat logischer Stringenz verstoßen und vielseitig attackieren, als
vorgeblicher Text eines Mannes geschlechtsspezifische Begrenzungen weibli-

chen Schreibens ignorieren und die *Arcana Imperii* (H 70) der Männerherr-
schaft aufdecken. In Sachen des Geschlechterstreits, in dem jeder Mensch Partei
ist, wirkt sich ein fiktiver Geschlechtswechsel massiv auf die Aussage aus. Im
vorliegenden Fall wird, wo in Wirklichkeit eine Frau die Männer einseitig an-
klagt und die Stellung der Frau ebenso einseitig beklagt, der Anschein erweckt,
daß ein männlicher Sprecher sein *insider*-Wissen zur Erbauung und Ermahnung seiner Geschlechtsgenossen preisgibt und sich andrerseits ritterlich und
zugleich in wohlverstandenem Eigeninteresse für das schwache Geschlecht ein-
setzt, dessen Benachteiligung zu übertreiben er keinen Anlaß haben dürfte.

Die „Reflections upon Marriage" geben sich als spontane Reaktion auf einen
aristokratischen Eheskandal der Zeit und fügen sich in eine lebhafte Ehediskus-
sion ein, die die ganze Spanne zwischen Miltons hierarchischer Imagination
(„He for God only, She for God in Him") und der vernunftbestimmten sexuellen Emanzipation des Restaurationsdramas ausschöpfte. Das ‚tyrannische' Modell wurde 1700 von dem nonkonformistischen Geistlichen John Sprint in
einem Brautführer („The Bride's Counsellor") aufs neue den Frauen nahege-
legt und von Lady Mary Chudleigh mit „The Ladies Defence" (1701) prompt
attackiert. Chudleigh nützt bereits die Argumente aus Astells „Reflections".
William Nichols bestätigt wiederum das repressive Modell 1701 in „The Duty
of Inferiours Toward their Superiours", und diese Schrift, auf die Astell sodann
Bezug nimmt, dürfte ein Anlaß für ihre erneute und nun feministisch kompro-
mißlosere Einmischung in den Ehestreit gewesen sein, den sie mit dem „Preface" zur dritten Auflage ihrer „Reflections" vollzieht.

Als polemischen Einstieg in das „Preface" nimmt sie den Vorwurf, daß sie
mit den „Reflections" die Frauen zum Widerstand gegen den ehelichen Gehorsam angeregt habe. Wortwörtlich richtig – wenn auch nicht, was die Implikationen ihrer Argumentation betrifft – behauptet sie, im Gegenteil weibliche
Unterordnung unterstützt zu haben. Allerdings habe sie diese Unterordnung
nicht, wie manche männliche Autoren, in natürlicher Minderwertigkeit, *Natural Inferiority*, begründet. Eine solche Auffassung verstoße gegen alle Ver-
nunftregeln – oder zumindest gegen alle die, die sie in ihrem eigenen Verstand
vorfindet. Das Inferioritätsdogma läßt sich auch nicht mit der Tatsache in Einklang bringen, daß in England inzwischen eine Königin, Anna I. (1702–1714),
regiert und damit eine Frau allen englischen Männern übergeordnet ist; dies zu
leugnen sei Hochverrat. Ebensowenig wie von *Reason* kann man das Unterord-
nungsgebot vom Offenbarungswissen ableiten – es sei denn, man verwechselt,
wie es die misogyne Theologie zu tun pflegt, biblische Fakten mit Normen,
göttliche Vorhersagen mit göttlichen Vorschriften. Vielmehr seien das Alte und
Neue Testament reich an Beispielen segensreicher weiblicher Führerschaft (es
werden die vielen Belege angeführt, die die Frauenverteidigungsschriften seit
jeher gebracht haben). Vor Gott sind alle Menschen gleich und gleich abhängig:

Die Beziehung zwischen den beiden Geschlechtern ist eine wechselseitige und ihre Abhängigkeit gegenseitig; beide aber sind gänzlich von Gott abhängig und allein von ihm, was, so würde man denken, kein großartiges Argument für die naturgegebene Minderwertigkeit eines der Geschlechter liefert. (H 74)

Wenn man unbedingt die Bibel herbeizitieren muß in einer Frage, die die Vernunft selbständig klären kann, so ergibt sich für den egalitären Anspruch der Frauen: „Die Bibel ist für, und nicht gegen uns" (H 84).

Wieder wird intensiv mit der Analogie von Familien- und Staatsordnung gearbeitet. Nachdem mit Anna eine Tochter Jakobs II. den Thron bestiegen hat, ist die Legitimität des Königshauses für Astell wiederhergestellt. Die mit der Revolution von 1688 erworbenen staatsbürgerlichen Rechte werden nun auch von den Konservativen als nationale Errungenschaft akzeptiert, durch die sich die Briten positiv von anderen Ländern, vor allem vom absolutistischen Frankreich unterscheiden. Mit der Verschiebung der politischen Norm verändert Astell auch ihre Ehelehre retrospektiv zu dem Unternehmen, den Frauen zu ihren urenglischen freiheitlichen Rechten zu verhelfen:

mit englischem Mut und in englischem Geist setzte sie sich für die fast verlorene Sache ein, nicht mit der Absicht, jemandem zu schaden oder anderes als das Gemeinwohl zu erstreben, sondern in der Hoffnung, soweit als möglich den Zustand der ursprünglichen Freiheit, der Rechte und Privilegien des [weiblichen] Untertanen wiederherzustellen. (H 70)[13]

Ihre Kritik gilt nun vorrangig den politischen Theoretikern ihrer Zeit, die mit John Locke eine viel weitere Liberalisierung fordern als sie selbst für richtig hält und die englische Verfassung vorsieht. Wieso bestreiten solche Leute nicht, wo es sich doch beim Ehemann eindeutig um einen gewählten, in gegenseitigem Einvernehmen bestimmten Herrscher handelt, entsprechend ihrer Vertragstheorie den Anspruch auf dessen absolute Macht? Warum vergessen sie deren weibliche Hälfte, wenn sie die Menschheit für grundsätzlich frei erklären? Astells Auffassung nach sind 100 000 Haustyrannen ein größeres Übel als ein tyrannischer König. Das *if* als linguistische Streitwaffe, die die Whig-Philosophen auf einen Feminismus verpflichtet, der für ihr eigenes konservatives Denken zu radikal wäre, wird von Astell ausgiebig genützt: „*If all Men are born free*, how is it that all Women are born slaves?" (H 76)[14]

Die Ehe, wie sie in ihrer Gesellschaft praktiziert wird, dient also gemäß Astell dazu, die falsche Annahme einer grundsätzlichen Ungleichheit zwischen den Geschlechtern institutionell zu sichern. Astell geht wiederum nicht so weit, explizit zur Revolte aufzurufen, doch mag sie sich von der sarkastischen Bemerkung, Ehefrauen seien aufgrund langer Gewohnheit zum Widerstand nicht in der Lage und würden nur darauf achten, daß ihre Ketten ihnen gut stünden, einen provokativen Effekt erhofft haben. Als einzige Legitimation für die Un-

terordnung der Frau ist ein schwaches, rein pragmatisches Argument übrig-
geblieben: einer müsse in einer funktionierenden Gemeinschaft dem anderen
nachgeben, und nachdem in ihrem Kulturkreis die Männer ihre Vorrangstellung in der Ehe mit der Macht des Stärkeren durchgesetzt haben, könne man
diesen Zustand zweckmäßigerweise vielleicht vorerst beibehalten. Zu anderen
historischen Zeiten und in anderen Kulturen würde allerdings, und zwar mit
mindestens ebenso gutem Ergebnis, die umgekehrte Regelung praktiziert. Auch
in ihrem eigenen feministischen Zukunftsentwurf für die Regierungszeit von
Königin Anna und darüber hinaus sieht Astell das weibliche Unterordnungs-
verhältnis bereits aufgehoben in den „Millenium Days" einer öffentlichen
weiblichen Mit-Herrschaft. Das „Preface" endet mit einer Hymne auf diejenigen Frauen, die, legitimiert durch die Frau auf dem Thron und von dieser unterstützt, die wissenschaftlich-progressivistischen, politisch kolonialistischen
und missionarischen Expansionsbewegungen des englischen 18. Jahrhunderts
tatkräftig mittragen werden. Auch die phallogozentrische Imagination ist für
Astell kein Vorrecht des aufklärerischen Mannes.

Cartesianische Philosophie und anglikanische Theologie erscheinen auf den
ersten Blick eine wenig geeignete Basis für feministisches Engagement. Astell
jedoch antizipiert mit ihrer revisionistischen Bibellektüre bereits heutige Ansprüche von Theologinnen auf ein gleichberechtigtes Mitspracherecht der Frau
in der Kirche. Sie unterläuft das im anglikanischen Eheritual verankerte weibliche Gehorsamsgebot, indem sie der Unterordnung eine bloß vorläufige, rein
praktische Legitimation zuerkennt. Aus der religiösen Gleichheit aller Menschen vor Gott schließt sie auf die grundsätzliche Gleichheit der Geschlechter.
Gegen diese religiöse Wahrheit ist durch einen historischen Prozess männlicher
Machtanmaßung grob verstoßen worden. Der cartesianische Dualismus hat,
wie der heutige Feminismus hervorhebt, in der Assoziation von Mann und
Geist, Frau und Körper das frauendiskriminierende Zweigeschlechtermodell
mitbegründet. Astell hingegen interpretiert dieselbe Lehre in männerbenach-
teiligender Weise anders: aufgrund ihrer Lebensumstände, so befindet sie, kann
sich die Frau dem Geistesleben konzentrierter und intensiver widmen als der
Mann, denn dieser muß sich im öffentlichen Leben engagieren, welches von
Eitelkeiten, Leidenschaften und materiellen Interessen geprägt wird. Die weiblich assoziierte *private sphere* ist somit von der Seele, die männlich assoziierte
public sphere vom Körper beherrscht.

Daß mehrere ihrer Schriften, nämlich beide Teile des „Serious Proposal to
the Ladies" und „The Christian Religion as Profess'd by a Daughter of the
Church", primär über die Frau handeln und für weibliche Leser bestimmt sind,
gibt Astell als Geste der Selbstbescheidung aus: „Ich mische mich nicht in Män-
nerangelegenheiten ein" (H 197). Doch wenn sie aus der generellen Theologie
eine Theologie für Frauen, aus der generellen Philosophie eine Philosophie für

Frauen gewinnt, so verkehrt sie den Effekt der vormals allgemeinen und damit
primär auf den Mann bezogenen Aussagen in gar nicht bescheidener Weise,
denn das weibliche Subjekt wird damit zur Norm. Vor allem zur positiven
Norm, da Astell mit sprachlicher Artistik dazu neigt, den negativen menschlichen Ist-Zustand auf ein generisches *man* ('Mensch'), die positive Zielvision
hingegen auf *woman* zu beziehen, was daraufhin den Anschein erweckt, die
Restgruppe *man* im Sinne von 'Mann' müsse das hauptsächliche Subjekt aller
Verfehlungen sein.

   Die weibliche *wir*-Form, die Astells Texte durchzieht, ist ein stetes sprachliches
Zeichen ihrer weitgehenden Solidarität mit anderen Frauen. Sie entspricht
einer gelebten und geschriebenen Hochschätzung weiblicher Freundschaft,
einem unermüdlichen, wenn auch von verbindlichen zu sarkastischen Beleh-
rungsformen übergehenden Bestreben, Frauen zu der ihrer Überzeugung nach
einzig sinnvollen und glücklichen Existenz zu führen, und sie äußert sich in
ihrer Freude über geistige Leistungen anderer Frauen, selbst wenn diese, wie
Lady Mary Wortley Montagu, nicht ihre eigenen frommen Ziele verfolgen. Das
Bild guter und geistig hochqualifizierter Frauen steigert sich zum Wunsch-
traum einer elitären weiblichen Stoßtruppe im Dienste des weiblichen Souveräns, der ein bloßer Traum bleibt.

Jürgen Schlaeger

Lady Mary Wortley Montagu
(1689–1762)

Was für eine ungewöhnliche Frau Lady Mary Wortley Montagu war, blieb lange Zeit hinter den verleumderischen Charakterisierungen verborgen, die Alexander Pope und Robert Walpole – beide aus persönlichen Rachemotiven – noch zu ihren Lebzeiten in die Welt gesetzt hatten. Sie hatten ihr den Ruf und Nachruf einer Angehörigen des Hochadels angehängt, die sich zeitlebens nicht an die Regeln der Moral und an die Grenzen des für ihren Stand Schicklichen gehalten und sich darüber hinaus mit politischem Journalismus und literarisch vielseitiger Produktivität in die ureigensten Geschäfte der Männer eingemischt hätte. Dieses negative Image haftete ihr auch noch nach ihrem Tod an und überlebte so auch die Zeit, in der sie durch die posthume Veröffentlichung der „Turkish Embassy Letters" zu europaweitem Ruhm gekommen war. Erst Robert Halsbands 1956 publizierte Biographie „The Life of Lady Mary Wortley Montagu" korrigierte dieses verzerrte Bild und stellte sie als eine außergewöhnliche Frau vor, die immer wieder bewußt und entschlossen die Grenzen ihrer Zeit und ihrer Klasse überschritten hatte.

Geboren am 26. Mai 1689 als älteste Tochter von Evelyn und Mary Pierrepont wuchs sie nach dem frühen Tod ihrer Mutter bei ihrer Großmutter Elizabeth in West Deane in der Nähe von Salisbury auf. Im Alter von zehn Jahren nimmt ihr Vater, der inzwischen Earl of Kingston ist (und als bedeutender Whig-Politiker nach der Thronbesteigung Georgs I. Herzog von Kingston wird) sie bei sich auf und führt sie in die Londoner Gesellschaft ein. Lady Mary wird als lebhafter, wißbegieriger und diskussionsfreudiger Teenager beschrieben. Man erzählt sich, daß sie schon als kleines Kind in West Deane immer wieder die untergehende Sonne fangen wollte. Vielleicht kann man darin schon frühe Anzeichen für die Entwicklung einer Persönlichkeit sehen, die sich nie mit dem Üblichen zufrieden geben wird.[1] Als ihr Vater, Mitglied im Kit-Cat Club, einer Vereinigung von Whig-Anhängern und Literaten, sie einmal seinen Clubfreunden als Schönheit des Jahres präsentiert, ist sie außer sich vor Freude über diese 'Ehrung' und erinnert diese Episode später immer wieder als Augenblick intensivsten Vergnügens.[2]

Schon als Kind und Heranwachsende fühlt sie sich als etwas Besonderes, will sie herausragen und vergißt in ihren unzähligen Briefen nie zu erwähnen, wenn ihr besondere Aufmerksamkeit und besonderer Respekt zuteil werden.

Lady Mary bildet sich weitgehend selber mit Hilfe der umfangreichen Biblio-

thek ihres Vaters. Sie liest unablässig und lernt Latein. Im Alter von 21 übersetzt
sie aus dem Lateinischen das „Enchiridion" des Epiktetos; schon früh gefällt sie
sich in der Rolle der Autorin. Mit 16 schreibt sie Gedichte und Prosa, darunter
ein im Romanzenstil verfaßtes autobiographisches Fragment. Als sie ihren späteren Mann, Edward Wortley Montagu, 1710 kennenlernt, konstruiert sie ihre
Beziehung zu ihm ganz im Sinne literarischer Vorbilder als von der Umwelt
und den Konventionen behinderte Verbindung zweier Liebender.[3] In der Tat,
beide Familien waren gegen die Beziehung, weil sich bei den Verhandlungen
die unterschiedlichen Vorstellungen über die finanziellen Arrangements als
unüberwindlich herausstellten. Nach langem melodramatischem Hin und Her
heiraten sie schließlich heimlich und gegen den Willen der Eltern, als Marys
Vater ihr einen anderen Bewerber aufzwingen will. Dieses längere Auf und Ab
ihrer Werbungen mit wiederholten Erklärungen Lady Marys, daß die Beziehung beendet sei und sie sich mit ihrem Liebesschmerz in die Abgeschiedenheit eines kontemplativen Lebens zurückziehen werde, ist begleitet von essayi-
stischer Tätigkeit, in der beide, Wortley und Lady Mary, ganz im Sinne der
neuen bürgerlichen Liebeskultur gegen die im Adel üblichen „arranged mar-
riages", d. h. gegen das Verschachern von Töchtern an die Meistbietenden pole-
misieren. 1714 trägt Lady Mary ihre Gedanken zu diesem Thema sogar im
Spectator No. 573 zusammen, der einzigen Nummer dieser Zeitschrift, die von
einer Frau verfaßt wurde.[4]

Wortley ist elf Jahre älter als Lady Mary und ein hochgebildeter Mann. Als
Mary ihn kennenlernt, ist er bereits Speaker des House of Commons, mithin
eine Persönlichkeit mit erheblichem politischem Einfluß und mit Aussichten
auf eine brillante Karriere. Er hat Aussicht auf ein reiches Erbe und sogar auf
einen den Kingstons vergleichbaren Titel. Für ihn ist die Verbindung mit einer
Tochter des Herzogs von Kingston, einem sehr mächtigen Whig-Politiker, nicht
nur eine Frage des Herzens, sondern auch der Karriere. Auch Lady Marys Einstellung zu dieser für Frauen lebensentscheidenden Frage ist, so eindeutig sie
sich in ihrer essayistischen Tätigkeit auch auf die Seite freier Entscheidung in
Herzensangelegenheiten stellt, doch ambivalent. In einem Brief an Bischof
Burnet plädiert sie zwar für die freie Partnerwahl, bestreitet aber die gottge-
wollte Unterordnung der Frau unter den Mann nicht. Als Tochter eines Herzogs ist sie Teil der etablierten Ordnung und gehörte zu den Privilegierten.
Diese Privilegien leiten sich aus einer (gottgewollten) gesellschaftlichen Hierarchie ab. Ein Aspekt dieser Hierarchie ist die Unterordnung der Frau unter den
Mann. Dies grundsätzlich zu bestreiten, hätte auch ihre herausragende gesellschaftliche Stellung gefährdet. Das will sie trotz aller Emanzipationsbedürfnisse
offenbar nicht. So lebt sie ein Leben lang in dem Zwiespalt zwischen sozialem
Konservatismus und aufgeklärtem bürgerlichem Individualismus, auch wenn
ihr Verhalten in keinem Punkt ein Zugeständnis an die Überlegenheit der

Männer erkennen läßt. Sie hielt in allem mit, und das oft genug ziemlich männlich-hemdsärmelig und mit harten Bandagen.

Im Dezember 1715 erkrankte sie an den Pocken, einer Seuche, an der zwei Jahre zuvor ihr Bruder gestorben war. Kurz nach ihrer Genesung schrieb sie traurig die folgende Zeile: „Meine Schönheit ist vergangen".[5] Die Krankheit überlebte sie mit vernarbtem Gesicht und wimpernlosen Augenlidern. Bis dahin hatte sie einen Ruf als Schönheit und als intelligente Frau, jetzt blieb ihr nach eigenem Verständnis nur noch ihr Talent und ihre gesellschaftliche Stellung.

Im April 1716 wurde bekannt, daß Wortley als Botschafter Sir Robert Sutton am türkischen Hof ablösen und zugleich als Repräsentant der Levant Company, die den Handel mit dem Nahen Osten kontrollierte, nach Istanbul gehen sollte. Dieses Angebot nahm der vorsichtige Wortley erst an, als Walpole ihm eine entsprechende Belohnung nach seiner Rückkehr in Aussicht stellte. Diese Ernennung sollte sich für Wortleys politische Ambitionen als Desaster erweisen. Für Lady Mary war die kurze Zeit in der Türkei hingegen nicht nur eine entscheidende Erfahrung, sondern auch die Grundlage für ihren posthumen Ruhm, denn sie verfaßte während dieser Zeit die berühmten „Turkish Embassy Letters", Briefe, die in der Detailliertheit der Beobachtungen türkischer Sitten und Gebräuche beredtes Zeugnis ablegen von der Schärfe ihrer Beobachtung, ihrer unbändigen Neugier und ihrer Fähigkeit, die Voreingenommenheiten des westlichen Blicks zu durchschauen. Auch brachte sie von dort Kenntnisse über die im osmanischen Reich praktizierte Pockenschutzimpfung mit, ließ sie an ihren eigenen Kindern vornehmen und verschaffte der im Prinzip in England schon bekannten, aber heftig umstrittenen Behandlungsmethode Akzeptanz trotz andauernder Anfechtungen von Seiten der politischen Opposition und einer Männerwelt, die einer Frau rationales Handeln, zumal im Bereich der Medizin, nicht zutraute.

Auf der langwierigen Reise in die Türkei über Köln, Nürnberg, Regensburg, Wien mit einem Abstecher nach Hannover praktizierte Lady Mary ihr Talent als Briefschreiberin, indem sie an jedem Ort, den sie besuchte, ihre Eindrücke, Beobachtungen und Begegnungen genau beschrieb und mit meist sicherem Urteil und in vergleichender Perspektive bewertete. Sauberkeit und Wohlstand der Niederländer, die Schäbigkeit der deutschen Kleinfürstentümer, demgegenüber die Gediegenheit der freien Reichsstädte wie Nürnberg und Regensburg analysiert sie mit präzisem Zugriff. Zeigte sich hier schon ihre Begabung, das Auge sprechen und den klaren Verstand urteilen zu lassen, so zeugen die Briefe, die sie aus Konstantinopel schrieb, von einem ethnographischen Aufklärungsdrang, der für ihre Zeit ganz ungewöhnlich war. Statt, wie so viele andere reisende Zeitgenossen, mitgebrachte, oft angelesene Vorurteile bestätigt zu finden, entwickelt sie eine Sicht der Lebensweise der türkischen Oberschicht, die allem widerspricht, was damals allgemeine Überzeugung im Westen war. Aus ihrem anderen Blick erscheint die Rolle der türkischen Frauen als frei und ideal verglichen mit der Sklaverei der Frauen in England, die wie Vieh verkauft werden, keinen Respekt genießen und nach der Heirat und ein paar Kindern von ihren Männern meist schändlich vernachlässigt werden: „Im großen und ganzen betrachte ich die türkischen Frauen als die freiesten Menschen im Reich.“[6]

Sie informiert sich, wo immer sie kann, über den Islam, über die Kultur und Literatur im osmanischen Reich, über seine Geschichte, sein Rechtswesen, seine Heiratsbräuche und vieles andere mehr. Sie lernt Türkisch und pflegt Freundschaften mit Ladies der oberen Gesellschaftsschicht, um deren Lebensgewohnheiten und Ansichten kennen zu lernen und zu verstehen. In dieser Zeit korrespondiert sie auch eifrig mit Pope und anderen Freunden daheim. Ihr Drang zur Mitteilung wird in der Konfrontation mit dem Anderen, Exotischen eher noch stärker. Pope, wohl verliebt in sie bis über beide Ohren, schickt ihr seinen Brief in Versen „Eloisa to Abelard“ mit dem andeutungsvollen Kommentar: „Du wirst darin eine Passage finden, bei der ich nicht sagen kann, ob ich möchte, daß du sie verstehst oder nicht.“[7]

Außerdem fügte er zwei Gedichte voller Trauer über ihre Abwesenheit an. In den Versen „To the Memory of an Unfortunate Lady“ klagt er anspielungsreich über den Tod einer Verehrten im Ausland, die den Mann, den sie liebte, nicht heiraten konnte. Daß Lady Mary wußte, wie sehr Popes Freundschaft über ihre gemeinsamen intellektuellen und literarischen Interessen hinausging, das lassen ihre handschriftlichen Kommentierungen zu seinem Versbrief „Eloisa to Abelard“ erahnen. Dort markiert sie mit „mine“ die Passage, in der es heißt:

> Laß mich verliebt an Deinen Busen sinken
> Und köstlich Gift aus Deinen Augen trinken.[8]

Popes Leidenschaft für Lady Mary, nicht nur aus Seelenverwandtschaft gespeist, sondern vielleicht auch aus der irrigen Annahme, ein Mensch mit einem entstellten Gesicht müßte etwas für einen Menschen mit einem entstellten Körper übrig haben (Pope hatte eine Rückgratverkrümmung und war weniger als 1,50 m groß), steckt wahrscheinlich auch hinter dem späteren Zerwürfnis ihrer Beziehung, nachdem ihr Verhältnis durch die Nachbarschaft in Twickenham nach ihrer Rückkehr aus Konstantinopel zuerst noch enger wurde, bis sich alles ins Gegenteil verkehrte und Pope Lady Marys Reputation in der „Dunciad“ und anderen satirischen Gedichten schweren Schaden zufügte.[9]

Nichtiger Anlaß für dieses Zerwürfnis war, wie eine Quelle behauptet, die Rückgabe geliehener Bettwäsche, ohne sie gewaschen zu haben. Wahrscheinlicher und der Giftigkeit von Popes Attacken auf Lady Mary angemessener erscheint jedoch jene Version, die den Bruch auf eine leidenschaftliche Liebeserklärung Popes zurückführt, die Lady Mary mit lautem Gelächter quittiert haben soll. Was auch immer der Anlaß gewesen sein mag, die mit allen gängigen Mitteln der literarischen Verunglimpfung vorgetragenen Attacken Popes schadeten ihrem Ruf beträchtlich – nicht zuletzt, weil er die Vorbehalte des Publikums gegen intellektuelle Ladies bediente und sie sich wegen ihrer herausragenden Stellung als Angehörige des Hochadels mit vielen engen Bindungen zum Hof nicht direkt und öffentlich gegen diese Verleumdungen zur Wehr setzen konnte. Trotzdem hat sie mit Hilfe ihrer Freunde, darunter insbesondere Lord Hervey, getan, was sie konnte und ganz und gar nicht mit dem Feingefühl einer Lady kräftig dagegengehalten.

Im Herbst 1718 waren Wortley und Lady Mary wieder zu Hause. Wortley, der nach Auffassung aller Beteiligten bei der Vermittlung eines Waffenstillstands zwischen den kriegführenden Parteien Österreich und Türkei zu sehr und unbeirrbar die türkische Position vertreten hatte, war vorzeitig abberufen worden und kehrte nach England zurück. Seine Hoffnungen auf eine weitere politische Karriere erfüllten sich nicht. Er blieb zwar lange Parlamentsabgeordneter, konzentrierte aber seine Energien doch nach dieser Enttäuschung mehr und mehr auf die Vermehrung seines Besitzes.

Lady Mary stürzte sich nach ihrer Rückkehr ins intellektuelle Getümmel. Pope, Addison, Gay, Swift, Steele und andere literarische Größen der Zeit bildeten den Zirkel intellektueller Freunde, den Lady Mary um sich versammelte und mit dem sie sich austauschte. Pope beauftragte sogar den damals schon bekannten Maler Kneller, für ihn ein Portrait Lady Marys anzufertigen, das er an einem prominenten Platz in seinem Haus in Twickenham aufhängte und das dort auch hängen blieb, als ihr Verhältnis schon zerrüttet war.[10]

Wortley hatte für Lady Mary in Twickenham ein Haus gekauft. Dort etablierte sie sich und machte dieses Refugium abseits der Hektik Londons zum Zentrum der Begegnung von Sängern, Schauspielern, Intellektuellen und Literaten. Man kann durchaus sagen, daß sie bei sich in Twickenham einen Salon etablierte und sich damit zu einer wichtigen Schaltstelle für den geistigen Austausch mit Künstlern, Literaten und Intellektuellen aus vielen Ländern Europas machte.

So bekannte Persönlichkeiten wie der Abbé Antonio Conti, Joseph Addison, Sir Richard Steele, William Congreve, John Gay, Dr. Arbuthnot, der Maler Charles Jervas und natürlich Pope, der gleichfalls ein Haus in Twickenham hatte, trafen sich bei Lady Mary.

Pope bereitete gerade den ersten Band seiner „Iliad"-Übersetzung für den Druck vor. Im Sommer 1715 hatte Lady Mary mit ihm schon einen intensiven Briefwechsel begonnen. Zusammen mit John Gay und unter Hilfestellung von Pope hatte sie drei satirische Stadteklogen verfaßt, von denen zwei fast vollständig aus der Feder Lady Marys stammten. Diese Satiren wurden zunächst nicht veröffentlicht, denn es ziemte sich nicht für eine Angehörige des Hochadels, sich auf dem Buchmarkt als Autorin und dazu noch mit einer so aggressiven Gattung zu präsentieren.

Nachdem sie von ihrer schweren Krankheit genesen war, schrieb sie drei weitere Stadteklogen. Diese Gedichte fielen dem wegen seiner zweifelhaften Praktiken und sensationellen Publikationen berüchtigten Verleger Curll in die Hände. Er veröffentlichte sie, ohne den Namen von Lady Mary als Verfasserin zu nennen. Aber jeder wußte, wer gemeint war mit „A Lady of Quality", deren Feder diese Gedichte zugeschrieben waren.[11]

So gewann Lady Mary nach ihrer Rückkehr nach England langsam den Status eines Stars in der intellektuellen und literarischen Szene Englands. Sie war für viele Zeitgenossen die Verkörperung einer „witty woman", d.h. einer gebildeten und redegewandten Frau, die mit ihren männlichen Zeitgenossen mithalten konnte. Weiter erhöht wurde ihr Bekanntheitsgrad durch die Veröffentlichung einer Druckgraphik, die sie im türkischen Gewand mit einem Buch in der Hand zeigte. Dieser Druck war untertitelt mit „Lady M-y W-r-t-l-y M-n-t-g-e. The Female Traveller." Dem Bild war ein Vierzeiler beigefügt, der ihren Anspruch auf Gleichstellung mit den Männern artikulierte:

> Oh Männer, die stolz Ihr Euch klüger dünkt
> Lest, hört und lernt, wie man vom Kelch der Demut trinkt
> Euren Anspruch auf höhre Weisheit, den gebt auf
> Bestenfalls habt Ihr's wie die M-nt-g-e drauf.[12]

Als ihr Brief an den Abbé Conti, den sie ihm aus Konstantinopel geschrieben hatte und der zu den klügsten und stilistisch perfektesten der „Embassy Letters" gehört, ohne ihre Zustimmung veröffentlicht wurde und dazu noch einige Zeit später die Gedichte, die sie dort geschrieben hatte, war ihr Ruf als ernstzunehmende Schriftstellerin fest etabliert. Diese Phase ihres Lebens kann neben der Zeit am osmanischen Hof als erster Höhepunkt ihrer Reputation in England angesehen werden.

In den zwanzig darauffolgenden Jahren baute sie ihren Ruf als gewichtige Stimme im Konzert der intellektuellen und politischen Meinungsäußerungen aus, sie geriet dadurch aber auch zunehmend in den Mahlstrom der literarischen und politischen Auseinandersetzungen. Dies hatte vor allen Dingen etwas zu tun mit ihrem Verhältnis zu Pope und mit ihrer Zugehörigkeit zu einer prominenten Whig-Familie und den entsprechenden politischen Zirkeln. Ihre enge Freundschaft zu Pope zerbrach und mündete in einen satirischen Schlagabtausch, in dem Pope auf Grund seines größeren Renommees und der sehr viel größeren Verbreitung seiner Schriften den Ton angab. Dazu kam noch zu Lady Marys Nachteil eine undurchsichtige Affäre um eine für einen engen französischen Freund (Rémond) vorgenommene Investition in die South Sea

Company, die nach einer Zeit des spekulativen Fiebers zusammenbrach und als South Sea Bubble und einer der frühesten Börsenskandale in die Geschichte eingegangen ist.[13]

In einem Klima wachsender Verdächtigungen und anonymer Attacken blieben alle möglichen Unterstellungen an ihr hängen, die keine Basis in der Realität hatten. Skandale, reale und ausgedachte, wurden ihr angedichtet und, soweit es rekonstruierbar ist, hielt sie kräftig dagegen durch satirische Verseschmiederei und anonyme Attacken auf ihre Gegner. Dabei können ihre herausragende gesellschaftliche Stellung und die Tatsache, daß sie als Frau beanspruchte, in allem mit den Männern mithalten zu können, als Gründe dafür genannt werden, warum sie ein bevorzugtes Ziel der Grubstreet Literatur, der Schundliteratur wurde. Daß Pope sich dazu herabließ, ihr zu unterstellen, sie habe ihren französischen Freund nicht nur um Geld betrogen, sondern ihm auch noch eine Geschlechtskrankheit angehängt, zeigt, in welchen Niederungen sich dieser Streit bewegte.

Auch die Reaktion auf ihr Engagement für die Pockenschutzimpfung zeigt, wie umstritten sie in der Rolle war, die sie sich in den Augen vieler Zeitgenossen angemaßt hatte. Sie wagte nämlich damit, eine traditionelle Männerdomäne zu betreten. Ihr Mut wurde ebenso gelobt wie ihr Anspruch auf medizinisches Wissen bestritten wurde. Als unwissende Frau trete sie ohne Erfahrung und Expertise für eine höchst problematische Behandlungsmethode ein. Gegen diese Vorwürfe setzte sie sich in der Öffentlichkeit, aber anonym, zur Wehr in einem Artikel mit dem Titel „A Plain Account of the Innoculating of the Small Pox by a Turkey Merchant".[14] Erst als Prinzessin Caroline sich bereit erklärte, ihre Kinder impfen zu lassen, und ein bekannter Arzt statistische Evidenz darüber vorlegte, wie erfolgreich diese Schutzimpfung war, ließ die Kritik an ihr in Sachen Pockenschutzimpfung nach.

Daß sich Lady Mary nicht durchgängig und mit Leidenschaft die Sache der Frauen mit ihrer offensichtlichen rechtlichen und bildungsmäßigen Benachteiligung zu eigen machte, hat sicher etwas mit ihrer gesellschaftlichen Stellung und mit der Tatsache zu tun, daß Wortley ihr weitgehend freie Hand im Arrangieren ihrer Angelegenheiten ließ. Dennoch zeigte sie großes Interesse an allen Fragen, die die Rolle der Frau in der Gesellschaft berührten. Sie war befreundet mit Mary Astell, einer frühen Protagonistin des Feminismus. Lady Mary zeigte ihr bei einem Besuch das Manuskript der „Embassy Letters" und Mary Astell war so beeindruckt davon, daß sie ein Vorwort schrieb und Lady Mary aufforderte, diese „Letters" der Öffentlichkeit zugänglich zu machen. Lady Mary hatte aber beschlossen, dies nicht zu Lebzeiten zu betreiben, wohl in der Befürchtung, daß eine so private Form der Äußerung nicht mit ihrer sozialen Stellung zu vereinbaren war.[15]

Hier zeigt sich wieder eine Spannung, die ihr ganzes Leben durchzieht: ihr

ausgeprägtes, von Herkunft und Stellung bestimmtes, traditionelles Rollenver-
ständnis auf der einen Seite und ihre individuellen, eher bürgerlichen Vorstellungen von Selbstbestimmung und Freiheit auf der anderen. Diese Spannung
sollte sie schließlich zu dem Entschluß treiben, England zu verlassen und sich
auf die Suche nach einem Ort zu machen, an dem beide Seiten ihrer Persönlichkeit weitgehend konfliktlos nebeneinander existieren konnten. Als diesen
Ort wählte sie Venedig.

Bevor es jedoch zu dem Entschluß kam, ins intellektuelle und lebensweltliche Exil zu gehen, bedurfte es noch eines positiven Anreizes. Dieser Anreiz
war Francesco Algarotti.[16]

Im Frühjahr 1736 im Alter von 47 Jahren machte Lady Mary die Bekanntschaft dieses jungen Italieners während seines ersten Englandbesuches. Ihre Begegnung erwies sich als dramatischer Wendepunkt in ihrem Leben, denn sie
entwickelte eine Neigung für Algarotti, in die offenbar alle ihre bis dahin unerfüllten emotionalen Sehnsüchte einflossen. Die Tiefe ihrer Verfallenheit und die
Details ihrer Beziehung blieben wie so vieles andere bis zur Veröffentlichung
von Robert Halsbands Biographie im Jahre 1956 weitgehend im dunkeln.

Der bemerkenswerte junge Mann und das Objekt ihrer Begierde, Francesco
Algarotti, war 1712 als Sohn eines venezianischen Kaufmanns geboren worden
und hatte trotz seiner Jugend bereits eine brillante wissenschaftliche Karriere
an der Universität Bologna hinter sich, als er England das erste Mal besuchte.
Er war offenbar ein sehr attraktiver junger Mann mit androgynem Äußeren
und bisexuellen Neigungen, der seine Attraktivität ohne Hemmungen zur Förderung seines Fortkommens in der Welt einsetzte.

In weniger als zwei Wochen hatte er nicht nur Lady Marys Herz erobert, sondern auch das ihres engsten Freundes, des männerfixierten Lord Hervey. Sie
entwickelte, wie sie später zugab, „eine wilde Leidenschaft" für Algarotti und
schickte ihm herzzerreißende Briefe und Verse in großer Zahl:

> Du holder Jüngling sollst mein Apollo sein
> Schmück meinen Vers, stimm meine Seel auf Liebe ein.[17]

Es muß Lady Mary klar gewesen sein, daß diese Romanze nicht auf der Londoner Bühne zur Erfüllung gebracht werden konnte, sondern daß für die ersehnte Zweisamkeit zwischen einer 47jährigen Aristokratin und einem 24jähri-
gen intellektuellen Glücksritter ein anderer Ort gefunden werden mußte. Sie
schlug ihm deshalb vor, getrennt nach Venedig zu reisen, um sich dort später zu
vereinigen. Eine Woche vor ihrer Abreise schreibt sie an ihn: „Ich verlasse England, um Dich zu suchen. Ein solcher Beweis ewiger Bindung braucht keine
Ausschmückung durch Worte. Ich treffe Dich in Venedig."[18]

Und am Vorabend ihrer Reise: „Wenn ich Dich bei unserem Wiedersehen als
den treffe, der Du mir zu sein geschworen hast, dann werde ich elysische Gefil-

de und ein Glück finden, das alle Vorstellung übersteigt (...). Wenn Du mich entschädigen willst für alles, was ich opfere, dann eile zu mir nach Venedig, wo ich mich so bald wie möglich einfinden werde."[19]

Daß sie auch in diesen emotional entscheidenden Jahren ihres Lebens sich nicht auf ihre privaten Probleme zurückzog, sondern weiterhin am öffentlichen Leben, den literarischen und politischen Debatten teilnahm, das zeigt ihr politisch ambitiösestes Projekt, ein Wochenblatt mit dem Titel „The Nonsense of Common-Sense", mit dem sie Walpoles Regierung gegen die Angriffe der Opposition in deren Wochenblatt „Common Sense" zu verteidigen suchte. Wiederum anonym, brachte sie im Alleingang acht Nummern heraus, bevor das Blatt wohl aus Mangel an Interesse auf Seiten des Publikums eingestellt wurde.[20]

Den Plan, ins Ausland nach Venedig zu gehen, setzte sie 1739, also drei Jahre, nachdem sie Algarotti kennen gelernt hatte, in die Tat um. Wortley, ihren Mann, ließ sie in dem Glauben, sie reise in den Süden um ihrer Gesundheit willen. Ihre Ehe bestand ohnehin nur noch pro forma, so daß Lady Marys Entscheidung, nun auch ihre eigenen Wege zu gehen, nur konsequent war und bei Wortley auf keinen Widerstand stieß. Ihr Sohn hatte sich schon lange der Kontrolle seiner Eltern entzogen und ihre Tochter Mary hatte 1736 John Stuart, den dritten Earl of Bute (und späteren Premierminister) geheiratet. Auch von der Vormundschaft für ihre geistig verwirrte Schwester Lady Mar war sie entlastet, so daß familiäre Gründe ihrer Abreise nicht mehr im Wege standen. Sie sollte erst nach 22 Jahren (1762) in ihre Heimat zurückkehren, um noch im selben Jahr dort zu sterben.

Die Briefe, die sie Algarotti von unterwegs und dann aus Venedig schickte, zeigen uns eine Lady Mary, wie wir sie bis dahin nicht gekannt haben. Ihr Biograph Halsband bringt sein eigenes Erstaunen auf den Punkt: „Der Leser reibt sich ungläubig die Augen. Kann das die 47 Jahre alte Lady Mary sein, die spitzzüngige Gesprächspartnerin und Verfasserin mitleidloser Satiren?"[21]

Aber es gibt keinen Zweifel: hier entpuppt sich Lady Mary vor unseren Augen als leidenschaftliche Liebende, die ihren lang gesuchten Adonis gefunden hat, dessen Name unauslöschlich sich auf ihrer „marmornen Brust" eingeschrieben hat, wie sie es einmal selbst ausdrückte. Was für sie auf dem Spiel stand, das kann man schon aus den Briefen ablesen, die sie ihm kurz nach ihrer ersten Begegnung zu schreiben anfängt: „Ich weiß nicht mehr, wie ich Dir schreiben soll. Meine Gefühle sind zu heftig. Ich könnte sie weder erklären noch verbergen (...). Der bloße Gedanke, Dich wiederzusehen, gab mir einen Schock, während ich Deinen Brief las, der mich beinahe in Ohnmacht fallen ließ."[22]

Oder: „Was sicher ist, daß ich Dich mein ganzes Leben lang lieben werde trotz Deiner Launen und meiner Vernunft."[23]

Sie bittet und bettelt um Zuneigung, sie fleht und schmachtet und will lange nicht wahrhaben, daß dieser Traum einer späten Selbstverwirklichung wie die untergehende Sonne nicht eingefangen werden kann.

Je ausweichender und hinhaltender der opportunistische Algarotti sich verhält, um so heftiger werden ihre Liebeserklärungen und ihre Vorwürfe. Um ihn wiederzusehen schickt sie ihm sogar einen Wechsel, damit er seine Reise von Paris, wohin er nach seinem ersten Englandaufenthalt gefahren ist, bezahlen kann. Schließlich will sie aber eine Entscheidung erzwingen; sie bricht ihre Zelte zu Hause ab und macht sich auf den Weg nach Venedig, um ihn mit moralischem Druck dazu zu bringen zu tun, was er offenbar versprochen hat.

Die Frage, warum sie sich gerade Venedig als geeigneten Ort für die Erfüllung ihre Sehnsüchte ausgesucht hat, ist nicht zu leicht zu beantworten.[24] Vielleicht hat ihr Algarotti in den Stunden ihres trauten Zusammenseins in England von seiner Vaterstadt vorgeschwärmt, hat sie als Stadt laxer Moral und intellektueller Lebendigkeit, mithin als ideal für ihre Pläne geeignet beschrieben. Vielleicht erschien ihr diese dem Theatralischen geweihte Stadt instinktiv auch als die geeignete Bühne, auf der sie glaubte, die beiden Rollen – die Rolle als intellektuelle Aristokratin und die Rolle als liebende Frau – spannungsfreier ausagieren zu können.

Was auch immer die Gründe für ihre Wahl waren, sie verfolgte ihren Plan entschlossen. Einmal in Venedig angekommen, gefällt es ihr auch dann noch, als der treulose Algarotti den Lockrufen des jungen Königs Friedrich II. von Preußen folgt, anstatt der fast doppelt so alten Lady Mary nach Venedig nachzureisen.

Was sie in und an Venedig findet, beschreibt sie in den zahlreichen Briefen, die sie an Verwandte und Bekannte in England richtet. Es ist die Fluidität des gesellschaftlichen Lebens in der Lagunenstadt, die Tatsache, daß sie dort als hochgestellte Persönlichkeit hofiert wird, zugleich aber im karnevalesken Verkleidungsspiel sich *in cognito* bewegen kann, die Venedig für sie so attraktiv macht. Vielleicht erinnert sie diese orientalischste der westlichen Metropolen auch an ihre glücklichen Jahre in Konstantinopel. Freiheit von sozialen Zwängen ist der wiederkehrende Tenor in ihren Beschreibungen dessen, was Venedig ihr bietet: „Es ist hier die etablierte Mode für jedermann sein eigenes Leben zu leben und nichts ist lächerlicher hier, als die Verhaltensweisen anderer zu kritisieren."[25]

So kann sie vom intellektuellen Klima der Stadt profitieren und im übrigen ihr eigenes Leben leben – eine Möglichkeit, die sie in England nur gegen erhebliche Widerstände und nie ganz durchzusetzen vermochte.

1741 triff sie sich schließlich mit Algarotti in Turin und muß feststellen, daß ihr Traum vom späten Glück ausgeträumt ist. 1742 läßt sie sich für einige Jahre in Avignon nieder und widmet sich ihren intellektuellen Interessen, tritt aber auch für die Hugenotten ein, als diese Verfolgungen ausgesetzt waren. 1746 macht sie sich in Begleitung einer Zufallsbekanntschaft, des Grafen Hugolino Palozzi, auf den Weg zurück nach Venedig, bleibt aber wegen einer schweren Erkrankung in dessen Heimatstadt Brescia hängen – und dies für die nächsten zwölf Jahre. Graf Palozzi nutzt sie dabei schamlos aus, borgt ständig Geld von ihr, ohne es zurückzuzahlen, und stiehlt schließlich ihren gesamten Schmuck. Gerüchte darüber, daß sie vom Grafen quasi gefangen gehalten wird, kursieren und ihre Familie schickt reisende Bekannte vorbei, um nach ihr zu sehen. Was sie dazu veranlaßte, sich so lange in Brescia aufzuhalten und die Tricks und Betrügereien des Grafen zu ertragen, bleibt im dunkeln. Beweise dafür, daß sie die Liebe zu einem jungen Italiener nach deren Enttäuschung gegen die Gelegenheitsbeziehung mit einem anderen eintauschte, gibt es nicht.

1754 schließlich schaffte sie es, sich aus den Fängen des parasitären Grafen zu lösen. Sie läßt sich zuerst in Gottolengo nieder, bevor sie nach Venedig zurückkehrt. Besucher beschreiben sie dort je nach Einstellung als verbitterte Megäre (Sir Robert Walpole, der ihr die Freundschaft mit der Mätresse und späteren Frau seines Vaters, Maria Skerrett, nie verziehen hat) oder als immer noch scharfzüngige, lebhafte alte Dame. 1761 schließlich machte sie sich auf den Weg nach Hause, nachdem Wortley gestorben ist und ihr Sohn das Testament angefochten hat, in dem sein immens reicher Vater ihn nur mit einer kleinen Rente bedachte.

Kurz vor ihrer Überfahrt über den Kanal händigt sie dem Pfarrer Benjam in Sowden, den sie in Rotterdam kennen gelernt hat, das Manuskript ihrer „Embassy Letters" zur freien Verfügung aus. Am 28. Januar 1762 erreicht sie schließlich London, wo sie am 21. August desselben Jahres an Brustkrebs stirbt.

Ein großer Teil ihres literarischen Nachlasses überlebt, aber ihre umfangreichen Tagebücher werden von ihrer Tochter, Frau des britischen Premierministers Lord Bute, verbrannt. Die Familie kauft auch das Manuskript der „Embassy Letters" von Pfarrer Sowden für £ 500, um eine Publikation zu verhindern. Diese findet aber trotzdem statt, weil er, wie Sowden beteuert, das Manuskript zwei interessierten Engländern überlassen hatte, die es absprachewidrig einige Tage an sich genommen und wohl kopiert hatten. Diese Veröffentlichung begründet Lady Marys Nachruhm als eine der brillantesten Reisebriefautorinnen ihrer Zeit in ganz Europa.

Lady Marys Lebensweg, ihre Einstellungen, Lebensentscheidungen und Leistungen zeigen sie als Frau zwischen zwei Welten, zwei Lebensstilen. Auf der einen Seite lebt sie und verhält sich als Angehörige des Hochadels mit einem ausgeprägten Sinn für die eigene, herausragende gesellschaftliche Stellung und für das, was andere ihr dafür schulden. Außerdem hält sie sich an den damit für sie geltenden Verhaltenskodex, indem sie immer anonym zu bleiben versucht, wenn sie in öffentliche Debatten oder satirische Auseinandersetzungen eingreift. Diese doppelte Selbstbeschränkung als Angehörige des Adels und als Frau hindert sie aber nicht daran, beide damit gegebenen Grenzen von Anfang an konsequent zu überschreiten und die bürgerlichen Ziele – intellektuelle Neugier, umfassende Bildung und freie Meinungsäußerung sowie persönliches Glück – zu verfolgen. Intellektuell und literarisch konnte sie sich mit den Großen ihrer Zeit durchaus messen – zumindest kenntnisreich mitreden. Daß sie sich die Freiheit nahm, nach Beendigung ihrer Rolle als Ehefrau und Mutter im selbstgewählten Exil ihr persönliches Glück zu verfolgen, läßt die Ambivalenz und Spannung aufscheinen, die das facettenreiche Leben dieser bedeutenden Frau prägte.

Anhang

Anmerkungen
und bibliographische Hinweise

Zur Einführung: Shakespeares Schwestern

Anmerkungen

[1] Woolf, A Room of One's Own, S. 52.

[2] Thomas More, zitiert in Ballard, Memoirs of Several Ladies, S. 39.

[3] Vgl. zu dieser Problematik Jean-François Gilmont: Die protestantische Reformation und das Lesen, in: Roger Chartier/Guglielmo Cavallo (Hrsg.), Die Welt des Lesens. Von der Schriftrolle zum Bildschirm, Frankfurt/New York/Paris 1999, S. 313–349, sowie King, Frauen in der Renaissance, S. 163–172, S. 204 f.

[4] Davis/Farge, Renaissance and Enlightenment Paradoxes, S. 101 ff. und King, Frauen in der Renaissance, S. 197 ff.

[5] Vgl. dazu Hannay, Silent But for the Word.

[6] Vgl. zum Verhältnis von Autorinnen und Autoren Schabert, Englische Literaturgeschichte und den Sammelband The Renaissance Englishwoman in Print, hrsg. von Haselkorn und Travitsky.

[7] Siehe Crawford, Women's Published Writings, Hull, Chaste, Silent and Obedient sowie King, Frauen in der Renaissance.

[8] Mendelson/Crawford, Women in Early Modern England, und King, Frauen in der Renaissance.

[9] Zur *Querelle des Femmes* vgl. Gisela Bock/Margarete Zimmermann: Die europäische Querelle des Femmes in Europa. Eine begriffs- und forschungsgeschichtliche Einführung, in: dies. (Hrsg.), Querelles – Jahrbuch für Frauen- und Geschlechterforschung, Bd. 2, Die europäische Querelle des Femmes, Geschlechterdebatten seit dem 15. Jahrhundert, Stuttgart 1997, S. 9–38.

[10] Vgl. dazu Mendelson/Crawford, Women in Early Modern England, v. a. das Kapitel Contexts, S. 15–74.

[11] Einen Überblick über die vielstimmige englische *woman debate* gibt Moira Ferguson: Feministische Polemik. Schriften englischer Frauen von der Spätrenaissance bis zur Französischen Revolution, in: Bock/Zimmermann, Querelles, S. 292–315. Auszüge einiger zentraler englischer *Querelle*-Pamphlete (Swetnam, Jane Anger u. a.) in deutscher Übersetzung in Bock/Zimmermann, Querelles, S. 324–339. Vgl. auch Beilin, Redeeming Eve sowie Diane Purkiss, Material Girls: The Seventeenth-Century Woman Debate, in: Clare Brant/Diane Purkiss (Hrsg.), Women, Texts and Histories 1575–1760, London/New York 1992, S. 69–101, Ann Rosalind Jones, Counterattacks on „the Bayter of Women". Three Pamphleteers of the Early Seventeenth-Century, in: Haselkorn/Travitsky, The Renaissance Englishwoman in Print, S. 45–62, sowie Susan G. O'Malley (Hrsg.), Defences of Women. Jane Anger, Rachel Speght, Ester Sowernam and Constan-

tia Munda. Bd. 4, The Early Modern Englishwoman: A Facsimile Library of Essential
Works, hrsg. von Betty S. Travitsky und Patrick Cullen, Aldershot 1996.
[12] Vgl. Crawford, Women's Published Writings.
[13] The Cambridge History of English Literature, 15 Bd., 1907–1927. Auffällig ist in
den Anthologien, Handbüchern und Literaturgeschichten des 19. Jahrhunderts die
Dominanz zeitgenössischer oder jüngst verstorbener Autorinnen, denen weitaus mehr
Raum gegeben wird als ihren frühneuzeitlichen Vorläuferinnen. Noch bei Virginia
Woolf findet sich ein vergleichbarer Fortschrittsglaube, der weibliche Bildung und weibliches Kulturschaffen als einen kontinuierlichen Verbesserungsprozeß begreift, dessen
Höhepunkt die jeweils eigene Epoche darstellt.
[14] Eine Ausnahme ist das möglicherweise von einer Frau verfaßte Handbuch Biographium Faemineum, das in der Tradition der Frauenkataloge steht und im Sinne des car-
tesianischen Feminismus davon ausgeht, daß „die Seele kein Geschlecht hat" (S. viii).
[15] Frederic Rowton, Cyclopaedia of Female Poets, S. iif.
[16] Siehe aber den Beitrag von Bettina Baumgärtel über Angelika Kauffmann in Kerstin
Merkel/Heide Wunder (Hrsg.), Deutsche Frauen der Frühen Neuzeit, Darmstadt 2000,
S. 223–240.

Bibliographische Hinweise

Primärliteratur
Albert, E.: A History of English Literature. London 1923 u. ö.
Aubrey, John: Aubrey's Brief Lives. Hrsg. von Oliver Lawson Dick. London 1972 [1949]
   [wurde im späten 17. Jahrhundert verfaßt].
Ballard, George: Memoirs of Several Ladies of Great Britain. Oxford 1752.
Bethune, George W.: The British Female Poets. Philadelphia 1848.
Biographium Faemineum. The Female Worthies or Memoirs of the Most Illustrious
   Ladies, of All Ages and Nations. Anonym, London 1766.
Chambers's Cyclopaedia of English Literature. 2 Bde. London/Edinburgh ³1876.
Coleman, George und Bonnell Thornton (Hrsg.): Poems by Eminent Ladies. 2 Bde.
   London 1755.
Costello, Louisa Stuart: Memoirs of Eminent Englishwomen. 2 Bde. London 1844.
Dyce, Alexander: Specimens of Poetesses. London 1825.
Hale, Sarah Josepha: Woman's Record; or, Sketches of All Distinguished Women, from
   „The Beginning" Till A. D. 1850. New York 1853.
Hays, Mary: Female Biography; or, Memoirs of Illustrious and Celebrated Women. Of
   All Ages and Countries Alphabetically Arranged. 6 Bde. London 1803.
Lee, Elizabeth: A School History of English Literature. 3 Bde. London 1896.
Robertson, Eric S.: English Poetesses. London/Paris/New York 1883.
Rowton, Frederic: Cyclopaedia of Female Poets. London 1848.
Ward, A. W. und A. R. Waller (Hrsg.): The Cambridge History of English Literature.
   15 Bde. Cambridge 1907–1927.
Woolf, Virginia: A Room of One's Own. London 1977 [1929].

Sekundärliteratur
Crawford, Patricia: Women's Published Writings, 1600–1700. In: M. Prior (Hrsg.):
   Women in English Society, 1500–1800. London/New York 1985, S. 211–282.

Beilin, Elaine V.: Redeeming Eve: Woman Writers of the English Renaissance. Princeton, NJ 1987.

Davis, Natalie Zemon und Arlette Farge (Hrsg.): Renaissance and Enlightenment Paradoxes. Bd. 3 von A History of Women in the West, George Duby und Michelle Perrot (Hrsg.). Cambridge, Mass./London 1993.

Haselkorn, Anne und Betty Travitsky (Hrsg.): The Renaissance Englishwoman in Print: Counterbalancing the Canon. Amherst, MA 1990.

Hannay, Margaret (Hrsg.): Silent But For the Word: Tudor Women as Patrons, Translators and Writers of Religious Works. Kent, Ohio 1985.

Hull, Suzanne W.: Chaste, Silent and Obedient. English Books for Women 1475–1640. San Marino 1982.

King, Margaret L.: Frauen der Renaissance. München 1998 [1991].

Lawrence, Cynthia (Hrsg.): Women and Art in Early Modern Europe: Patrons, Collectors, and Connoisseurs. University Park, Penn. 1997.

Mendelson, Sara und Patricia Crawford: Women in Early Modern England 1550–1720. Oxford 1998.

Schabert, Ina: Englische Literaturgeschichte. Eine neue Darstellung aus der Sicht der Geschlechterforschung. Stuttgart 1997.

Sharpe, J. A.: Early Modern England. A Social History 1550–1760. London/Sidney/Auckland ²1995.

Wilcox, Helen (Hrsg.): Women and Literature in Britain, 1500–1700. Cambridge 1996.

Margaret More Roper (1505–1544)

Anmerkungen

[1] Maber, Pierre Le Moyne, S. 49 (meine Übersetzung).

[2] So z. B. Warnicke, Women of the English Renaissance, S. 23; Reynolds, Margaret Roper, S. IX; Verbrugge, Margaret More Roper, S. 30 ff.

[3] Vgl. Harpsfield, The Life and Death, S. 84–89.

[4] A. L. Rowse (Hrsg.), A Man of Singular Virtue being A Life of Sir Thomas More by his son-in-law William Roper and a selection of More's Letters, London 1980, S. 29 (meine Übersetzung).

[5] (22. Mai 1518), Blarer, Die Briefe, S. 56.

[6] Vgl. Instruction of a Christian Woman (1541).

[7] Vgl. Vorwort zu Margarets Übersetzung.

[8] Vgl. Allen (Hrsg.), Opus Epsitolarum ..., Oxford 1906–1958, Bd. IV, Nr. 1233.

[9] Allen, Bd. V, Nr. 1404, (meine Übersetzung).

[10] Ihre Gelehrsamkeit liefert wahrscheinlich auch die Idee für seinen 1534 verfaßten Dialog zwischen einem Abt und einer gelehrten Frau.

[11] (22. Mai 1518), Blarer, Die Briefe, S. 56.

[12] (22. Mai 1518), ebd., S. 57.

[13] Vgl. (22. Mai 1518), ebd., S. 57.

[14] Rogers, The Correspondence, S. 254 f.

[15] Vgl. Stapleton, Margaret Roper, S. 103.

[16] Vgl. ebd., S. 104. Erasmus habe diese Korrektur in seiner Edition von Cyprians Werken aufgegriffen.

[17] (Herbst 1523), Blarer, Die Briefe, S. 65.

[18] (Herbst 1523), ebd., S. 65.

[19] (Herbst 1523), ebd., S. 65 f.

[20] Vgl. A. W. Reed, Transactions of the Bibliographical Society 15 (1917–1919), S. 157–184, hier: 166–167, und Frederick S. Siebert, Freedom of the Press in England 1476–1776: The Rise and Decline of Government Control, Urbana 1965, S. 41 f.

[21] Vgl. Hyrde (Einleitung.), Margaret More Roper, A Devout Treatise upon the Pater Noster, S. bii^v.

[22] Stapleton, Margaret Roper, S. 105 f. (meine Übersetzung).

[23] Hyrde (Einleitung), Margaret More Roper, A Devout Treatise upon the Pater Noster, S. bii^v (meine Übersetzung).

[24] Vgl. z. B. John A. Gee, Review of English Studies 13 (1937), S. 257–271, bes. 265; auch Verbrugge, Margaret More Roper, S. 34.

[25] Vgl. Rowse, A Man of Singular Virtue, S. 65. Vgl. auch Stapleton, Margaret Roper, S. 69 f.

[26] Blarer, Die Briefe, S. 157.

[27] Vgl. Rogers, The Correspondence, S. 510 (meine Übersetzung).

[28] Rowse, A Man of Singular Virtue, S. 80 (meine Übersetzung).

[29] Vgl. Marius, Thomas More, S. 465.

[30] Vgl. Rogers, The Correspondence, S. 516.

[31] Vgl. ebd., S. 547.

[32] Ebd., S. 525 (meine Übersetzung); vgl. auch S. 523, 527.

[33] Ebd., S. 539 (meine Übersetzung).

[34] Vgl. Rowse, A Man of Singular Virtue, S. 93.

[35] Rogers, The Correspondence, S. 564 (meine Übersetzung).

[36] Reynolds (Hrsg.), S. 15 (meine Übersetzung).

[37] Stapleton, S. 191 (meine Übersetzung).

[38] 1535 versucht sie, Roger Ascham als Tutor für ihre Kinder zu gewinnen.

[39] Harpsfield, The Life and Death. S. 78 (meine Übersetzung). Und auch in dieser Generation ist es wieder ein Mädchen, das durch seine Begabung herausragt. Margarets jüngste Tochter Mary (Bassett) übersetzte u. a. Eusebius' „Kirchengeschichte" (was ihr eine Stelle als Hofdame bei Königin Maria I. einbrachte) und Thomas Mores unvollendeten „Treatise on the Passion".

[40] Harpsfield, The Life and Death, S. 78 (meine Übersetzung).

Bibliographische Hinweise

Primärliteratur

Margaret More Roper: A Devout Treatise upon the „Pater Noster" (1523) with its English Translation by Margaret Roper (1524). Hrsg. von Germain Marc'hadour. In: Moreana 7 (1965), S. 9–64.

Harpsfield, Nicholas: The Life and Death of Sir Thomas More. Hrsg. von E. V. Hitchcock und R. W. Chambers (Early English Text Society, Original Series 186). London 1932.

Rogers, Elizabeth Frances (Hrsg.): The Correspondence of Sir Thomas More. Princeton 1947.

Blarer, Barbara von (übers. u. eingel.): Die Briefe des Sir Thomas More. Einsiedeln/Köln 1949.

Stapleton, Thomas: Margaret Roper, his Eldest Daughter. In: The Life and Illustrious Martyrdom of Sir Thomas More (1588). Übers. von Philip E. Hallett (1928), hrsg. von E. E. Reynolds (1966), S. 103–109.

Maber, Richard G.: Pierre Le Moyne's Encomium of Margaret Roper, translated by John Paulet, Marquis of Winchester (1652). In: Moreana 90 (1986), S. 47–52.

Sekundärliteratur

Marius, Richard: Thomas More: A Biography. New York 1984.

Reynolds, E. E.: Margaret Roper. Eldest Daughter of St. Thomas More. New York 1960.

Verbrugge, Rita M.: Margaret More Roper's Personal Expression in the Devout Treatise upon the 'Pater Noster'. In: Silent but for the Word: Tudor Women as Patrons, Translators, and Writers of Religious works. Hrsg. von Margaret Patterson Hannay. Kent, Ohio 1985, S. 30–42, 260–264.

Warnicke, Retha M.: Women of the English Renaissance and Reformation. Westport, Conn. 1983.

Elisabeth I. (1533–1603)

Anmerkungen

[1] „Much suspected by me, / Nothing proved can be, / Quoth Elizabeth prisoner." (Übersetzung von J. S.) Poems of Queen Elizabeth I, S. 3.

[2] „Oh fortune, thy wresting wavering state / Hath fraught with cares my troubled wit, / Whose witness this present prison late / Could bear, where once was joy's loan quit. / Thou causedst the guilty to be loosed / From Bands where innocents were inclosed, / And caused the guiltless to be reserved, / And freed those that death had well deserved. / But all herein can be nothing wrought, / So God send to my foes all they have thought." Poems of Queen Elizabeth I, S. 3.

[3] Siehe Teague, Elizabeth I, S. 528.

[4] „Never think you fortune can bear the sway / Where virtue's force can cause her to obey." Poems of Queen Elizabeth I, S. 5.

[5] „I grieve and dare not show my discontent, / I love and yet am forced to seem to hate, / I do, yet dare not say I ever meant, / I seem stark mute but inwardly do prate. / I am and not, I freeze and yet am burned, / Since from myself another self I turned. /

My care is like my shadow in the sun, / Follows me flying, flies when I pursue it, / Stands and lies by me, doth what I have done. / His too familiar care doth make me rue it. / No means I find to rid him from my breast, / Till by the end of things it be supprest. / Some gentler passion slide into my mind, / For I am soft and made of melting snow; / Or be more cruel, love, and so be kind. Let me or float or sink, be high or low. / Or let me live with some more sweet content, / Or die and so forget what love ere meant." Poems of Queen Elizabeth I, S. 5.

[6] Siehe Bradner, Poems of Queen Elizabeth I, S. xiii.

[7] „The doubt of future foes exiles my present joy, / And wit me warns to shun such snares as threaten mine annoy; / For falsehood now doth flow, and subjects' faith doth ebb, / Which should not be if reason ruled or wisdom weaved the web. / But clouds of joys untried do cloak aspiring minds, / Which turn to rain of late repent by changed course of winds. / The top of hope supposed the root upreared shall be, / And fruitless all their grafted guile, as shortly ye shall see. / The dazzled eyes with pride, which great ambition blinds, / Shall be unsealed by worthy wights whose foresight falsehood finds. / The daughter of debate that discord aye doth sow / Shall reap no gain where former rule still peace hath taught to know. / No foreign banished wight shall anchor in this port; / Our realm brooks not seditious sects, let them elsewhere resort. / My rusty sword through rest shall first his edge employ / To poll their tops that seek such change or gape for future joy." Poems of Queen Elizabeth I, S. 4.

[8] Siehe ebd., S. xiii.

[9] Diese umfassen Teile von Petrarcas „Triumph der Ewigkeit", den Chor aus Senecas „Hercules Oetaeus", Plutarchs Ausführungen über die Neugier aus seinen „Moralia" sowie einen Teil von Horaz' „Kunst der Poesie"; siehe Bradner, Poems of Queen Elizabeth I, S. xiv.

[10] Siehe Beilin, Redeeming Eve, S. 50, S. 67 ff.

[11] Siehe Strong, Gloriana, S. 30

[12] Siehe Ernst H. Kantorowicz, Die zwei Körper des Königs. Eine Studie zur politischen Theologie des Mittelalters, München 1990.

[13] Siehe Strong, The Cult of Elizabeth, S. 43; Strong, Gloriana, S. 131 ff.

Bibliographische Hinweise

Primärliteratur
The Poems of Queen Elizabeth I. Hrsg. v. Leicester Bradner. Providence 1964.
Queen Elizabeth's Englishings of Boethius, Plutarch and Horace. Early English Text Society, Original Series, 113. Hrsg. v. C. Pemberton. London 1899 (Repr. Millwood, NY 1981).

Sekundärliteratur
Bassnett, Susan: Elizabeth I: A Feminist Perspective. Oxford 1989.
Beilin, Elaine V.: Redeeming Eve: Women Writers of the English Renaissance. Princeton, NJ 1987.
Guy, John (Hrsg.): The Reign of Elizabeth I: Court and Culture in the Last Decade. Cambridge 1995.
Howarth, David: Images of Rule: Art and Politics in the English Renaissance, 1485–1649. Basingstoke 1997.
King, John N.: Queen Elizabeth I: Representations of the Virgin Queen. In: Renaissance Quarterly, XLIII, Nr. 1, Frühjahr 1990, S. 30–74.

Machoczek, Ursula: Die regierende Königin – Elizabeth I. von England. Pfaffenweiler 1996.

Strong, Roy: The Cult of Elizabeth: Elizabethan Portraiture and Pageantry. London 1977.

Ders.: Gloriana: The Portraits of Queen Elizabeth I. London 1987.

Teague, Frances: Elizabeth I: Queen of England. In: Katharina M. Wilson (Hrsg.): Women Writers of the Renaissance and Reformation. Athens, GA 1987, S. 522–547.

Yates, Frances A.: Astraea: The Imperial Theme in the Sixteenth Century. London 1975.

Mary Sidney Herbert, Gräfin von Pembroke (1561–1621)

Anmerkungen

[1] Die Autorin dankt Regina Schneider und Margarete Zimmermann für ihre hilfreichen Kommentare.

[2] „Underneath this sable herse / Lies the subject of all verse: / Sidney's sister, Pembroke's mother / Death, ere thou hast slain another, / Fair, learned and good as she, / Time will throw a dart at thee." Diese Zeilen werden im allgemeinen William Browne zugeschrieben, möglicherweise stammen sie aber auch von Ben Jonson.

[3] Zum Folgenden siehe Hannay, The Collected Works of Mary Sidney Herbert, Bd. 1, („Life") S. 1–21 und Hannay, Philip's Pheonix.

[4] Es ist umstritten, ob Mary Hebräisch beherrscht hat oder nicht. Vgl. Hannay, Collected Works, Bd. 1, S. 3 und Bd. 2, „Literary Context".

[5] So bezeichnete Sir Edward Denny in einem Brief an Mary Wroth (1621/22) deren Tante Mary Sidney Herbert. Zitiert in Hannay, Philip's Pheonix, S. X.

[6] Friedman, Wife in the English Country House, S. 120.

[7] John Aubrey, Brief Lives, hrsg. von Oliver Lawson Dick, London 1972 [1949] [spätes 17. Jahrhundert], S. 297.

[8] Duncan-Jones, Introduction.

[9] Der berüchtigten Englischen Gräfin Maria von Pembrock seltene Geheimnuesse bestehend in einer melodischen Schreib Gedächtnüß Mahler und Punctierkunst Woraus die Heimlichkeiten der Menschen deroselben künftiges Schicksal in Reimen zu erforschen, Ulm/Memmingen: Joh. Friederich Gamms, 2. Auflage 1752, S. 4.

[10] Vgl. Clarke, The Politics of Translation, S. 149–166.

[11] Psalm 45, „My harte endites an argument of worth, / the praise of him that doth the Scepter swaie: / My tongue the pen to paynt his praises forth, / shall write as swift, as swiftest writer maie. / then to the king these are the wordes I saie: / fairer are thou then sonnes of mortall race: / because high god hath blessed thee for ay, / thie lipps, as springs, doe flowe with speaking grace."

[12] Vgl. dazu Ina Schabert, Englische Literaturgeschichte. Eine neue Darstellung aus der Sicht der Geschlechtergeschichte, Stuttgart 1997, S. 177 ff.

[13] Nach 1574 wurde der Herzog von Alençon Herzog von Anjou.

[14] Vgl. dazu Diane Bornsteins Einleitung zu ihrer Ausgabe der Übersetzung (1983).

[15] „Borne in greene field, a snowie Ermiline / Colored with topaces, sett in fine golde /

was this faire companies unfoyled signe." Hannay, Collected Works, S. 273, Triumph of Death.

[16] „The ladies saide: And now, what shall we doe? / Never againe such grace shall blesse or sight; / Never lyke witt, shall we from woman heare / And voice, repleate with Angell-lyke delight." Ebd., S. 276 f.

[17] Hannay, Philip's Phoenix, S. XI.

[18] Hannay, Collected Works, S. 13.

[19] Vgl. dazu Franklin B. Williams, Index of Dedications and Commendatory Verses in English Books Before 1641, London: The Biographical Society 1962.

[20] Lamb, The Countess of Pembroke's Patronage. Vgl. auch dies., Gender and Authorship.

[21] Lawrence, Introduction, in: dies. Women and Art in Early Modern Europe, S. 9 f.

[22] Ebd., S. 13 f., S. 16. – Marys anderer Bruder Robert Sidney hat ebenfalls ein umfangreiches dichterisches Werk hinterlassen und möglicherweise hat nicht nur ihre Nichte Mary Wroth, sondern auch ihre früh verstorbene Tochter Anne vom intellektuellen Klima in Wilton profitiert und eigene lyrische Werke verfaßt.

[23] Lawrence, Introduction, S. 17 f.

[24] Vgl. Lamb, Gender and Authorship, v. a. Kap. 1.

[25] Hannay, Your vertuous and learned Aunt, S. 15 und S. 18.

Bibliographische Hinweise

Primärliteratur

Bornstein, Diane (Hrsg.): The Countess of Pembroke's Translation of Philippe de Mornay's Discourse of Life and Death. Detroit, MI. 1983.

Hannay, Margaret P./Noel J. Kinnamon/Michael G. Brennan (Hrsg.): The Collected Works of Mary Sidney Herbert, Countess of Pembroke. 2 Bde., Oxford 1998.

Waller, Gary (Hrsg.): The Early Modern Englishwoman: A Facsimile Library of Essential Works, Band 6: Mary Sidney Herbert. Aldershot 1996.

Sekundärliteratur

Bergeron, David M.: Women as Patrons of English Renaissance Drama. In: Patronage in the Renaissance, hrsg. von Guy Fitch Lytle/Stephen Orgel. Princeton, NJ 1981, S. 274–290.

Clarke, Danielle: The Politics of Translation and Gender in the Countess of Pembroke's *Antonie*. In: Translation and Literature 6/2 1997, S. 149–166.

Duncan-Jones, Katherine: Introduction. In: Sir Philip Sidney, The Countess of Pembroke's Arcadia (The Old Arcadia), hrsg. von K. Duncan-Jones. Oxford 1999, [1985], S. vii–xxiv.

Friedman, Alice T.: Wife in the English Country House. Gender and the Meaning of Style in Early Modern England. In: Cynthia Lawrence (Hrsg.): Women and Art in Early Modern Europe: Patrons, Collectors, and Connoisseurs. University Park, PA 1997, S. 111–125.

Hannay, Margaret P. (Hrsg.): Silent But for the Word. Tudor Women as Patrons, Translators, and Writers of Religious Works. Kent, Ohio 1985.

Dies.: Philip's Phoenix, Mary Sidney, Countess of Pembroke. Oxford/New York 1990.
Dies.: 'Your vertuous and learned aunt': The Countess of Pembroke as a Mentor to Mary Wroth. In: Naomi J. Miller/Gary Waller (Hrsg.): Reading Mary Wroth, Representing Alternatives in Early Modern England. Knoxvill, TN 1991, S. 15–34.
Lamb, Mary Ellen: The Myth of the Countess of Pembroke: The Dramatic Circle. In: The Yearbook of English Studies II 1981, S. 195–202.
Dies.: The Countess of Pembroke's Patronage. In: English Literary Renaissance 12, 1982, S. 162–179.
Dies.: Gender and Authorship in the Sidney Circle. Madison, WI. 1990.
Lawrence, Cynthia (Hrsg.): Women and Art in Early Modern Europe: Patrons, Collectors, and Connoisseurs. University Park, PA 1997.
Waller, Gary F.: Mother/Son, Father/Daughter, Brother/Sister, Cousins: The Sidney Family Romance. In: Modern Philology, 88/4, 1991, S. 401–414.

Aemilia Lanyer (1569–1645)

Anmerkungen

[1] A. L. Rowse, Revealed at Last: Shakespeare's Dark Lady, in: Times Literary Supplement, 29 Jan. 1973, S. 12.

[2] A. L. Rowse, Shakespeare's Sonnets: The problems solved, New York u. a. [2]1973, S. XXXIVf.

[3] Susanne Woods verwendet als Buchumschlag für ihre Untersuchung „Lanyer: A Renaissance Woman Poet" ein Porträt einer unbekannten Frau, das ihrer Meinung nach Aemilia Lanyer darstellen könnte, da es aus dem Besitz des Erben von Lord Hunsdon, R.J.G. Berkeley, stammt. Es ist jedoch unwahrscheinlich, daß der verheiratete Hunsdon ein Porträt seiner bürgerlichen Geliebten anfertigen ließ und aufbewahrte (vgl. Woods, S. 17 f.).

[4] Lanyer, Salve Deus Rex Judaeorum. Die Seitenzahlen in diesem Beitrag beziehen sich auf Rowse' Ausgabe. In der Schreibweise des Namens „Aemilia Lanyer" folge ich dem Titelblatt des Erstdrucks, behalte jedoch für den Ehemann die in der Musikwissenschaft übliche Schreibweise „Lanier" bei.

[5] Siehe hierzu die Website der Lanyer-Forscherin Kari Boyd McBride, die eine Bibliographie mit über 100 Titeln zu Lanyer enthält: http://www.u.arizona.edu/ic/mcbride/lanyer/lanyer.htm

[6] S. 41, an Königin Anne: „Vouchsafe to view that which is seldome seene,/A Womans writing of divinest things". Alle Übersetzungen der Texte Lanyers von S. B.-K.

[7] S. 72, an Anne Clifford: „Then in this Mirrour let your faire eyes looke, / To view your virtues in this blessed Booke."

[8] S. 68, an Katherine Knyvett: „And since his [God's] powre hath given me powre to write, / A subject fit for you to looke upon, / Wherein your soule may take no small delight, / When her bright eyes beholds that holy one".

[9] S. 63, an Mary Sidney: „I here present my mirrour to her view".

[10] S. 42, an Königin Anne: „That so these rude unpolisht lines of mine / Graced by you, may seem the more devine. / Looke in this Mirrour of a worthy Mind, / Where

some of your faire Virtues will appeare; / Though all is impossible to find, / Unlesse my Glasse were chrystall, or more cleare".

[11] S. 53, an Susan Bertie: „Come you that were the Mistris of my youth, / The noble guide of my ungovern'd dayes".

[12] S. 74, an Anne Clifford: „(…) the seeds of virtue have bin sowne, / By your most worthy mother".

[13] S. 45, an Königin Anne: „My weake distempred braine and feeble spirits".

[14] S. 47, an Prinzessin Elisabeth: „the first fruits of a womans wit".

[15] S. 63, an Mary Sidney: „Thogh many Books she writes that are more rare, / Yet there is honey in the meanest flowres: / Which is both wholesome, and delights the taste: / Though sugar be more finer, higher priz'd, / Yet is the painfull Bee no whit disgrac'd, / Nor her faire wax, or hony more despiz'd."

[16] S. 134, Salve Deus Rex Judaeorum (weiterhin: SD): „heav'nly Manna".

[17] S. 111, SD: „Most blessed Virgin, in whose faultlesse fruit".

[18] S. 105, SD: „You [men] came not in the world without our paine".

[19] S. 98, SD: „Though they protest they never will forsake him, / They do like men, when dangers overtake them."

[20] S. 76, an Anne Clifford: „Therefore in recompence of all his paine, / Bestowe your paines to reade".

[21] S. 78, an den tugendhaften Leser / die tugendhafte Leserin (weiterhin: TL): „As also in respect it pleased our Lord and Saviour Jesus Christ, (…) from the time of his conception, till the houre of his death, to be begotten of a woman, borne of a woman, nourished of a woman, obedient to a woman; and that he healed women, pardoned women, comforted women: yea, even when he was in his greatest agonie and bloodie sweat, going to be crucified, and also in the last houre of his death, tooke care to dispose of a woman: after his resurrection, appeared first to a woman, sent a woman to declare his most glorious resurrection to the rest of his Disciples."

[22] S. 77, TL: „evill disposed men, who forgetting they were borne of women, nourished of women, and that if it were not by the meanes of women, they would be quite extinguished out of the world, and a finall ende to them all, doe like Vipers deface the wombes wherein they were bred".

[23] S. 73, an Anne Clifford: „What difference was there when the world began, / Was it not Virtue that distinguisht all? / All sprang but from one woman and one man, / Then how doth Gentry come to rise and fall? / Or who is he that very rightly can / Distinguish of his birth, or tell at all / In what meane state his Ancestors have bin, / Before some one of worth did honour win?"

[24] S. 44, an Königin Anne: „Then shall I thinke my Glasse a glorious Skie, / When two such glittring Suns at once appeare; / The one repleat with Sov'raigne Majestie, / Both shining brighter than the clearest cleare: / And both reflecting comfort to my spirits, / To find their grace so much above my merits / Whose untun'd voyce the dolefull notes doth sing / Of sad Affliction in an humble straine; / Much like unto a Bird that wants a wing, / And cannot flie, but warbles forth her paine".

[25] S. 60, an Mary Sidney: „heavenli'st musicke".

[26] S. 61, an Mary Sidney: „With contemplation of Gods powrefull might, / Shee fils the eies, the hearts, the tongues, the eares / Of after-comming ages".

Bibliographische Hinweise

Primärliteratur
The Poems of Shakespeare's Dark Lady: Salve Deus Rex Judaeorum by Emilia Lanier.
Hrsg. von A. L. Rowse. London 1978.
Renaissance Women: The Plays of Elizabeth Cary. The Poems of Aemilia Lanyer. Hrsg.
von Diane Purkiss. London 1994.
Kissing the Rod: An Anthology of Seventeenth-Century Women's Verse. Hrsg. v. Germaine Greer u. a. London 1985.

Sekundärliteratur
Coiro, Ann Baynes: Writing in Service: Sexual Politics and Class Position in the Poetry of
Aemilia Lanyer and Ben Jonson. In: Criticism Vol. XXXV, No. 3 (Summer 1993),
S. 357–76.
Rowse, A. L.: Simon Forman: Sex and Society in Shakespeare's Age. London 1974.
Woods, Susanne: Lanyer: A Renaissance Woman Poet. New York/Oxford 1999.
http://www.u.arizona.edu/ic/mcbride/lanyer/lanyer.htm

Lady Mary Wroth (1587[?]–1651/53)

Anmerkungen

[1] The Countess of Montgomeries Urania (1996), S. 1.

[2] Zum erhöhten Bewußtsein in der Renaissancekultur für die Möglichkeiten und Manipulierbarkeit des Sich-selbst-Entwerfens vgl. Stephen Greenblatt, Renaissance Self-Fashioning. From More to Shakespeare, Chicago/London 1980.

[3] Fakten und Dokumente bei Roberts, The Poems of Lady Mary Wroth, S. 3–40. Vgl. auch Waller, Mary Wroth and the Sidney Family Romance, in: Miller/Waller, Reading Mary Wroth, S. 35–63, und Margaret P. Hannay, The Countess of Pembroke as a Mentor to Mary Wroth, ebd., S. 15–34.

[4] Vgl. Marion Wynne-Davies, The Queen's Masque: Renaissance Women and the Seventeenth-Century Court Masque, in: S.P. Cerasano und Marion Wynne-Davies (Hrsg.), Gloriana's Face. Women, Public and Private, in the English Renaissance, Detroit 1992, S. 79–104.

[5] „I that have beene a lover, and could shew it / Though not in these, in rithmes not wholly dumbe, / Since I exscribe your Sonnets, am become / A better lover, and much better Poet." Ben Jonson, A Sonnet, to the Noble Lady, the Lady Mary Wroth, in: Roberts, Poems, S. 59 f.

[6] Urania, S. 425–429.

[7] Zitiert nach Roberts, Poems, S. 23.

[8] Eine psychoanalytische Interpretation der Familienbeziehungen bei Waller, The Sidney Family Romance.

[9] Josephine A. Roberts, The Controversy Regarding Marriage in Mary Wroth's Urania, in: Miller/Waller, Reading Mary Wroth, S. 109–132.

[10] „if your people knew this, how can they hope of your gouernment, that can no better gouerne one poore passion? how can you command others, that cannot master your selfe; or make laws, that cannot counsel, or soueraignise ouer a poore thought?" Urania, S. 398.

[11] So Waller, Sidney Family Romance, S. 191–219 und passim.

[12] Urania, S. 141. Zum Heroismus der Treue vgl. Lamb, Gender and Authorship, S. 142–193.

[13] Zum Problem der weiblichen Herrscher vgl. Josephine A. Roberts, Radigund Revisited. Perspectives on Women Rulers in Lady Mary Wroth's Urania, in: Anne M. Haselkorn und Betty S. Travitsky (Hrsg.), The Renaissance Englishwoman in Print. Counterbalancing the Canon, Amherst, MA 1990, S. 187–207.

[14] Vgl. Walker, Women Writers, S. 186 f.

[15] Vgl. Jeff Masten, 'Shall I turn Blabb?' Circulation, Gender, and Subjectivity in Wroth's Sonnets, in: Miller/Waller, Reading Mary Wroth, S. 68–87; Nona Fienberg, Mary Wroth and the Invention of Female Poetic Subjectivity, in: ebd., S. 175–190.

[16] Roberts, Poems, S. 244 f.

[17] Details und Zitate zu der Affäre bei Roberts, Poems, S. 31–37, 236–242.

[18] Vgl. „Introduction" zu Love's Victory, S. 91–95; Margaret Anne McLaren, An Unknown Continent: Lady Mary Wroth's Forgotten Pastoral Drama, 'Loves Victorie', in: Haselkorn/Travitsky, Renaissance Englishwoman in Print, S. 276–294; Barbara Lewalski, Mary Wroth's Love's Victory and Pastoral Tragicomedy, in: Miller/Waller, Reading Mary Wroth, S. 88–108.

[19] „Soe though in Love I fervently doe burne, / In this strange labourinth how shall I turne?" Roberts, Poems, 134. Das Schlußcouplet des Kranzes von 14 Sonetten in „Pamphilia an Amphilanthus", dessen letzter Vers den Kreis schließt zum ersten Vers des Kranzes.

Bibliogaphische Hinweise

Primärliteratur

Mary Wroth: The Countess of Montgomery's Urania, Buch I. In: Paul Salzman (Hrsg.): An Anthology of Seventeenth-Century Fiction, Oxford 1991, S. 3–208 (nur das erste von vier Büchern des ersten Teils der „Urania" von 1621).

Dies.: The Countess of Montgomeries Urania. Written by the Right Honourable the Lady Mary Wroath (…). Hrsg. v. Josephine A. Roberts. Aldershot 1996 (Faksimile der Ausgabe von 1621, mit „Pamphilia to Amphilanthus").

Dies.: The first part of the Countess of Montgomery's Urania. By Mary Wroth. Hrsg. v. Josephine A. Roberts. Binghampton, NY 1995.

Dies.: The second part of the Countess of Montgomery's Urania. By Mary Wroth. Hrsg. v. Josephine A. Roberts/Suzanne Gossett/Janel Mueller. Tempe, AZ 1999 (der bis dahin unpublizierte zweite Teil).

Dies.: The Poems of Lady Mary Wroth. Hrsg. v. Josephine A. Roberts. Baton Rouge 1983.

Dies.: Love's Victory. In: Renaissance Drama by Women: Texts and Documents. Hrsg. v. S. P. Cerasano und Marion Wynne-Davies. London 1996.

Sekundärliteratur

Beilin, Elaine: Redeeming Eve. Women Writers in the Renaissance. Princeton 1987, S. 208–246.

Hackett, Helen: 'Yet Tell Me Some Such Fiction': Lady Mary Wroth's Urania and the 'Femininity' of Romance. In: Women, Texts and Histories, 1575–1760. Hrsg. v. Clare Brant und Diane Purkiss. London 1992, S. 39–68.

Krontiris, Tina: Oppositional Voices. Women as Writers and Translators of Literature in the English Renaissance. London 1992, S. 121–140.

Lamb, Mary Ellen: Gender and Authorship in the Sidney Circle. Madison 1990, S. 142–193.

Miller, Naomi J.: Changing the Subject. Mary Wroth and Figurations of Gender in Early Modern England. Lexington 1996.

Dies./Gary Waller (Hrsg.): Reading Mary Wroth. Representing Alternatives in Early Modern England. Knoxville 1991.

Walker, Kim: Women Writers of the English Renaissance. New York 1996, S. 170–190.

Waller, Gary: The Sidney Family Romance. Mary Wroth, William Herbert, and the Early Modern Construction of Gender. Detroit 1993.

Margaret Cavendish, Herzogin von Newcastle (1623–1673)

Anmerkungen

[1] True Relation, S. 161. Alle Übersetzungen sind von der Verfasserin.

[2] Poems and Fancies, Epistle Dedicatory.

[3] Playes (1662), S. 123 f.

[4] Playes (1662), S. 248.

[5] The Phanseys of William Cavendish, S. 97. Die Schreibung wurde von mir in modernes Englisch übertragen.

[6] Poems and Fancies, To the Reader, sig. A³.

[7] Sociable Letters, S. 395.

[8] Sociable Letters, S. 396 f.

[9] De Briefwisseling von Constantijn Huygens (1608–1687), 5. Teil: 1649–1663, hrsg. v. J. A. Worp, s'Gravenhage, 1916, S. 187.

[10] Poems and Fancies, S. 5 f.

[11] The Worlds Olio, S. 45.

[12] The Letters of Dorothy Osborne to William Temple, hrsg. v. G. C. Moore Smith, Oxford 1928, S. 37.

[13] Poems and Fancies, sig. A³.

[14] Philosophical Letters, The Preface, sig. c¹.

[15] Philosophical and Physical Opinions (1655), An Epistle to justifie the Lady Newcastle, and Truth against falsehood, laying those false, and malicious aspersions of her, that she was not Author of her Books, sig. A³.

[16] Zit. in: Majorie Hope Nicolson: Conway Letters. The Correspondence of Anne, Viscountess Conway, Henry More and their Friends, 1642–1684, London 1930, S. 237.

[17] Philosophical Letters, S. 218.
[18] Philosophical Letters, S. 40 f.
[19] The Description of a New World, called The Blazing World, S. 80 f.
[20] Observations, S. 6 f.
[21] Samuel Pepys, Diary, Vol. VII, New York 1946, S. 343 f.
[22] Zit. in Marjorie Nicolson, Conway Letters, S. 179.
[23] Grabinschrift in Westminster Abbey.
[24] Letters and Poems, S. 135 f.
[25] Philosophical and Physical Opinions (1655), sig. B[2v].
[26] Sociable Letters, S. 163.

Bibliographische Hinweise

Primärliteratur

Margaret Cavendish: Poems and Fancies. London [1]1653, [2]1664, [3]1668. Faksimile Menston 1972.

Dies.: Philosophicall Fancies. London 1653.

Dies.: The Worlds Olio. London [1]1655, [2]1671.

Dies.: The Philosophical and Physical Opinions. London 1655.

Dies.: Natures Pictures drawn by Fancies Pencil to the Life. London [1]1656, [2]1671.

Dies.: Playes written by the Thrice Noble, Illustrious and Excellent Princess, the Lady Marchioness of Newcastle. London 1662.

Dies.: Orations of Divers Sorts, Accomodated to Divers Places. London [1]1662, [2]1668.

Dies.: Philosophical and Physical Opinions. London 1663.

Dies.: CCXI. Sociable Letters, written by the Thrice Noble, Illustrious, and Excellent Princess, The Lady Marchioness of Newcastle. London 1664. Faksimile Menston 1969.

Dies.: Philosophical Letters: or, Modest Reflections upon some Opinions in Natural Philosophy, maintained by several famous and learned Authors of this Age, expressed by way of Letters. London 1664.

Dies.: Observations upon Experimental Philosophy. To which is added, The Description of a New World, called the Blazing World. London [1]1666, [2]1668 (zitiert nach der zweiten Auflage).

Dies.: The Life of the thrice Noble, High and Paissant Prince William Cavendishe, Duke Marquess, and Earl of Newcastle; Earl of Ogle; Viscount Mansfield (...). London [1]1667, [2]1675.

Dies.: Grounds of Natural Philosophy: Divided into thirteen Parts: with an Appendix containing five Parts. The Second Edition, much altered from the First, which went under the name of Philosophical and Physical Opinions. London 1668.

Dies.: The Description of a New World, called the Blazing World. London 1668.

Dies.: Plays, never before printed. London 1668.

Letters and Poems in Honour of the incomparable Princess, Margaret, Duchess of Newcastle. London 1676.

More, Henry: Antidote against Atheism. London [2]1655.

Sekundärliteratur

Blaydes, Sophia B.: Nature is a Woman: The Duchess of Newcastle and Seventeenth-Century Philosophy. In: Man, God, and Nature in the Enlightenment. Hrsg. v. Donald C. Mell Jr. u. a. East Lansing 1988, S. 51–64.

Fitzmaurice, James: Fancy and the Family: Self-Characterization of Margaret Cavendish. In: Huntington Library Quarterly 53 (1990), S. 199–209.

Gagen, Jean: Honor and Fame in the Works of the Duchess of Newcastle. In: Studies in Philology 56 (1959), S. 519–538.

Goulding, Richard W.: Margaret (Lucas) Duchess of Newcastle. Dallas 1925.

Grant, Douglas: Margaret the First. A Biography of Margaret Cavendish, Duchess of Newcastle. 1623–1673. London 1957.

Jones, Kathleen: A Glorious Fame. The Life of Margaret Cavendish, Duchess of Newcastle (1623–1673). London 1990.

Keller, Eve: Producing Pretty Gods: Margaret Cavendish's Critique of Experimental Science. In: Journal of English Literary History 64 (1997), Nr. 2, S. 447–472.

Mintz, Samuel: The Duchess of Newcastle's Visit to the Royal Society. In: Journal of English and German Philology, 51 (1952), S. 168–176.

Sarasohn, Lisa Tunick: A Science Turned Upside Down: Feminism and the Natural Philosophy of Margaret Cavendish. In: Huntington Library Quarterly 47 (1984), S. 289–307.

Woolf, Virginia: The Duchess of Newcastle. In: dies.: The Common Reader. London 1929, S. 98–109.

Katherine Philips (1632–1664)

Anmerkungen

[1] Die Autorin dankt Margarete Zimmermann für ihre hilfreichen Kommentare.

[2] Zum Folgenden siehe Thomas, The Collected Works of Katherine Philips, „Biographical Note", S. 1–39, sowie Thomas, Katherine Philips. Zur Qualität der von Thomas besorgten Werkausgabe vgl. Greer, Editorial Conundra.

[3] Mulvihill, A Feminist Link, S. 79.

[4] John Aubrey, Aubrey's Brief Lives. Hrsg. von Oliver Lawson Dick, London 1972 [spätes 17. Jahrhundert].

[5] Vgl. dazu Alfred H. Upham, The French Influence in English Literature from the Accession of Elizabeth to the Restoration, New York 1908, v. a. Kap. VII sowie L. Charlanne, L'Influence française en Angleterre au XVIIe siècle, Paris 1906, v. a. Kap. VI, Swain, Matching the 'Matchless Orinda', und Laurence C. Keating, Studies in the Literary Salons in France 1550–1615, Cambridge, Mass. 1941.

[6] Swain beschreibt zwar den literarischen Einfluß preziöser Dichtung auf Philips' eigene Gedichte, läßt aber die soziale Bedeutung preziöser Salonkultur außer acht. Vgl. Matching the 'Matchless Orinda', S. 92 ff. – Sowohl französische als auch englische Werke wurden als Quelle für die Salonnamen benutzt, z. B. die Dramen des royalistischen Autors William Cartwright oder Honoré d'Urfés Roman „L'Astrée". Der Name „Orinda" erinnert an Tassos Clorinda aus „Gerusalemme Liberata" (ca. 1570–75), einer kämpferi-

schen Jungfrau und Symbolfigur für die Sprengung der Geschlechtergrenzen, die in der Frühen Neuzeit sehr bekannt war. Philips' Interesse für italienische Literatur zeigt sich in ihren Briefen an Cotterell (so laß sie den „Cortigiano" im Original), und zudem lag Tassos Epos in einer erfolgreichen Übersetzung von 1600 vor, die angeblich auch Karl I. Trost gespendet hatte. Vgl. dazu C. P. Brand, Torquato Tasso. A Study of the Poet and of his Contribution to English Literature, Cambridge 1965.

[7] Dem Drama wurden ein Pro- und ein Epilog (verfaßt von Graf von Roscommon bzw. Sir Edward Dering) sowie zahlreiche Lieder von Katherine Philips beigefügt. Letztere wurden dem Geschmack der Zeit entsprechend zwischen den Akten vorgetragen.

[8] The Diary of Samuel Pepys. A New and Complete Transcription, hrsg. v. Robert Latham und William Matthews, 11 Bde., London 1970–83, Bd. 9, S. 420. Roger Boyle, Earl of Orrery, „To Orinda", in: Thomas, Collected Works, Bd. 3, S. 186 ff., Zitat S. 188.

[9] Robinson liest die Kombination aus selbstbewußter, normativer Kritik an der mit ihrer Übertragung konkurrierenden Übersetzung und eigener Bescheidenheit in ihren Briefen an Cotterell als einen (Übersetzerinnen-)Diskurs, der die Sprache der höfischen Liebe verwendet, um der eigenen Übersetzerinnenstimme einen Ort zu geben. Vgl. Robinson, Theorizing Translation, S. 162–166.

[10] Vgl. zu diesem Problem Greer, Editorial Conundra, S. 86 ff.

[11] „Preface", Letters from Orinda to Poliarchus, 1705, A4r. Zur frühneuzeitlichen Briefkultur vgl. The Secretary of Ladies, London 1638, The Secretarie's Studies, London 1652, sowie Sanna-Kaisa Tanskanen, 'No Lesse Plesaunt than Profitable': Early Modern Letter-Writing Manuals Revisited, in: Essays and Explorations, hrsg. v. M. Gustafsson (Anglicana Turkuensia 15), S. 145–156 sowie Claudio Guillén, Notes Toward the Study of the Renaissance Letter, in: Renaissance Genres. Essays on Theory, History, and Interpretation, hrsg. v. B. K. Lewalski. Cambridge, MA/London 1986, S. 70–101.

[12] In Band drei der gesammelten Werke Katherine Philips' finden sich die Stimmen der zeitgenössischen Bewunderer Philips' (S. 182 ff.). In Band eins („Biographical Note") werden in Auszügen auch spätere Kommentatoren zitiert.

[13] Abraham Cowley, „On Orindas Poems. Ode" (1663), „On the Death of Mrs. Katherine Philips" (ca. 1664, gedr. 1667), in: Thomas, Collected Works, Bd. 3, S. 191–195 und S. 215–218.

[14] Anonym, „Philo-Philippa to the Excellent Orinda" (ca. 1663, gedr. 1667), ebd., S. 197–204.

[15] „Upon the saying that my Verses were made by another", posthum 1685. – Ein seltenes Beispiel eines negativen Bezugs auf „Orinda" in einem Text weiblicher Provenienz ist eine der Figuren in Delarivier Manleys 1696 publiziertem Drama „Der verlorene Liebhaber", in dem eine affektierte „Orinda" dümmlich und geschwätzig auf ihre dichterische Tätigkeit verweist.

[16] Zwischen 1710 und 1905 gibt es keine neue Edition ihrer Gedichte, und nur eine kleine Auswahl findet sich in den einschlägigen Anthologien.

[17] Vgl. Stiebel, Not Since Sappho (darin auch weitere Literaturhinweise). Siehe auch Sara Mendelson und Patricia Crawford, Women in Early Modern England 1550–1720, Oxford 1998, dort v. a. das Kapitel „Passionate Friends and Lesbian Relationships", S. 242–251.

[18] Cotterell betont „Orindas" Tugend, die der Sapphos weit überlegen gewesen sei

(zitiert in Thomas, Collected Works, S. 23), während Ballard die pflichttreue Ehefrau in den Vordergrund rückt, eine Charakterisierung, die spätere Kommentatoren übernommen haben.

Bibliographische Hinweise

Primärliteratur
Thomas, Patrick u. a. (Hrsg.): The Collected Works of Katherine Philips, The Matchless Orinda. 3 Bde. Stump Cross 1990–1993.

Sekundärliteratur
Greer, Germaine: Editorial Conundra in the Texts of Katherine Philips. In: Editing Women. Hrsg. v. Ann M. Hutchison. Toronto 1998, S. 79–100.
Mulvihill, Maureen E.: A Feminist Link in the Old Boys' Network: The Cosseting of Katherine Philips. In: Curtain Calls. British and American Women and the Theater 1660–1820. Hrsg. v. M.A. Schofield und Cecilia Macheski. Athens 1991, S. 71–103.
Robinson, Douglas: Theorizing Translation in a Woman's Voice. In: The Translator 1(2) 1995, S. 153–175.
Stiebel, Arlene: Not Since Sappho: The Erotic in Poems of Katherine Philips and Aphra Behn. In: Journal of Homosexuality 23 (1/2) 1992, S. 153–171.
Swain, Kathleen M.: Matching the 'Matchless Orinda' to Her Times. In: 1650–1850, Ideas, Aesthetics, and Inquiries in the Early Modern Era. Hrsg. v. Kevin L. Cope Bd. 3. New York 1997, S. 77–108.
Thomas, Patrick: Katherine Philips ('Orinda'). Cardiff 1988.

Mary Beale (1633–1699)

Anmerkungen

[1] Samuel Woodforde, Diary, Bodleian Library, Oxford.

[2] Samuel Woodforde, Paraphrase upon the Psalms of David, New College, Oxford.

[3] Zu den *professions* zählten Theologie, Medizin und das Rechtswesen (Anm. d. Übers.).

[4] „(B)est arts Master peece / More worth then Jasons Golden ffleece".

[5] Geffrye Museum, London.

[6] Glasgow University Library.

[7] Jeremy Taylor, A Discourse of the Nature, Offices and Measures of Friendship, with Rules of conducting it, 1657.

[8] National Portrait Gallery, London.

[9] Manor House Museum, Bury St. Edmunds.

[10] British Museum und andernorts.

Bibliographische Hinweise

Primärliteratur
Mary Beale: Discourse on Friendship. British Library, MS Harley 6828 ff. 510–23.
Dies.: Discourse on Friendship. Folger Shakespeare Library, Washington, MS V.a. 220.
Charles Beale: 1677 Notebook. Bodleian Library, Oxford, Rawlinson 8⁰572.
Ders.: 1681 Notebook. National Portrait Gallery Archive, London MS 9535.

Sekundärliteratur
Barber, Tabitha: Mary Beale: Portrait of a Seventeenth Century Painter, Her Family and
   Her Studio. Ausstellungskatalog Geffrye Museum, London 1999.
Walsh, Elizabeth/Richard Jeffree: The Excellent Mrs Mary Beale. Ausstellungskatalog
   Geffrye Museum, London 1975, und Towner Art Gallery, Eastbourne 1976.

Aphra Behn (1640–1689)

Anmerkungen

[1] Vgl. Works 3.58. Alle Zitate sind, wenn nicht anders angegeben, Janet Todds Werkausgabe entnommen. Die Zitierweise nennt die jeweilige Band- und Seitenangabe.

[2] Ein autobiographischer Hinweis darauf findet sich in Behns Erzählung „The History
of the Nun; or the Fair Vow-Breaker" (1689): „Ich war ebenso einmal dazu ausersehen,
eine bescheidene Geweihte in einem Haus des Glaubens zu sein, da mir jedoch bewußt
wurde, daß ich nicht über eine ausreichende Beharrlichkeit und Disziplin verfügte, (…)
zog ich es vor, mir selbst diese Erfüllung zu versagen"; Works 3.212.

[3] Works 1.25–28.

[4] Ebd. 5.160.

[5] Ebd. 5.162.

[6] Zit. nach Woodcock, The Incomparable Aphra, S. 83.

[7] Ros Ballaster behandelt Behns Prosawerke ausführlich unter dem Aspekt weiblicher
Verführung in ihrer Studie Seductive Forms. Women's Amatory Fiction from 1684 to
1740, Oxford 1992, S. 69–113.

[8] Den Konflikt zwischen individuellem weiblichen Machtanspruch auf politischem
Gebiet und der männlich-monarchischen Forderung nach Gehorsam und bedingungs-
loser Loyalität thematisiert Behn in den Heldinnen ihrer politischen Komödien wie zum
Beispiel der Lady Lambert in „The Roundheads" (1681).

[9] Über die Dauer der Strafe ist nichts bekannt, möglicherweise kamen beide nach
einer Verwarnung und Zahlung eines Bußgeldes recht schnell wieder frei.

[10] Siehe Mary Ann O'Donnell, A Verse Miscellany of Aphra Behn: Bodleian Library
MS Firth c.16, in: English Manuscript Studies 2 (1990), S. 189–227.

[11] Es sind dies Gedichte anläßlich des Todes von König Karl II. und der Krönung von
Jakob II. (beide 1685), der Schwangerschaft der Königin und Geburt des Kronprinzen
(1688) sowie Behns Willkommensgruß an Königin Maria II. (1689).

[12] Ein Beispiel für die französische Mode weiblicher Heroisierung ist der Heldinnen-
Zyklus „La Galerie des Femmes Fortes" des Jesuiten Pierre Le Moyne von 1647. Vgl. Ka-

talog zu der Ausstellung „Die Galerie der Starken Frauen. Regentinnen, Amazonen, Salondamen", hrsg. v. B. Baumgärtl/S. Meysters, München 1995.

[13] Vgl. dazu Kate Lilley, True State Within: Women's Elegy 1640–1740, in: Women, Writing, History 1640–1740, hrsg. v. Isobel Grundy und Susan Wiseman, London 1992, S. 72–92.

[14] Works 3.119.

[15] Ebd. 3.4–5.

[16] Ebd. 2.119.

[17] Ebd. 7.216–217.

[18] Vgl. Robert Adams Day, Aphra Behn's First Biography, in: Studies in Bibliography 22 (1969), S. 227–240.

[19] Gefördert wurde der persönliche Bezug zwischen Autorin und Werk auch durch die Publikation ihres Porträts mit ihrem literarischen Werk. So erschien der Kupferstich nach dem Gemälde von John Riley als Frontispiz von Behns „Poems on Several Occasions, With a Voyage to the Isle of Love" (1684).

[20] Works 7.217.

[21] Der Herausgeber des Werkes, Nahum Tate, hatte Behn für ihre Paraphrase vermutlich eine englische Übersetzung zur Verfügung gestellt. Im Vorwort erwähnt er, daß Behn in ihrem Text einige eigene Gedanken verarbeitet hat. Behns Bearbeitung, so fügt Tate hinzu, „übertrifft alle anderen". Vgl. Works 1.443.

[22] Ebd. 1.325, 2.590–594.

[23] Vgl. Jeslyn Medoff, The Daughters of Behn and the Problem of Reputation, in: Women, Writing, History, S. 36 f.

[24] Im Englischen wird diese Bedeutung verstärkt durch das Wortspiel mit den Begriffen „queen" für Königin und das altertümliche „quean" für Dirne. Zit. nach Summers, The Works 1.lvii.

[25] Vgl. Mendelson, Aphra Behn, S. 177.

[26] Virginia Woolf, A Room of One's Own, London 1977, S. 72.

Bibliographische Hinweise

Primärliteratur

The Works of Aphra Behn. Hrsg. v. Montague Summers. 6 Bde. 1915; Nachdr. New York 1967.

Aphra Behn: The Rover. Hrsg. v. Frederick M. Link. London 1967.

The Novels of Mrs Aphra Behn. Hrsg. v. Ernest A. Baker. 1913; Nachdr. Westport, CT 1969.

Zwei englische Farcen. Aphra Behn 'The Emperor of the Moon' / 'Der Kaiser vom Mond'. Henry Fielding 'The Tragedy of Tragedies, or the Life and Death of Tom Thumb the Great' / 'Die Tragödie der Tragödien; oder Leben und Tod Tom Däumlings des Großen'. Hrsg. v. Alfred Behrmann. Frankfurt a. M. 1973.

The Female Wits. Women Playwrights on the London Stage 1660–1720. Hrsg. v. Fidelis Morgan. London 1981.

Aphra Behn: Five Plays. 'The Lucky Chance', 'The Rover (Part I)', 'The Widow Ranter', 'The False Count', 'Abdelazer'. Hrsg. v. Maureen Duffy. London 1990.

Female Playwrights of the Restoration. Five Comedies. Hrsg. v. Paddy Lyons und Fidelis Morgan. London 1991.
The Works of Aphra Behn. Hrsg. v. Janet Todd. 7 Bde. London 1992–1996.
Aphra Behn: Selected Poems. Hrsg. v. Malcolm Hicks. Manchester 1993.
The Rover or The Banished Cavaliers by Aphra Behn. Hrsg. v. Anne Russell. Ontario u.a. 1994.
Aphra Behn: Oroonoko and Other Stories. Hrsg. v. Paul Salzman. Oxford 1994.
Aphra Behn: Oroonoko oder der königliche Sklave. Eine wahre Geschichte. Übs. Susanne Althoetmar-Smarczyk. München 1995.
Aphra Behn: Love-Letters between a Nobleman and his Sister. Hrsg. v. Janet Todd. Harmondsworth 1996.

Sekundärliteratur

Brockhaus, Cathrin. Aphra Behn und ihre Londoner Komödien. Die Dramatikerin und ihr Werk im England des ausgehenden 17. Jahrhunderts. Heidelberg 1998.
Cameron, William J.: New Light on Aphra Behn. o. O. 1961 (Nachdr. Darby, PA 1978).
Duffy, Maureen: The Passionate Shepherdess: Aphra Behn 1640–89. o. O. 1977 (Nachdr. London 1989).
Goreau, Angeline: Reconstructing Aphra: A Social Biography of Aphra Behn. Oxford 1980.
Dies.: Zwei Engländerinnen des 17. Jahrhunderts. Anmerkungen zu einer Anatomie der weiblichen Lust. In: Die Masken des Begehrens und die Metamorphosen der Sinnlichkeit. Zur Geschichte der Sexualität im Abendland. Hrsg. v. Philippe Ariès und André Béjin. Frankfurt a.M. 1986, S.130–146.
Hutner, Heidi (Hrsg.): Rereading Aphra Behn. History, Theory, and Criticism. Charlottesville, VA 1993.
Jones, Jane: New Light on the Background and Early Life of Aphra Behn. In: Notes & Queries 37.3 (September 1990), S.288–293.
Link, Frederick M.: Aphra Behn. New York 1968.
Mendelson, Sara H.: Aphra Behn. In: The Mental World of Stuart Women. Three Studies. Amherst, MA 1987, S.116–184.
Nünning, Ansgar: Feministische Alternativen zur 'erzwungenen Heirat': Die Dekonstruktion von Geschlechtsstereotypen in Aphra Behns Komödien. In: Frauen und Frauendarstellung in der englischen und amerikanischen Literatur. Hrsg. v. Therese Fischer-Seidel. Tübingen 1991, S.9–33.
O'Donnell, Mary Ann: Aphra Behn. An Annotated Bibliography of Primary and Secondary Sources. New York 1986.
Dies./Bernard Dhuicq/Guyonne Leduc (Hrsg.): Aphra Behn (1640–1689). Identity, Alterity, Ambiguity. Paris 2000.
Platt, Harrison: Astrea and Celadon: An Untouched Portrait of Aphra Behn. In: Publications of the Modern Language Association 49 (1934), S.544–559.
Sackville-West, Vita: Aphra Behn: The Incomparable Astrea. London 1927.
Spencer, Jane: The Rise of the Woman Novelist: From Aphra Behn to Jane Austen. Oxford 1987.

Todd, Janet (Hrsg.): Aphra Behn Studies. Cambridge 1996.
Dies.: The Secret Life of Aphra Behn. London 1996.
Wiseman, Susan: Aphra Behn. Plymouth 1996.
Woodcock, George: The Incomparable Aphra. London 1948.

Anne Killigrew (ca. 1660–1685)

Anmerkungen

[1] Anthony Wood, „Athenae Oxonienses" (1691–92), London: Knaplock & Tonson, 1721, Bd. 2, Kolumne 1035–36. Alle weiteren Verfasser kurzer biographischer Skizzen Anne Killigrews – George Ballard (1752), Theophilius Cibber (1753) und Ellen Creathorne Clayton (1876) (Literaturangaben finden sich in Ockerbloom, A Celebration of Women Writers) – bezogen ihre Information aus Wood.

[2] „The Parson's Wedding" war Thomas Killigrews beliebteste Komödie. Sie wurde 1640/1 uraufgeführt.

[3] Poems (1686) by Mrs. Anne Killigrew, S. 44–47. Alle weiteren Seitenangaben beziehen sich auf diese Ausgabe.

[4] Die Poems weisen als Publikationsdatum das Jahr 1686 auf, wurden jedoch tatsächlich bereits im Herbst 1685 (in London) in einer etwa hundert Seiten umfassenden Quarto-Ausgabe veröffentlicht. Die Gedichte auf den ersten 84 Seiten sind sicher Anne Killigrew zuzuschreiben, die auf den letzten fünfzehn Seiten befanden sich zwar zwischen Killigrews Manuskripten, sind aber laut einer begleitenden Anmerkung des Verlegers nicht ihre eigenen (was bis heute umstritten ist).

[5] Da Killigrew ihre Gedichte nicht datierte, bleibt unklar, ob sie hier Katherina von Braganza, die Frau Karl II., oder Maria von Modena, die Frau Jakob II., meint.

[6] Wolfgang Iser, Das Fiktive und das Imaginäre. Perspektiven literarischer Anthropologie, Frankfurt 1991, S. 52–157.

[7] Vgl. Lobsien, Skeptische Phantasie, S. 214–229.

[8] Die Gattungskonventionen werden auch in „The Complaint of a Lover" (19–22) mit seiner männlichen Persona gestört, wo sich die paradiesische Landschaft Arkadiens in einen unwirtlichen Ort verwandelt hat.

[9] Vgl. Abb. 27 in Oliver Millar, Sir Peter Lely, London, National Portrait Gallery 1978, S. 50.

[10] Vgl. dazu die Interpretation von Barash, English Women's Poetry, 1649–1714, S. 159.

[11] Außer „Venus und Adonis" und ihrem Selbstporträt finden sich Abbildungen von diesen Gemälden im Burlington Magazine for Connoisseurs 28/153 (1915), S. 113 und 116.

[12] Vgl. dazu Abbildungen in Millar, Sir Peter Lely, und Tasch, Studien zum weiblichen Rollenporträt.

[13] Tasch, Studien zum weiblichen Rollenporträt, S. 54.

[14] Eine Interpretation dieses Gemäldes liefert Borzello, Wie Frauen sich sehen. Selbstbildnisse aus fünf Jahrhunderten, S. 59.

[15] Ca. 1665–75, Öl auf Leinwand, 175,2 × 114,3 cm, National Portrait Gallery, Abb. in Tasch, Studien zum weiblichen Rollenportrait, S. 310.

[16] 187,9 × 128,2 cm, Knole, The Sackville Collection, Abb. ebd., S. 306.

[17] 1662–65; Öl auf Leinwand, 125,7 × 103,5 cm, HM Queen Elizabeth II., Hampton Court, Abb. ebd., S. 300.

Bibliographische Hinweise

Primärliteratur

Poems (1686) by Mrs. Anne Killigrew (A Facsimile Reproduction). Eingel. und hrsg. von Richard Morton. Gainesville, FL 1967.

Dryden, John: To the Pious Memory of the Accomplisht Young Lady Mrs Anne Killigrew, Excellent in the two Sister-Arts of Poësie, and Painting. In: Poems (1686) by Mrs. Anne Killigrew (ohne Seitenzählung).

Sekundärliteratur

Barash, Carol: English Women's Poetry, 1649–1714. Oxford 1996.

Borzello, Frances: Wie Frauen sich sehen. Selbstbildnisse aus fünf Jahrhunderten. München 1998.

Burlington Magazine for Connoisseurs 28/153 (1915).

Fraser, Antonia: The Weaker Vessel. Woman's Lot in Seventeenth-Century England. [1]1984, London 1989.

Hagstrum, Jean H.: The Sister Arts. The Tradition of Literary Pictorialism and English Poetry from Dryden to Gray. Chicago/London 1958.

Lobsien, Verena Olejniczak: Skeptische Phantasie. Eine andere Geschichte der frühneuzeitlichen Literatur. München 1999 (insb. Kap. V „Pastorale Aporien", S. 180–229).

Messenger, Ann: His and Hers. Essays in Restoration and Eighteenth-Century Literature. Lexington 1986, S. 14–40.

Ockerbloom, Mary M. (Hrsg.): A Celebration of Women Writers: http://www.cs.cmu. edu/afs/cs.cmu.edu/user/mmbt/www/women/k illigrew/biography.html

Rippl, Gabriele: Lebenstexte. Literarische Selbststilisierungen englischer Frauen der frühen Neuzeit. München 1998.

Tasch, Stephanie Goda: Studien zum weiblichen Rollenporträt in England von Anthonis van Dyck bis Joshua Reynolds. Weimar 1999.

Thompson, Roger: Unfit for Modest Ears. A Study of Pornographic, Obscene and Bawdy Works Written or Published in England in the Second Half of the Seventeenth Century. London 1979.

Vieth, David M.: Irony in Dryden's Ode to Anne Killigrew. In: Studies in Philology 62 (1965), S. 91–100.

Anne Finch, Gräfin von Winchilsea (1661–1720)

Anmerkungen

[1] „Alas! a woman that attempts the pen, / Such an intruder on the rights of men, / Such a presumptuous creature is esteemed, / The fault can by no vertue be redeemed. / They tell us we mistake our sex and way; / Good breeding, fashion, dancing, dressing, play, / Are the accomplishments we should desire; / To write, or read, or think, or to enquire, / Would cloud or beauty, and exhaust our time, / And interrupt the conquests of our prime; / While the dull manage of a servile house / Is held by some our utmost art and use." In: Selected Poems, S. 26 f., Z 9–20. Übersetzung von Heidi Zerning, zitiert aus der deutschen Übersetzung von Virginia Woolfs „Ein eigenes Zimmer", hrsg. von Klaus Reichert, Frankfurt a. M. (in Vorbereitung). Mein Dank gilt Prof. Dr. Klaus Reichert, der mir die Übersetzung schon vor der Drucklegung zugänglich gemacht hat, und dem Fischer Verlag.

[2] „How are we fallen! fallen by mistaken rules, / And Education's, more than Nature's fools; / Debarred from all improvements of the mind, / And to be dull, expected and designed, / And if some one would soar above the rest, / With warmer fancy, and ambition pressed, / So strong the opposing faction still appears, / The hopes to thrive can ne'er outweigh the fears." Selected Poems, S. 28, Z. 51–58. Übersetzung Heidi Zerning.

[3] Rochester, A Letter from Artemisia in the Town to Chloe in the Country, Z. 26–27, zit. aus McGovern, Anne Finch, S. 142.

[4] „To some few friends, and to thy sorrows sing, / For groves of laurel thou wert never meant; / Be dark enough thy shades, and be thou there content." Selected Poems, S. 28, Z. 63–64. Übersetzung Heidi Zerning.

[5] „Give me, O indulgent fate! / Give me yet, before I die / A sweet, yet absolute retreat, / 'Mongst paths so lost and trees so high / That the world may ne'er invade / Through such windings and such shade / My unshaken liberty." Selected Poems, S. 53, Z. 1–7. Soweit nicht anders angegeben sind alle Interlinearübersetzungen von mir.

[6] „Their short lived jubilee the creatures keep, / Which but endures while tyrant man does sleep". Selected Poems, S. 71, Z. 35–36.

[7] „When a sedate content the spirit feels, / And no fierce light disturbs, whilst it reveals; / But silent musings urge the mind to seek / Something, too high for syllables to speak; / Till the free soul to a composedness charmed / Finding the elements of rage disarmed, / O'er all below a solemn quiet grown, / Joys in th'inferior world, and thinks it like her own: / In such a night let me abroad remain, / Till morning breaks, and all's confused again". Selected Poems, S. 71 f., Z 37–46.

[8] „This to the crown and blessing of my life, / The much loved husband of a happy wife; / To him whose constant passion found the art / To win a stubborn and ungrateful heart, / And to the world by tenderest proof discovers / They err, who say that husbands can't be lovers." Selected Poems, S. 20, Z. 1–6.

[9] „For in that place who could dispense / (That wore his clothes with common sense) / With mention of a spouse?" Selected Poems, S. 25, Z. 52 ff.

[10] Sidneys Musenanruf im ersten Sonett von „Astrophil and Stella" endet: „Look in thy heart and write": „Schau in dein Herz und schreibe". In Anlehnung daran schreibt

Finch: „They need no foreign aid invoke, / No help to draw a moving stroke, / Who dictate from the heart." Selected Poems, S. 25, Z. 76 ff.

[11] „'Tis true, I write; and tell me by what rule / I am alone forbid to play the fool, / To follow through the groves a wandering muse / And feigned ideas for my pleasures choose? / Why should it in my pen be held a fault, / Whilst Myra paints her face, to paint a thought? / Whilst Lamia to the manly bumper flies, / And borrowed spirits sparkle in her eyes, / Why should it be in me a thing so vain / To heat with poetry my colder brain?" Selected Poems, S. 61, Z. 1–10.

[12] Vgl. dazu Ruth Salvaggio, Enlightened Absence, Urbana und Chicago 1988; Sena, Melancholy in Anne Finch; McGovern, Anne Finch, Kap. 11.

[13] „O'er me, alas! thou dost too much prevail: / I feel thy force whilst I against thee rail: / I feel my verse decay, and my cramped numbers fail. / Through thy black jaundice I all objects see / As dark, as terrible as thee". Selected Poems, S. 42, Z. 73–85.

[14] Selected Poems, S. 43, Z. 82–85, Übersetzung Heidi Zerning.

[15] „Now the Jonquille o'ercomes the feeble Brain; / We faint beneath the Aromatick Pain" Z. 40 f. Selected Poems, S. 41, Z. 39 f., Übersetzung Heidi Zerning.

Bibliographische Hinweise

Primärliteratur

McGovern, Barbara/Charles H. Hinnant (Hrsg.): The Anne Finch Wellesley Manuscript Poems: A Critical Edition. Athens 1998.

Rogers, Katharine M.: Selected Poems of Anne Finch, Countess of Winchilsea. New York 1979.

Thompson, Denys (Hrsg.): Anne Finch, Countess of Winchilsea. Selected Poems. Manchester 1987.

Sekundärliteratur:

Hinnant, Charles H.: The Poetry of Anne Finch: An Essay in Interpretation. Newark/ London 1994.

Keith, Jennifer: The Poetics of Anne Finch. In: Studies in English Literature 38.3 (1998), S. 465–80.

Mallinson, Jean: Anne Finch: A Woman Poet and the Tradition. In: Ann Messenger (Hrsg.): Gender at Work: Four Women Writers of the Eighteenth Century. Detroit 1990, S. 34–76.

McGovern, Barbara: Anne Finch and Her Poetry: A Critical Biography. Athens 1992.

Mermin, Dorothy: Women Becoming Poets: Katherine Philips, Aphra Behn, Anne Finch. In: English Literary History 57.2 (1990), S. 335–55.

Patey, Douglas Lane: Anne Finch, John Dyer, and the Georgic Syntax of Nature. In: Albert J. Rivero (Hrsg.): Augustan Subjects: Essays in Honor of Martin C. Battestin. Newark/London 1997, S. 29–46.

Rogers, Katharine: Anne Finch, Countess of Winchilsea: An Augustan Woman Poet. In: Anita Pacheco (Hrsg.): Early Women Writers 1600–1720. London 1998, S. 225–241.

Salvaggio, Ruth: Anne Finch Placed and Displaced. In: Anita Pacheco (Hrsg.): Early Women Writers 1600–1720. London 1998, S. 242–65.
Sena, John F.: Melancholy in Anne Finch and Elizabeth Carter: The Ambivalence of an Idea. In: Yearbook of English Studies 1 (1971), S. 108–19.

Delarivier Manley (ca. 1667/75–1724)

Anmerkungen

[1] Der ungewöhnliche Vorname wurde ihr vermutlich zu Ehren von Lady Delarivier Morgan, der Frau des Vorgesetzten ihres Vaters, verliehen.

[2] Die wichtigsten Quellen zu Manleys Leben sind ihre beiden autobiographischen Texte, die Delia-Episode im *Neuen Atalantis* (NA) sowie die *Abenteuer von Rivella* (AR). Morgan, A Woman of No Character, hat Auszüge aus Manleys Selbstaussagen chronologisch geordnet und kommentiert; dabei ignoriert sie jedoch völlig, daß die autobiographischen Texte romanhaft verfremdet und nur mit Vorsicht als historische Dokumente zu lesen sind. Vgl. auch Anderson, Delariviere Manley's Prose Fiction, und Todd, Life after sex.

[3] Alle Seitenangaben beziehen sich auf die Ausgabe von Koster (1971); die deutschen Übersetzungen sind von mir, V. R.

[4] Zur Beziehung der drei Dramatikerinnen Trotter, Manley und Pix vgl. Clark, Three Augustan Women Playwrights.

[5] Zu Manleys politischem Journalismus vgl. McDowell, The Women of Grub Street, Needham, Mary de la Rivière Manley, und Rabb, The Manl(e)y Style.

[6] Vgl. McDowell, The Women of Grub Street, S. 244 ff.

Bibliographische Hinweise

Primärliteratur

a) Ersterscheinungen
Delarivier Manley: The Adventures of Rivella, or the History of the author of Atalantis, with secret memoirs and characters of several considerable persons, her own contemporaries. 1714, 1717 (Neuauflage als Memoirs of the Life of Mrs. Manley. 1725).
Dies.: Almyna, or the Arabian Vow. 1707.
Dies.: The Duke of M——h's Vindication, in Answer to a Pamphlet Lately published Called Bouchain. 1711.
Dies.: The Honour and Prerogative of the Queen's Majesty Vindicated and Defended Against the Unexampled Insolences of the Author of the Guardian, in a Letter from a Country Whig to Mr. Steele. 1713.
Dies.: The Lady's Paquet of Letters taken from her by a French privateer in her passage to Holland, or The Lady's Paquet Broke Open. 1707/08 (Neuauflage als Court Intrigues in a Collection of Letters from the Island of the New Atalantis, c. 1711).

Delarivier Manley: A Learned Comment on Dr. Hare's Sermon. 1711.

Dies.: Letters Written By Mrs. Manley. 1696 (Neuauflage als A Stagecoach Journey to Exeter, describing the humours on the road, with the characters and adventures of the company. In eight letters to a friend. 1725).

Dies.: The Lost Lover, or the Jealous Husband. 1696.

Dies.: Lucius, the First Christian King of Britain. 1717, 1720.

Dies.: Memoirs of Europe Towards the Close of the Eighth Century, Written by Eginardus, Secretary and Favourite to Charlemagne, and Done into English by the Translator of the New Atalantis. 1710 (Weitere Auflagen zusammen mit New Atalantis 1710, 1716, 1720, 1736).

Dies.: A Modest Enquiry into the Reasons of the Joy Expressed by a Certain Sett of People upon the Spreading of a Report of Her Majesty's Death. 1714.

Dies.: The Power of Love in Seven Novels: The Fair Hypocrite, The Physicians's Stratagem, The Wife's Resentment, The Husband's Resentment, The Happy Fugitives, The Perjured Beauty. 1720, 1741.

Dies.: The Royal Mischief. 1696.

Dies.: The Secret History of Queen Zarah and the Zarazians, Wherein the Amours, Intrigues, and Gallantries of the Court of Albigion, During Her Reign, are Pleasantly Exposed; and as Surprising a Scene of Love and Politics Represented as Perhaps This, or any Other Age or Country has Hitherto Produced. Supposed to be Translated from the Italian Copy, Now Lodged in the Vatican at Rome. 1705, 1707, 1712.

Dies.: Secret Memoirs and Manners of Several Persons of Quality of both Sexes, From the New Atalantis, an Island in the Mediterranean, Written Originally in Italian. 1709 (Weitere Auflagen zusammen mit Memoirs of Europe 1710, 1716, 1720, 1736).

Dies.: A True Narrative of What Passed at the Examination of The Marquis de Guiscard at the Cock-Pit the 8th of March 1710/11. His Stabbing Mr. Harley and Other Precedent and Subsequent Facts Relating to the Life of the Said Guiscard. 1711.

Dies.: A True Relation of the Several Facts and Circumstances of the Intended Riot and Tumult on Queen Elizabeth's Birthday, Gathered from Authentick Accounts: and Published for the Information of All True Lovers of Our Constitution in Church and State. 1711.

b) Moderne Ausgaben

Armistead, Jack M., Debbie K. Davis (Hrsg.): Lucius, The First Christian King of Britain. Faksimile Nachdruck. Los Angeles 1989.

Ballaster, Ros (Hrsg.): The New Atalantis. London 1991.

Koster, Patricia (Hrsg.): The Novels of Mary Delariviere Manley. Faksimile-Nachdruck von The Secret History of Queen Zarah, The New Atalantis I & II, Memoirs of Europe I & II, The Adventures of Rivella. Gainesville 1971.

Sekundärliteratur

Anderson, Paul Bunyan: Delariviere Manley's Prose Fiction. In: Philological Quarterly 13 (1934), S. 168–88.

Anderson, Paul Bunyan: Mistress Delariviere Manley's Biography. In: Modern Philology 33 (1936), S. 261–78.

Clark, Constance: Three Augustan Women Playwrights. New York 1986.

Gallagher, Catherine: Political Crimes and Fictional Alibis: The Case of Delarivier Manley. In: ECS 23 (1990), S. 502–21.

Dies.: Nobody's Story: The Vanishing Acts of Women Writers in the Marketplace, 1670–1820. Berkeley 1994.

McDowell, Paula: The Women of Grub Street. Press, Politics, and Gender in the London Literary Marketplace 1678–1730. Oxford 1998.

Morgan, Fidelis: A Woman of No Character: An Autobiography of Mrs. Manley. London 1986.

Needham, Gwendolyn B.: Mary de la Rivière Manley, Tory Defender. In: Huntington Library Quarterly 12 (1948/49), S. 253–88.

Rabb, Melinda Alliker: The Manl(e)y Style: Delariviere Manley and Jonathan Swift: In Donald C. Mell (Hrsg.): Pope, Swift, and Women Writers. Newark 1996, S. 125–153.

Todd, Janet: Life after sex: the fictional autobiography of Delarivier Manley. In: Women's Studies 15 (1988), S. 43–55.

Mary Astell (1666–1731)

Anmerkungen

[1] „Eine Frau kann die ganze Rüstung Gottes anlegen ohne in einen maskulinen Zustand zu entarten; sie darf den Schild des Glaubens, das Schwert des Heiligen Geistes, den Helm der Erlösung und den Brustharnisch der Rechtschaffenheit für sich beanspruchen, ohne daß die Männer Grund hätten, Anstoß zu nehmen; und dies kleidet sie ebenso gut wie den größten Helden. Ich habe nie verstanden, warum wir zu Feiglingen erzogen werden." Mary Astell, The Christian Religion as Profess's by a Daughter of the Church of England, 1705, S. 103. Alle deutschen Übersetzungen der Texte Astells stammen von mir (I. S.).

[2] Die mit S versehenen Seitenangaben beziehen sich auf: Springborg, A Serious Proposal to the Ladies.

[3] Die mit H versehenen Seitenangaben beziehen sich auf: Hill, The First English Feminist.

[4] „Introductory Anecdotes" (1837), gedruckt in Lord Wharncliffe (Hrsg.), The Letters and Works of Lady Mary Wortley Montagu, 2 Bde., London 1893. Bd. I, 49–121; hier: S. 84 f.

[5] „O glückliche Einsamkeit, möge ich / Meine Zeit mit dir und wenigen guten Büchern verbringen! / [Mögen] keine eitlen Besuche mir eine Stunde rauben, / Keine aufdringlichen Menschen die kostbaren Zeittropfen aufsaugen. / In solchem Glück werde ich schon hier unten / Den Himmel vorwegnehmen; wüßten die Könige / Was es heißt, bei Gott und den Cherubim zu verweilen, / So würden sie mit Karl ihr Reich zugunsten einer Klause aufgeben." (H 187)

[6] Vgl. dazu Gallagher, Embracing the Absolute.

[7] Brief IX, zit. nach Springborg, Astell, Masham and Locke, S. 112.

[8] Cf. H 192 f. und 195 f.

[9] Daß es sich um eine bewußte Strategie handelt, gibt Astell mit ihren späteren Anleitungen zu wirkungsvollem Argumentieren (S 141) zu erkennen.

[10] Masham, Discourse, S. 120, zit. nach Springborg, Astell, Masham and Locke, S. 115. In diesem Aufsatz findet sich eine eingehendere Darlegung der Position von Masham.

[11] Acht Auflagen bis 1772; Übersetzungen ins Französische und Holländische.

[12] Zur Rezeption von Astells Akademie-Projekt siehe Ina Schabert, Der gesellschaftliche Ort weiblicher Gelehrsamkeit. Akademieprojekte, utopische Visionen und praktizierte Formen gelehrter Frauengemeinschaft in England 1660–1800, in: Klaus Garber/ Heinz Wismann (Hrsg.), Europäische Sozietätsbewegung und demokratische Tradition, 2 Bde., Tübingen 1996, I, S. 755–789, hier: S. 770–774.

[13] „(…) with an English Spirit and Genius [she] set out upon the Forlorn Hope, meaning no hurt to any body, nor designing any thing but the Publick Good, and to retrieve if possible, the Native Liberty, the Rights and Privileges of the Subject."

[14] 'Falls [was nicht Astell selbst, wohl aber die Whigs glauben] alle Menschen frei geboren werden, wie kommt es dann, daß alle Frauen als Sklaven geboren werden?' (womit retrospektiv der scheinbar universale Freiheitsanspruch im ersten Halbsatz als nur für die Männer geltend bloßgestellt wird).

Bibliographische Hinweise

Primärliteratur

The First English Feminist. Reflections Upon Marriage and Other Writings by Mary Astell. Hrsg. v. Bridget Hill. Aldershot 1986.

Mary Astell: A Serious Proposal to the Ladies. Parts 1 & 2. Hrsg. v. Patricia Springborg. London 1996.

Dies.: Political Writings. Hrsg. v. Patricia Springborg. Cambridge 1996.

Sekundärliteratur

Gallagher, Catherine: Embracing the Absolute. The Politics of the Female Subject in Seventeenth-Century England. In: Genders 1 (1988), S. 24–39.

Hill, Bridget: Introduction. In: The First English Feminist, S. 1–64.

Jones, Regina: Mary, Mary, Quite Contrary; Or, Mary Astell and Mary Wollstonecraft Compared. In: Ronald C. Rosbottom. (Hrsg.): Studies in Eighteenth-Century Culture, Vol. 5. Madison 1976, S. 121–139.

Kinnaird, Joan K.: Mary Astell and the Conservative Contribution to English Feminism. In: Journal of British Studies 19 (Fall 1979), S. 53–75.

Perry, Ruth: The Celebrated Mary Astell. An Early English Feminist. Chicago 1986.

Dies.: Mary Astell and the Feminist Critique of Possessive Individualism. In: Eighteenth-Century Studies 23 (1990), S. 444–457.

Schabert, Ina: Bürgerinnen in der Republik des Geistes? Gelehrte Frauen im England der Aufklärung. In: Querelles 1 (1996), S. 77–104.

Sharrock, Catherine: De-ciphering Women and De-scribing Authority. The Writings of Mary Astell. In: Isobel Grundy/Susan Wiseman (Hrsg.): Women, Writing, History. London 1992, S. 109–124.

Smith, Florence M.: Mary Astell. New York 1916.

Springborg, Patricia: Astell, Masham and Locke. Religion and Politics. In: Hilda L. Smith (Hrsg.): Women Writers and the Early Modern British Political Tradition. Cambridge 1998, S. 105–125.

Dies.: Mary Astell (1666–1731), Critic of Locke. In: American Political Science Review 89 (1995), S. 621–633.

Lady Mary Wortley Montagu (1689–1762)

Anmerkungen

[1] Vgl. Halsband, The Life of Lady Mary Wortley Montagu, S. 3.

[2] Vgl. ebd., S. 4.

[3] Vgl. ebd., S. 8.

[4] Vgl. ebd., S. 13 ff. Vgl. auch Halsband/Grundy, Essays and Poems.

[5] Halsband/Grundy, Essays and Poems, S. 203.

[6] Turkish Embassy Letters, S. 72: „Upon the whole I look upon the Turkish women as the only free people in the Empire."

[7] Ebd., S. 75.

[8] Ebd., S. 76.

[9] Zum Verlauf dieser Auseinandersetzungen Vgl. Halsband, The Life of Lady Mary Wortley Montagu, S. 113 ff.

[10] Ebd., S. 98 f.

[11] Ebd., S. 53 f.

[12] Let Men who glory in their better sense,
    Read, hear, and learn Humility from hence;
    No more let them Superior Wisdom boast,
    They can but equal M-nt-g-e at most.
Zit. nach Halsband, The Life of Lady Mary Wortley Montagu, S. 100.

[13] Vgl. ebd.

[14] Halsband/Grundy, Essays and Poems, S. 95 ff.

[15] Vgl. Halsband, The Life of Lady Mary Wortley Montagu, S. 117 f.

[16] Vgl. dazu ebd., S. 153 ff.

[17] „You, lovely youth, shall my Apollo prove – Adorn my verse, and tune my soul to love." Zit. nach Halsband, The Life of Lady Mary Wortley Montagu, S. 170.

[18] „Je pars pour vous chercher. Ce n'est pas nécessaire d'accompagner une belle preuve d'un attachement éternelle d'une broderie de parolles. Je vous donne rende-vous à Venise [sic]." Zit. nach Halsband, The Life of Lady Mary Wortley Montagu, S. 177.

[19] „Si je vous trouve tel que vous m'avez juré, je trouve les champs élysée, et la félicité au delà de l'imagination; … Si vous voulez me recompenser tout ce que je sacrifie, hâtez vous me trouver à Venise, où je presserai mon arrivé autant qu'il m'est possible." Zit. nach Halsband, The Life of Lady Mary Wortley Montagu, S. 178.

[20] Halsband/Grundy, Essays and Poems, S. 105–149.

[21] Halsband, The Life of Lady Mary Wortley Montagu, S. 157.

[22] Selected Letters, S. 226 f.
[23] Halsband, The Complete Letters of Lady Mary Wortley Montagu, Bd. II, S. 501.
[24] Vgl. dazu Schlaeger, Elective Affinities: Lady Mary Wortley Montagu in Venice, S. 63–72.
[25] Halsband, Complete Letters, Bd. II, S. 159.

Bibliographische Hinweise

Primärliteratur

Grundy, Isobel (Hrsg.): Lady Mary Wortley Montagu. Selected Letters. London 1997.

Halsband, Robert und Isobel Grundy (Hrsg.): Lady Mary Wortley Montagu. Essays and Poems and Simplicity, a Comedy. Oxford 1993.

Halsband, Robert (Hrsg.): The Complete Letters of Lady Mary Wortley Montagu. 3 Bde. Oxford 1965–1967.

Jack, Malcolm (Hrsg.): Lady Mary Wortley Montagu, The Turkish Embassy Letters. London 1994.

Sekundärliteratur

Halsband, Robert: The Life of Lady Mary Wortley Montagu. Oxford 1956.

Schlaeger, Jürgen: Elective Affinities: Lady Mary Wortley Montagu in Venice. In: Manfred Pfister und Barbara Schaff (Hrsg.): Venetian Views, Venetian Blinds. English Fantasies of Venice. Atlanta, GA 1999, S. 63–72.

Personenregister